本著作系河南省软科学研究计划项目"当前高校课程思政建设研究"（项目编号：242400410063）及河南高等教育教学改革研究与实践项目思政课专项"高校专业课与思政课同向同行协同育人研究"（项目编号：2024SJGLX1005）的阶段研究成果。

新时代高校课程思政建设研究

葛晨光　邹玮　帖伟芝　著

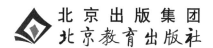

北京出版集团
北京教育出版社

图书在版编目（CIP）数据

新时代高校课程思政建设研究 / 葛晨光，邹玮，帖
伟芝著 . -- 北京：北京教育出版社，2024.3
ISBN 978-7-5704-6246-9

Ⅰ . ①新… Ⅱ . ①葛… ②邹… ③帖… Ⅲ . ①高等学
校—思想政治教育—教学研究—中国 Ⅳ . ① G641

中国国家版本馆 CIP 数据核字 (2024) 第 025588 号

新时代高校课程思政建设研究

葛晨光　邹　玮　帖伟芝　著

*

北 京 出 版 集 团
北京教育出版社　出版
（北京北三环中路 6 号）
邮政编码：100120
网址：www.bph.com.cn
京版北教文化传媒股份有限公司总发行
全国各地书店经销
河北宝昌佳彩印刷有限公司印刷

*

710 mm×1 000 mm　16 开本　19 印张　273 千字
2024 年 3 月第 1 版　2024 年 3 月第 1 次印刷
ISBN　978-7-5704-6246-9
定价：98.00 元

版权所有　翻印必究

质量监督电话：（010）58572525　58572393
购书电话：18133833353

前　言

　　课程思政是新时代高校教育发展的重大任务，但它并不是简单地在具体课程中融入思想政治内容，而是长期性、系统性的"立德树人"培育工作。在 2016 年全国高校思想政治工作会议上，习近平总书记指出："使各类课程与思想政治理论课同向同行，形成协同效应。"这一论述拓宽了思想政治教育的推进，也引起了高校对专业课程所蕴含的思想培育价值的重视。随后，国家相继出台了《关于深化新时代学校思想政治理论课改革创新的若干意见》《高等学校课程思政建设指导纲要》等系列文件，以此来指导高校开展课程思政建设工作。2019 年 3 月，在学校思想政治理论课教师座谈会上，习近平总书记再次强调："要完善课程体系，解决好各类课程和思政课相互配合的问题，鼓励教学名师到思政课堂上讲课。"由此可见，高校课程思政建设工作亟待深刻认识，推进课程思政建设不仅是高校推动教育改革的反映，也是全面贯彻落实党的教育方针、从根本上解决人才培养目标和手段等问题的重大创新，对实现中国特色社会主义教育的根本任务具有重要意义。

　　本书通过深入研究高校课程思政理论和教学实践状况，就新时代高校课程思政建设路径和实践案例进行了梳理分析，全书共九章：第一章系统研究课程思政理论；第二章从目标、内容、管理等角度来分析高校课程思政教学体系设计要素；第三章探究高校课程思政实践的路径；第四章则将"中原文化"作为主题，研究中华优秀传统文化融入高校课程思政的必要性与路径；第五章对高校课程思政教学队伍建设状况进行分析；第六章探索高校课程思政与思政课程协同育人机制构建策略；第七章论述高校课程思政建设质量评价体系和激励机制两大要素；第八章则完整提出新时代高校课程思政建设的策略以及保障条件；第九章用先行案例、设计案例、实施案例为高校课程思政建设的发展提供具体参照，典型性的课程实践案例可以为更多高校课程思政培育工作的开展和相关读者研究工作提供有效借鉴。

本书是基于高校课程思政主题的创新之作，其特征主要体现在两个方面：

第一，立意新，主题价值高。思想政治教育工作是国家高度关注的问题，要培养优秀的高素质人才，需要高校这一关键培育场所在综合性教育工作中发挥各项课程蕴含的力量，从而落实立德树人的目标。可见，当代教育环境中，课程思政既是国家重点把握的教育内容，也是高校推进思想政治教育工作改革创新的任务。但这一教育主题的探索实践周期较短，尚且存在理论理解模糊，组织不力等问题，亟待更加完善、科学的意见加以指导。本书则把握高校教育需求，将课程思政作为研究主题，从理论、现状、实践创新等多个维度来探索，具备创新性和实用性。

第二，布局科学，知行合一。构建高水平的人才培养体系，需要高校有完整的意见和方法指导，以更好解决现实中存在的问题。同时，新的课程培育模式若要取得成效，需要有典型案例作出指引，使高校教师在设计思政课程以及组织教学活动中能够顺利实施。本书则结合当前高校课程思政教学现状展开分析，理论和实际结合，探索新时代课程思政的建设，直面课程思政教学中面临的挑战，有针对性地提出创新课程思政的措施和路径，并融入了已有高校所取得的实际成果案例，补充了很多高校课程思政建设中欠缺的问题，具有现实应用价值。

目 录

第一章　课程思政概述

第一节　课程思政理念的提出

　　课程思政是新时代党和国家对高等教育提出的新要求，亦是各高校实现高质量发展的内在需求。2020年5月，教育部印发了关于课程思政的纲领性文件《高等学校课程思政建设指导纲要》（以下简称《纲要》），清晰谋划了"全面推进课程思政建设"的战略布局，以进一步落实"门门讲思政、人人讲育人"的工作目标。在这一背景下，思想政治教育领域乃至高等教育领域围绕"何为课程思政"展开了热烈讨论，从最初的众说纷纭到目前初步达成共识——课程思政不是简单的"课程＋思政"，而是一种新的课程观。《纲要》也明确指出："落实立德树人根本任务，必须将价值塑造、知识传授和能力培养三者融为一体、不可割裂。"然而理论上的共识并不等同于实践中的落地，当前各高校在评奖乃至部分示范课堂中会不时发现：部分专业课为体现思政元素或浓墨重彩地讲思政，或生搬硬套地讲马克思主义理论，甚或在专业课中思政内容的比例大过了专业教育……诚然，在"摸着石头过河"的阶段偏差在所难免，但上述现象折射出来的深层问题仍可归于对概念本身认识不清：课程思政中的"思政"究竟该如何理解，这种新的课程观又该如何践行，仍是目前需要不断阐释与深化的课题。

课程思政中的"思政"其实不同于思想政治理论课（以下简称"思政课"）中的"思政"，后者是指马克思主义理论，而前者则应理解为"育人"。所谓"课程思政当如盐在水"，强调的便是要将课程与思政进行有机融合，甚或是让其发生化合反应，以构建出一门新的课程，这一课程依托于教师的精心设计与尽心传达，引领学生随之"从游"，达到润物无声的隐性教育。因此，课程思政的重点应在"课程"，是以思政元素促课程建设；课程思政的灵魂应在"育人"，是以思政元素来立德树人；课程思政中的"思政"，不能局限于思政课所讲的马克思主义理论，更不是借由专业课渠道来实施另一种马克思主义理论的显性教育。

一、课程思政中的"思政"应以知识传授为内核

课程思政中的"思政"即为"育人"之义，其外延的不确定性也带来了一个或引发争议的问题，即这个"思政"应以什么为核心。2014年"课程思政"理念萌发时，学界对其理解基本是增设一系列课程进行思想政治教育。例如，上海大学先后开设了"大国方略""创新中国"两门课程，通过"多学科隐性教学内容、对话互动方式等多种途径"实现"思政教育的有效渗透"。由此看出，这类课程仍是新设置的，只是它不同于普通的思政课，而是具有多学科交叉与通识教育的特点。2017年，在国家教育主管部门的推动下，课程思政在部分地区、部分课程中开始试点，学界逐步认识到，"'课程思政'其实质不是增开一门课，也不是增设一项活动，而是将高校思想政治教育融入课程教学和改革的各环节、各方面，实现立德树人润物无声"[①]，可见，此时对课程思政中"思政"的理解更偏重于高校中惯常实施的思想政治教育。至2018年，习近平在全国

---

① 高德毅，宗爱东. 课程思政：有效发挥课堂育人主渠道作用的必然选择 [J]. 思想理论教育导刊，2017（1）：31-34.

教育大会上明确提出"教育的根本任务是培养社会主义建设者与接班人"之后，有学者据此指出："课程思政的目标就是培养又红又专的社会主义建设者与接班人"[①]，其中"红"的一方面要起引领作用。此后的一段时间内，"红"的一面似在某种程度上压过了"专"的一面，但归根结底，课程思政的实施阵地毕竟是高等教育中的各个专业学科，故有学者对这一趋势进行了反思，提出课程思政"要义在于育人和育才的齐头并进和辩证统一""力求培育德才兼备、和谐发展之人"，这才是课程思政的"根本旨归所在"[②]。理论上的反思旨在摆脱实践中的困境，课程思政若只是简单移植马克思主义理论的讲法，将其变为思政课程在专业课上的一个"缩影"，恐怕不仅不能"红""专"兼顾，还有可能得不偿失。2020 年教育部颁布的《纲要》可被看作是对学界讨论的一个回应，这份指导性文件不仅要求"全面推进"，还着重强调了"分类指导"，明确"专业课程是课程思政建设的基本载体"，并清晰划出 7 类不同的专业门类，指出"要深入梳理专业课教学内容，结合不同课程特点、思维方法和价值理念"。由此可见，在培养社会主义建设者与接班人的总体目标下，课程思政中的"思政"仍要以传授专业知识为基本内核，以学术为基，以育人为要。

基于新的课程观，专业课中的知识传授不能局限于一般性地讲知识的原理，还要讲清知识的价值，从而将育"智"作为育"志"的重要基石。教师教学的目标不仅是帮助学生获得专业知识，还在于通过专业知识的教学帮助他们建立起自身与他人、社会、民族的联系，并在这种联系中确定人生价值、明确人生志向。为此，需要在讲清知识本身的基础上讲清知识的价值，亦即讲清这门学问在知识体系中的地位，其能帮助人类认知或解决哪类问题，与国家的未来发展有何关联等。美国教育家

---

① 鄢显俊.论高校"课程思政"的"思政元素"、实践误区及教育评估［J］.思想教育研究，2020（2）：88-92.

② 唐德海，李枭鹰，郭新伟."课程思政"三问：本质、界域和实践［J］.现代教育管理，2020（10）：52-58.

博伊曾指出，"如果学生只是局限于太狭窄、太技术化的知识，就很难具有历史使命感、社会责任感以及人道主义精神"。因此，"专家赋予工作的价值与工作本身是同样重要的"。① 然而，目前不少课堂仍在使用"从公式中来，到公式中去"的教学方法，很少去讲知识的价值，导致学生在学习一门知识时不能感受到这门知识的意义，如此，也就难以培养学生对知识的认同，更不要说从内心生出利用这门知识报效祖国的志向。因此，应该改变过去这种僵硬的教学方法，将对知识价值的讲授融入课堂。

基于新的课程观，专业课中的知识传授不能止步于松散式地讲知识点，而要讲清知识的体系，从而将授"鱼"作为授"渔"的关键支点。苏联教育家苏霍姆林斯基（B·A·Cyxomjnhcknn）曾说过，教师应帮助学生使他获得的"知识不要成为最终目的，而要成为手段"②。意思是说，知识应成为获取新知识的工具，而不是停留在脑海中不变的教条。而要做到这一点，就需要教师帮助学生建立知识的谱系。所谓谱系，便是点与点之间相互联结的知识系统。有教育学者曾指出，教育的目标是使学生像学科专家一样思考，即"可以选择、处理、调用并建立自己前后连贯的知识体系，从而形成稳定地看待世界，看待自然界，看待人类社会的观点与思考方法"③。可见，知识谱系是灵活运用一门学科知识的先决条件。这是因为，人在调用已学到的知识去探索新问题时，往往不是单独使用某一种知识，而是综合地使用某一类知识。所以学生要想使知识活起来，就必须在脑海中形成关于学科的知识谱系，深刻地理解这个谱系上的各个知识点的相互关系，方能自由迁移调动知识以进行创造。也只有如此，学生才能充分感受到知识并不是死板的教条，而是创造活动

① 张首丽，钱建荣. 新世纪科技与人文的融合［J］. 高等教育研究学报，2003（1）：14-15.

② 瓦·苏霍姆林斯基. 给教师的建议：下［M］. 杜殿坤，译. 北京：教育科学出版社，1984：68.

③ 吕立杰. 活的知识是如何形成的？［J］. 基础教育课程，2018（3）：18-19.

的工具，进而对知识产生深度的认同。

基于新的课程观，专业课中的知识传授不能满足于灌输式地讲工具性的知识，还要讲清伦理性的知识，从而将"激活知识"作为"激活学生"的有效抓手。人是使用知识的主体，只有讲清伦理性的知识，即教给学生"如何正确使用知识的知识"，才能保证知识造福于人。因此，《纲要》明确提出了加强科学伦理、工程伦理的问题。现今，不少课堂已经在专业课中加入了科学伦理、工程伦理的教育，然而，这种伦理教育大多停留在原则性的层面，即仅仅叮嘱学生进行科学研究时要以诚信为要、以人为本。但是，伦理问题不仅是原则性的，更是实践性的。人在现实中面临的问题十分复杂，往往不像伦理规范中表现的那样泾渭分明、非此即彼。若伦理教育仅停留在原则性的层面，则其很容易沦为道德的说教，当学生在实际生活中面对问题时仍不知道如何抉择。有学者指出："伦理问题不是只学习一些规则和知识就能够解决的，需要不断结合案例，启发思考、勤于判断。"① 这种案例教学，必须结合各门学科的具体特点，使学生在对案例的学习中真正明白面对问题时"应该做什么"与"应该如何做"。只有如此，学生才能将伦理性的知识内化于心，培养起正确的伦理观念，并外化于自己的行动上，朝着以知识造福人类的方向发展。

综上可知，课程思政中的"思政"仍需以传授专业知识为核心，而这种传授既新也旧。所谓"旧"，是指它依然要以各个学科的专业理论为根基，因为任何脱离了学科特点、脱离了专业体系所谈的"思政"，难免会陷入无源之水、无本之木的困境，导致课程失去了生机和活力；而所谓"新"，则是指它要改变过往"就专业而讲专业"的狭窄视域，将专业学习与中华民族伟大复兴的时代使命结合起来，通过"一点点放大眼光"，让学生在认识世界、分析世界的过程中自主认同、自觉践行马克思

---

① 王孙禺，梁竞文. 多学科视角下的工程伦理教育［J］. 清华大学教育研究，2017，38（4）：9-12，18.

主义。从这一点来说，在课程思政中讲专业理论与在思政课程中讲马克思主义理论其实殊途同归，只有让知识"活"起来，才能让学生深度认同，进而不断践行。

二、课程思政中的"思政"需以能力培养为路径

让知识"活"起来，是课程思政中的"思政"能真正达成"育人"的关键；而"激活"的路径，则不仅要从上述教师讲授的视角来设计，还要从学生学习的视角来构建。这便是清华大学老校长梅贻琦提出的"从游"理论，即"学校犹水也，师生犹鱼也，其行动犹游泳也，大鱼前导，小鱼尾随，是从游也"①。所谓"从游"，便意味着教师既不是代替学生去游泳，也不是让学生独自游，而是要在其中扮演一种引导者的角色。当前在推进高质量课堂的大背景下，课程思政推动教师系统设计、一体化重构专业课程的一系列环节，加大对学生批判性思维和创新性思考的培养力度，应该说是与"从游"理论异曲同工的，它们都是要让学生"活"起来。

基于新的课程观，专业课中的能力培养首先要转变教师对学生学习的"旁观者"心态，只管"教"、不管"学"；取而代之的是，将学情分析与课程目标设计、教学大纲修订、教材编审选用、教案课件编写有机联系起来，让课上讲与课下学融为一体。现今不少高校都在强调要保证学生的课下学习时间，如"翻转课堂"这样课上课下相结合的学习方式也逐渐流行。然而，课下阅读文献、观看慕课等内容的增加并不意味着教师课堂教学内容的减少，而是对教师的课堂教学提出了更高的要求。翻转课堂实际上包含3个环节，即教师在课堂上的问题引导、学生在课下针对问题观看教学视频自学、学生再次回到课堂上与教师讨论解决课下学习中的问题。在这个过程中知识不断得到内化。实际上这3个环节不仅有利于加深学生对知识的理解、培养学生能力，对于学生的价值塑

① 梅贻琦. 梅贻琦谈教育［M］. 沈阳：辽宁人民出版社，2015：105.

造也同样必要。价值塑造是在"交流"而不是"灌输"的过程中实现的，若只有课堂上教师的"讲"而无课堂下学生的"思"，那么价值便难以真正形塑，同样，教师课堂上所"讲"若没有针对学生课堂下之所"思"，那么这种"讲"也不能直击学生内心。可见，教师若想教好学生，不应只关心自己教什么，还应关心学生怎么学。只有深刻分析学生在自学过程中的困惑与思想动态，根据学情有针对性地设计课程目标与教学大纲、选用教材、编写课件，才能最终在课堂上帮助学生既实现知识的内化，能力的提升，又实现价值的形塑，达成育人的实效。

　　基于新的课程观，专业课中的能力培养还要跳出一味刷题的题海战术，只让"练"、不让"思"；取而代之的是，要将学习的重难点与学生的挑战性作业、对抗性练习有机结合起来，让解决问题与科技报国融为一体。杨振宁早就批评中国学生"只知道读一本本厚厚的教科书，大量演算上面的作业题，至于如何实际应用书本知识、书本知识与实际现象之间的关系怎样，却不大注意"[①]。这种情况在今天虽有改善，却仍未得到根本性转变。适当地做题是必要的，它能帮助学生理解知识的运用，然而重复做题很容易让学生陷入一种套路之中，不仅于培养学生能力无益，而且会抑制学生思考。能力培养中的能力是一种创造性的能力，它的核心在于利用已学得的知识探索出新知识、解决新问题，而这种能力必须通过学生的主动思考才能培养起来。因此，教师需有意识地为学生设计具有挑战性的作业，使学生在探索新问题的过程中加强创新性思考，设置对抗性练习，使学生在分析批判对手与自我辩护的过程中培养批判性思维。这种作业与练习，不是无的放矢，一方面，它必须针对学生学习过程中的重点与难点，使学生获得能力上的提升。另一方面，它还必须与国家关心的重大前沿问题结合起来，让学生在教师的带领下扎扎实实解决一个个真问题。在此过程中，学生树立起了自信，真切地认识

---

① 魏亚南.杨振宁教授提醒国内学人 纠正考试制度造成的死读书弊端［N］.人民日报，1986-06-25（1）.

到了自己有为国家贡献才智、攻坚克难的潜力，从而将自身与国家、与这个时代建立起了联系。并且，这种联系不仅是通过知识传授环节中的"听"而来的，更是通过能力培养环节中亲自去"做"而形成的，因此有着更深厚的根基。由此一来，学生不仅增强了创新性思考与批判性思维的能力，而且在思考与创造的过程中培养出了对于学术研究的志趣，进一步加深了科技报国的信念。

基于新的课程观，专业课中的能力培养也要改变以试卷评分为主的反馈方式，只管"考"、不管"评"；取而代之的是，要将教师的过程性反馈与学生的能力进阶和志趣树立有机结合起来，让探索真知与价值选择融为一体。进入 21 世纪后，"过程性评价"模式被引入国内，不少学者指出了过程性评价具有的独特优势。在今天，越来越多的课堂采取"过程性评价"的模式，然而多数课堂的"过程性评价"停留在浅层的理解，即仅仅增加平时考核的次数。如有学者指出的那样，"这种考核从其方式而言，不过是在字面上符合了所谓的'平时成绩'，但并未带来教师对学生学习过程的持续关注"①，并未发挥出考核对教学的"回流"作用。事实上，"过程性评价"的核心正在于考核后的反馈，这个反馈需要包含两方面的内容。一方面，它要使学生明白在这个任务中自己对知识的运用对在何处、错在何处。另一方面，它要使学生明白自己在完成这项任务时是否秉持正确的伦理观念。如前所述，学生对于实践伦理的正确把握并不能轻易达成，只有教师在学生实践的过程中不断地表扬学生的优点并指出其不足，才能强化其正确认识。总的来看，以及时反馈为核心的过程性考核既关乎学生对知识的理解与能力的培养，影响学生学习的信心与对学术的志趣，也与学生的伦理观念形成与价值塑造紧密相连，必须尤为重视。

综上可知，课程思政中的"思政"更要以培养创新能力为路径，而

---

① 李蕉. 高校思政课课程评价的意蕴与困境 [J]. 高校马克思主义理论教育研究，2020（1）：101-107.

这种培养既实也虚。所谓"实"，它落实于课程一系列扎扎实实的教学环节，使学生摆脱过去那种只"练"不"思"，有"考"无"评"的状态，在挑战中真思考，真创造，不断提升创新能力与批判性思维，树立学术研究的志趣与科技报国的志向；所谓"虚"，它也融贯于教师实实在在的身体力行，唯有教师心中始终将课程与学生摆在第一位，于一点一滴处帮助学生增长才干、形塑价值，才能将这些教学环节的作用真正发挥出来。从这一点来说，在课程思政中培养专业能力与在思政课程中培养马克思主义理论的立场、观点和方法其实异曲同工，只有在真实的磨砺中不低头、勇创新，才能让学生感受到责任感和使命感，进而持续奋进。

三、课程思政中的"思政"贵在彰显价值塑造之意蕴

让学生持续奋进，是课程思政中的"思政"达成"育人"效果的重要标志；而这一"奋进"的意蕴，也照应了"培养社会主义建设者和接班人"的教育目标。价值塑造是课程思政的最鲜明特色，正如《纲要》所说："全面推进课程思政建设，就是要寓价值观引导于知识传授和能力培养之中，帮助学生塑造正确的世界观、人生观、价值观"；然而"彰显"这一价值维度，并不等于在表面上做文章，反而是需要辩证分析、准确把握其内在逻辑。

专业课中的价值塑造，在学生端应贵在"隐而不彰"，润物无声。如果在课程中过于彰显思想政治教育内容，加入了过多本该在思政课上出现的概念、理论等内容，挤压了专业知识的传授时间，只会让学生觉得这门专业课丧失了其本来意义，学生没有收获感，也就对课程产生了厌烦情绪，这反而不利于学生的价值塑造。如果说思政课上的价值塑造重在对学生进行马克思主义科学理论阐释的显性教育，那么课程思政中的价值塑造则重在培养学生的学习能力，在学生心中逐步生长出对于学术的志趣与科技报国的情怀，这是一种隐性的教育。这决定了课程思政要好，课程首先要好，一门课只有在知识传授与能力培养层面有着坚实的

基础，才能将学生吸引到课堂上来，教师才有机会对其进行价值塑造，一门课也只有在知识传授与能力培养方面有坚实的基础，学生才能在增长知识与才干的过程中充分感受到学术的乐趣、价值，对其产生认同，从而在教师引导下自觉地形成责任感、使命感。从这个角度来说，当前一些高校在对教师进行课程思政效果考核时添加了"学生评价"一项是颇不合逻辑的，因为真正好的课程思政是在潜移默化中塑造了学生的价值，学生自己未必能够直接感受得到，而若学生真的明显意识到了教师在进行思想政治教育，则这种思想政治教育很有可能已经与专业知识的教学相脱离，这与课程思政中"思政"的内涵要求是相悖的。

要做到在学生端的"隐而不彰"，于教师端，则必须"彰彰在目"。其一，它彰显在教师的自身素质中。2014年教师节之际，习近平总书记同北京师范大学师生代表座谈时提出了关于党和人民好教师的"四有"标准，即"要有理想信念、有道德情操、有扎实学识、有仁爱之心"，并且要求教师在教育学生时"率先垂范、以身作则"。可见，教师自身的素质决定了其教育的质量。只有教师自身具有远大的理想信念，才能在专业教育中融汇这类内容，树立学生的报国之志；只有教师自身有着崇高的道德情操，才能影响学生规范自身行为，追求道德境界；只有教师自身有了扎实的学识，才能吸引学生热爱课堂、热爱知识、热爱研究创造；只有教师有了仁爱之心，认真负责地对待学生，才能使学生同样严肃地对待课堂学习，同时影响学生形成关心他人、关心社会的价值观念。其二，它还彰显在教师的教学设计中。虽然课程思政在学生一端必须润物无声，但在教师一端，教师则必须对围绕某个知识点体现怎样的思政元素、进行怎样的创新训练有着明确的思路。例如，有些教师就在课程开始前的备课过程中会明确设计自己的教学日历，日历上的三项内容分别是"教学内容""教学内容方面的思政元素""教学方法方面的创新训练"，每一项教学内容都有与其对应的思政元素与创新训练。这意味着教师对于自己的课程思政建设要有一个明确的规划，而不应任意为之。只有做到以上两点，才能以课程思政教师端的"彰彰在目"达成学生端的"隐而不彰"。

由此而言，课程思政中的"思政"贵在彰显价值塑造之意蕴，而这种彰显既是术也是道。所谓"术"，便是要求教师在教学技巧上善于发现教学内容、能力训练与价值元素三者之间的关系，将后者润物无声地融贯于前两者之中；所谓"道"，则意味着教师要真正信仰马克思主义、热爱学生、热爱教学，并有着发自内心的立德树人热情。如果教师缺乏"道"的层面上这种强烈自觉，那么即使拥有再高明的教学之"术"也无济于事。从这一点来说，课程思政中的价值塑造与思政课程中的价值塑造别无二致，说到底，都是立德树人、培根铸魂的。无论是专业课还是思政课，缺失了价值塑造意蕴，都是不完备且不彻底的。

党的十九届五中全会将建成教育强国作为到2035年基本实现社会主义现代化的远景目标之一，明确了建设高质量教育体系的政策导向和重点要求。没有高质量的课堂教学也就没有高质量的教育体系。课程思政，实际上便是围绕着立德树人这一根本目标对于教学模式的全方位改革，力图孕育出高质量的课堂教学。它要求课堂教学变讲解"死"的知识为"活"的知识，要求教师在学情分析、任务设置、考核评价等教学各环节上精雕细琢以彻底激活学生，同时在知识传授与能力培养中润物无声地融入价值塑造，真正实现"三位一体"。不难看出，这个过程既要从教师的视角出发，也要从学生的视角出发，既涉及"言传"，也涉及"身教"，它关系课堂教学的方方面面，唯有对这些都注重，才能提升育人的实效，而这一切的根本，皆在于教师要有立德树人与培根铸魂的理想信念与高度热情。唯有如此，才能将课程思政真正落到实处，实现培养社会主义建设者与接班人这一时代要求。

第二节　课程思政的内涵与特征

一、课程思政的内涵

我国高校历来重视课堂教学的育人主渠道作用，其中，思政课是落实立德树人根本任务的关键课程和重要阵地。近些年，特别是在深入贯彻落实全国高校思想政治工作会议、全国教育大会精神的推动下，高校系统挖掘其他课程、课堂中有关立德树人的教育资源，形成思想政治教育合力和综合优势的探索实践，取得的一大标志性成果就是从思政课程演化出课程思政的新课程形态。高校初步构建起"思政课程+课程思政"的大思政教育体系。

思政课程促使课程思政演进演化。众所周知，思政课程承担着对在校大学生进行马克思主义理论教育，党的路线方针政策教育，爱国主义、国际主义和革命传统教育等重要任务，在铸魂育人、立德树人的教育体系中发挥着"压舱石"的作用。目前，在思政课与专业课的衔接过程中，在学术思政、专业思政的探索与创新过程中，专业课程的思想政治教育资源被越来越多地挖掘出来，专业课程在思想政治教育中所分担的责任也越来越受到重视：从个别到类别的课程思政概念越来越清晰，课程思政的实践也逐渐由个别的、随意的、碎片化的、自觉与不自觉的、时有时无的状态，向主动的、自觉的、有目的的、有设计的、有体系的状态演进，课程思政逐渐成为与思政课程共担大学生思想政治教育的协同联合体。

"四个服务"是课程思政的方向指引。习近平总书记在全国高校思想政治工作会议上对我国高等教育事业发展和社会主义大学建设提出了"四个服务"的明确要求，即要"为人民服务，为中国共产党治国理政服务，为巩固和发展中国特色社会主义制度服务，为改革开放和社会主义现代化建设服务"。课程思政就是高校主动践行"四个服务"的具体实践，旨在重新定义高校思想政治教育的打开方式，并开发各类专业课程及其教学过程中的"思政"元素和资源，找准切入点、结合点、创新点，系统构建课程思政体系，使专业课程与思想政治教育相贯通、政治性与学理性相贯通、价值性与知识性相贯通、理论性与实践性相贯通、灌输性与启发性相贯通、显性教育与隐性教育相贯通。要让专业课教师挑起"思政担"，让专业课上出"思政味"，让专业教学结出"思政果"，激发和强化专业课程立德树人的增值效应，使新时代高校思想政治教育形式多起来、覆盖广起来、效果实起来。

三全育人是课程思政的实践范式。从理念上讲，三全育人与课程思政的出发点和落脚点都是培养人，三全育人重在强调"全"和"育"，课程思政重在落实"全"和"育"。从实践上讲，三全育人和课程思政目标指向相同，都是从单纯重视知识的学习走向价值观教育，从传统的学科教学走向综合育人，从孤立的思想政治教育走向全员、全过程、全方位育人，培养德智体美劳全面发展的人，培养中国特色社会主义事业的合格建设者和可靠接班人。从两者的互动关系上讲，三全育人是课程思政的实践范式，课程思政是三全育人的重要抓手，共同推动由单到全的育人主体转型，由教到育的育人重心转型，由条到块的育人机制转型，由灌到引的育人过程转型，由散到合的育人整体转型，共同凸显思想政治教育的实践创新与质量提高。

综上所述，需要从课程思政的本质、理念两个维度来认识和把握其丰富的内涵。

（一）课程思政的本质是立德树人

立德树人是高校课程思政追求的根本目标。各类课程在其知识传授和能力培养的功能性上是各有所长的，在价值引领上，其思想政治教育融入的方式、内容虽然有所不同，但指向的都是立德树人这一根本目标。课程思政在本质上是一种教育，是为了实现立德树人。"育人"先"育德"，注重传道授业解惑、育人育才的有机统一，一直是我国教育的优良传统。思想政治教育是做人的工作，解决的是"培养什么样的人、如何培养人"的问题，是我们党和国家的优良传统和各项工作的生命线。我们党历来高度重视学校德育工作和思想政治工作，探索形成了一系列教育方针、原则，为"培养什么样的人、如何培养人、为谁培养人"问题提供了基本的工作遵循。课程思政是要将思想政治教育融入其他课程教育之中去，不管是作为具体的思想政治教育还是作为宏观的教育而言，它都是为了实现立德树人。课程思政始终坚持以德立身、以德立学、以德施教，注重加强对学生的世界观、人生观和价值观的教育，传承和创新中华优秀传统文化，积极引导当代学生树立正确的国家观、民族观、历史观、文化观，从而为社会培养更多德智体美劳全面发展的人才，为中国特色社会主义事业培养合格建设者和可靠接班人。

高校课程思政要根据自己所在学校的办学定位和学校的办学特色，或根据学校所在地的特点、区域文化、区域经济发展特点，利用地域人文道德资源，在课堂上讲好学校的历史以及区域故事，培养学生的爱校、爱地域情怀，彰显地方特色，生动讲好身边的故事，以此激发学生的爱国意识，体现历史的沧桑感与厚重感等思政元素。

习近平总书记在党的十九大报告中指出："文化是一个国家、一个民族的灵魂。文化兴则国运兴，文化强则民族强。没有高度的文化自信，没有文化的繁荣兴盛，就没有中华民族的伟大复兴。"可见文化自信事关国运兴衰，事关文化安全，事关民族精神独立。利用地域特色和学校的历史变迁文化，激发学生的文化自信。文化是流淌在人们血液中的基因特质，经久不息，绵延不绝，一方水土养育一方人，一方人造就一方文化，文化一旦形成，就会持久地影响人们的思维方式，使人们形成固有的思维特质。因此，人们要珍惜优秀的传统文化资源，对于先人留下来的灿烂文明，有必要吸收并转化为课程思政的精神营养，激发学生产生文化自信。富有特色的文化和历史更容易勾起学生的持久记忆，滋养学生的爱国情怀。一般来说，身边的特色历史文化和故事往往由于其被熟悉程度、感知程度、相信程度有别于来自远处的历史和故事，因而更容易激发人们产生某种情感和兴趣，利用"亲近感染"这一原理，在实施课程思政过程中采用特色资源、讲好身边的故事更容易产生激励和鼓舞作用。尤其人文素养课更要充分挖掘地域特色，在课程教学中将地域历史文化与课程目标相结合，讲出这个地方的鲜明特质，以此激发学生的学习兴趣，使之保持持久的记忆，进而深化为浓烈的爱国之情。

在课程思政中开展特色教育，教师需具备将地方特色文化与国家发展战略、地区经济社会发展蓝图紧密结合的能力。教师需要熟悉和善于挖掘本地区的历史文化传统，并熟悉地方经济社会发展的指导思想和宏观构建蓝图，以及本地区在整个国家建设中的目标定位，站在党和国家的发展理念的战略高度，面对地方经济社会发展的需要，开展自己的课程建设，使学生既能看到本地域的过去，又能把握其现实与未来；既能站在国家层面考虑问题，又能准确把握本地区的特色优势，实现整体与局部的结合。如此，学生的知识和视野的立体感、宽阔感才能形塑起来，精准定位自己的职业规划和未来前景，避免课程学习、专业学习的盲目性，从地域文化的特质中找到文化的自豪感与自信心。教师要善于赋予本地区特色传统文化时代意义，要具有将传统文化进行创造性转化和创新性发展的能力。一门课程的思政元素的挖掘程度，与教师自身的积极性、成就动机和事业热情有关。课程特色更多取决于课程内容的特色，这对教师提出了善于自主学习、自主涉猎、自主挖掘、自主研究、开创性地转化与发展的要求，课程思政教师自身需要具有厚重的历史文化基础和丰富的人文素养，善于发现传统文化的价值和意义并能推陈出新，方有可能培养学生厚重的人文底蕴、强烈的人文情怀和高尚的审美情趣。教师要具有将富有特色的传统文化与人才培养目标相结合打造特色课程的能力。教师一方面具有传承地方特色文化的职责，通过打造特色课程，深入研究、梳理、挖掘地方特色文化，让特色文化成为人才培养的肥沃土壤；另一方面具有弘扬优秀传统特色文化的义务，需要将特色文化转化为地方经济社会发展所需要的资源优势。因此，打造具有浓郁地方文化特色的优质课程，就是将特色文化、人才培养与地方经济社会发展相结合的过程，这一过程是由高等教育的人才培养、科学研究、服务社会和文化传承与创新四大功能所决定的。

（二）课程思政的理念是协同育人

从课程思政的提出来看，其目的就是实现各类课程与思想政治理论课的同向同行，实现协同育人。协同育人指的是，高校开设的各类非思想政治理论课程也要承担各自的思想政治教育功能，在思想政治教育过程中守好一段渠、种好责任田，与思想政治理论课同向同行，共同发力，形成协同育人效应，即思政课程和其他各类课程要在实现立德树人的根本任务上保持政治方向的一致，在课程目标的实施和课程功能的实现上要保持步调的一致。不论是"三全"育人还是"十全"育人，其体现的正是协同育人的理念。作为党的教育方针和我国各级各类学校的共同使命，能不能为中国特色社会主义事业源源不断地培养合格建设者和可靠接班人，能不能为实现中华民族伟大复兴中国梦凝聚人才、培育人才、输送人才，是衡量一所学校教育水平高低的指标。中国特色社会主义教育本身就是知识体系教育和思想政治教育的结合与综合，不能让思想政治工作和人才培养变成彼此孤立的"两张皮"。课程思政所践行的正是将两者辩证统一起来，把教书育人规律、学生成长规律和思想政治教育工作规律紧密结合起来，把立德树人内化于学校建设和管理各领域、各方面和各环节中，用一流的思想政治教育体系建设引领一流的人才培养体系建设，使思想政治教育滋润万物的精神力量融通教师的每一节课堂、贯穿学生的每一步成长，真正在"三全"育人的大思政工作格局中，让学生成长为栋梁之材。

高校课程思政协同育人是对现实问题的积极探索和回应。纵观当前，高校还未能形成横纵贯通的协同育人局面，一是各学科、各专业、各课程未能深入挖掘其育人价值且协同性较弱，其学科优势和课程的价值属性还未真正发挥出来，课程育人目标缺乏定位，仅完成知识和能力目标，对情感、态度、价值观目标等不做研究；育人内容缺少挖掘，不懂哪些内容背后蕴含了育人资源；育人方式较为局限，通常以教师讲授为主，很少运用情感体验、实践体认等方式。二是第一课堂、第二课堂（实践课堂）、第三课堂（网络课堂）之间壁垒分明，未能以一致的知识、能力和价值观目标开展育人工作。第一课堂中的专业知识在第二课堂中往往没有加以运用和实践，第二课堂中的各类社会实践、志愿服务的出发点还比较浅层和宽泛，第三课堂中出现的多元价值力量的角逐，往往在第一课堂听不到解释，在第二课堂得不到回答。三是各教师的育人意识和育人能力参差不齐，无法发挥最大合力，教师开展的课程思政育人工作具有非系统性，一般是依靠部分教师本人的育人责任感，以自身的敏感性和敏锐力为学生开展课程思政教育，往往受教师本人素养水平的限制。因此，高校课程思政协同育人研究是对以上现实问题的积极探索和回应，要求各学科、专业和课程构建相互贯通的育人目标体系，每一位教师都能结合学科与课程内容、特点深入挖掘课程育人资源，第一、第二、第三课堂能协同一致帮助学生将正确的世界观、人生观和价值观内化于心，外化于行，引领学生成长成才。

高校课程思政协同育人是马克思主义培育自由而全面发展的人的必然。人的自由全面发展是马克思主义的精髓，马克思主义认为人的发展应该是自由而全面的发展，马克思提出了"个人的全面发展""全面发展的个人""个人独创的和自由的发展""个人向完整的个人的发展"等概念。我国高校是社会主义大学，坚持马克思主义的指导地位，把立德树人作为高校的根本任务，将促进学生成长成才作为一切工作的出发点和落脚点，最终目的是培养自由而全面发展的人。故而，高校课程思政协同育人要求必须坚持以马克思主义为指导，用马克思主义立场、观点和方法教育学生，在各门课程中渗透价值导向、科学精神、人文素养、逻辑判断等，促进学生全面发展。

高校课程思政协同育人是坚持党对高校思想政治工作主导权的根本所在。习近平总书记在全国高校思想政治工作会议上指出："党委要保证高校正确办学方向，掌握高校思想政治工作的主导权，保证高校始终成为培育社会主义事业建设者和接班人的坚强阵地。"高校是引人以大道、启人以大智的重要场所，培育人才是高校的重要任务之一，而为谁培养人才决定了高校课程协同育人的最终旨归。因此，高校课程思政协同创新研究必须坚持党对高校思想政治工作的主导权，坚持中国共产党的领导和为人民服务的宗旨；高校人才培养目标及课程设置也必须为巩固中国特色社会主义制度服务，培养出的人才也必然要投身改革开放和社会主义现代化建设服务的大潮之中。

高校课程思政协同创新是高校课程体系建设的趋势和要求。高校课程的价值取向关系着课程体系的设置，决定了课程体系以何种目标为根本，满足何类受教育者的需求，继而决定了课程体系选择怎样的知识为课程内容、怎样的书目为课程教材。人的头脑不可能是真空的，总是要装进去什么东西的。如果教育者未将思想、理论、价值观念传播给受教育者，未将理想信念、家国情怀植入他们心里，那么他们的脑子会自然而然地被其他东西所填满，被各种价值观影响。学校教育就是以课程为中介，将教育的价值取向融入课程中，培养符合当下教育价值取向的人才。当前我国高校课程结构主要包括综合素养课（通识课）、思想政治理论课程和专业课程，具体到表现形式，有理论课也有实践课，有必修课也有选修课，有专业课程也有跨学科课程；但不论何种表现形式，都是为实现立德树人这一根本任务服务的。除了课程的结构，课程资源、教材的选择、教学大纲的编排也受此影响。同样，现有的课程体系中各个要素的排列组合所呈现出的状态对课程的价值取向有重要的反作用，如果在课程体系的设置汇总中忽略了价值取向这一核心要素，那必然会出现课程相互打架的情况，课程设置缺乏逻辑主线，学生学习到的只有零散的知识而无核心的价值引领。因此，应当从课程价值取向入手，开展课程思政协同创新，涵盖课程教与学的全过程，强调教师传授的知识点背后映射的育人思想，而且追求在教学相长中实现知识与价值的双丰收，实现教书育人的进一步深化。

思政课程和课程思政两者之间之所以能够进行协同，是因为虽然两者的课程类别和课程性质有所不同，在人才培养过程中实现教育任务与功能的方式不同，但也存在一致性，包括任务和目标上的共同性，方向和功能上的一致性，内容和要求上的一致性。两者都承担着立德树人的根本任务，都在塑造国家需要的优秀人才，都是紧紧围绕学生的中心地位，都在为学生成才提供必要的支撑体系和服务体系。任何一种教育都是要培养与国家意志相统一、与社会要求相一致的人才，任何一种教育都无法脱离国家的需要而独立存在。思政课程和课程思政二者正因为有共同之处才具有了协同育人的条件和基础。

课程思政和思政课程如何协同？思政课程是塑造学生灵魂的通识教育课，是对学生进行思想政治教育的主渠道、主阵地，是安装在所有大学生头脑中的价值驱动系统，是学生成长过程中的指路明灯。思政课会随着时代的变化，因事而化、因时而进、因势而新，思政课永远处在改革发展的路上，思政课对思政课教师的政治站位、学术视野、知识覆盖面、知识结构有很高的要求。而课程思政中的各类专业课是供专业学生学习研究专业知识和专业技能的课程，可以说是学生未来的安身立命之本，专业学生依靠在校习得的专业知识、专业能力、职业技能和专业素养立足、生存于社会。至于两者怎样协同，既涉及学校施教主体对这个问题的重视程度与认知水平，也关涉协同管理规范机制的建立健全与科学合理设置。施教主体对课程思政的内涵、二者之间的关系和异同、不同侧重和各自优势都应有充分认知，学校在充分认知的基础上应该制定相应的协同管理机制和办法，如此才会形成从事课程思政的实践自觉和达成实施的有效性。

　　所有施教主体均需充分认识思政课程和课程思政的内涵。高校所有的施教主体包括各级党组织、各教育管理职能部门，直接教育主体即教师、辅导员、教辅人员等都需要充分认识思政课程与课程思政各自所承担的使命职责，充分认识课程思政和思政课程二者各自的边界以及相互补充的必要性。因为在育人过程中，实际遇到的思想问题总呈现出纷繁多样性，这一复杂性已非单一某个学科所能解决，所有的施教主体在这点上保持清醒的头脑和较高的政治站位后，二者的协同工作就具备了一定的基础。直接施教主体在教育过程中要有意识地去开发和挖掘思政元素而非被动作为，更拒绝无动于衷、冷漠从事，甚至是横加干涉和排斥。面对品格、品行、品味、人格、灵魂、生命还处于可塑时期的教育客体，直接施教主体的政治站位、师德师风、对党和国家的忠诚度需要接受更为严格的检验，即直接施教主体的政治认同感、国家认同感是实施课程思政的前提。思政课程的施教主体所从事的铸魂工作的特点决定了其能为课程思政提供思想政治教育资源，并提供各种理论政策的阐释、解读服务，助力课程思政的施教主体增加人文修养和价值观认同，而课程思政的施教主体可以为思政课程提供更多的教育素材，帮助思政课程施教主体更为深入、更为丰富地理解具体学科对于塑造学生灵魂的价值。教育管理主体要主动协调二者关系，制定有效的协同机制。实施课程思政属于一项整体性、系统性和开放性的工作，涉及众多教学单位、众多专业、众多任课教师，因此需要管理部门总体调度、协调策划、顶层设计、周密部署共同完成。教育管理主体作为学校教学管理的协调、协同力量，在规划、安排、调节、控制、评估等各项教育管理事务过程中，要具备协同的意识和理念，提供能够协同的制度支持体系和政策服务体系，确保课程思政和思政课程二者始终处在同一条轨道上同频共振，同向发力。

二、课程思政的特征

（一）寓德于课是首要特征

习近平总书记在全国高校思想政治工作会议上明确指出，高校立身之本在于立德树人，要坚持把立德树人作为中心环节，把思想政治工作贯穿教育教学全过程，实现全程育人、全方位育人，努力开创我国高等教育事业发展新局面。立德作为思想政治教育的重要内容，也应是课程思政建设的重要内容。"德"借助于课程这一重要载体，是寓德于课的，既寓德于具体的课程内容，更寓德于教师的课程教学过程。德，不仅是立身之本，而且是立国之基。国家培养的社会主义事业建设者和接班人应该是"德智体美劳全面发展"的，而且首先要求的就是德。立德不只是思想政治理论课及其教师的任务。立德是课程的应有之义，课程思政所要实现的正是寓德于课，从而为人民、国家和社会培养德才兼备之人。

（二）人文立课是主要特征

课程思政是在课程教学中挖掘"人文素养"元素，其中重要的是人文精神，即对人类生存意义和价值的关怀。每一门课程的教学从根本上来说都是一种教育，都是在进行教书、育人，这本身就蕴含了人文精神，只是不同课程的性质导致其不同程度地弱化了这种精神。健全的教育不仅包括知识的学习，更包括具有价值观意义的家国情怀教育，尤其是思想政治中社会主体力量所倡导的主流价值的教育。课程思政可以说是要突出课程原有的人文精神并在此基础上进一步加深。人们要深刻领会习近平总书记反复强调的立德树人是教育的根本任务这一思想中所蕴含的人文精神，更加自觉、更加有效地把知识教育和理想信念教育、道德品格教育有机结合起来，充分挖掘各类课程的思想政治教育元素，进而深化对课程思政的认识和理解，把对人本身的关怀融入每一门课程的教学之中，让所有课程真正承载起育人的功能，切切实实"守好一段渠、种好责任田"①。

（三）价值引领是核心特征

课程思政要将思想政治教育元素融入各类课程的教学过程中，其中思想政治教育元素主要指思想政治教育的内容，不一定是具体的思想政治教育理论知识，也可以是思想政治教育所体现的一种价值理念和精神追求。一方面，从课程思政的具体融入内容来看，具有较强的可操作性和比较容易实现的融合模式，是将社会主义核心价值观融入课程教学过程中，在内容上集中凸显课程思政的价值引领特点。另一方面，从课程思政内容融入的抽象层面来看，课程思政的主要内容不是要向学生灌输思想政治教育的基本理论知识，而是要通过这种教育形式来培养学生正确的世界观、人生观和价值观，实现对学生的价值引领。

第三节　课程思政建设的价值意蕴

根据习近平总书记关于教育的重要论述，以及中共中央办公厅、国务院办公厅《关于深化新时代学校思想政治课改革创新的若干意见》可知，课程思政，就是将思想政治教育贯穿人才培养体系，全面推进高校课程思政建设，发挥好每门课程的育人作用，提高高校人才培养质量，即将思想政治教育元素，包括思想政治教育的理论知识、价值理念以及精神追求等融入各门课程，潜移默化地对学生的思想意识、言行举止产生影响。人们要深刻认识到"课程思政"改革的实施是全面贯彻党的教育方针、从根本上解决人才培养的目标、手段等问题的重大创新，对实现中国特色社会主义教育的根本任务具有重要的意义。

---

① 杨金铎. 中国高等院校"课程思政"建设研究［D］. 长春：吉林大学，2021.

一、课程思政建设是中国特色社会主义教育发展的内在要求

"课程思政"的提出符合教育的本质。"教育"一词是教书与育人的结合。教书就是传授知识，它保证人类能够在继承原先文明的基础上不断进步。育人就是对人的"灵魂"的培养，它保证人类社会始终能朝着积极、正面、和谐、有序的方向前进。教育的本质就是通过传授知识、提高品德、启迪智慧、培养推动社会发展的人才，是提高每个人的生命质量和生命价值的重要途径。"课程思政"的理念正是这一本质的体现。"课程思政"是实现立德树人的创新。中国特色社会主义教育的根本任务是立德树人。思想政治理论课曾经在这方面充当着主要的角色。一般说来，课程都有育人的功能。由于缺乏文件制度的规范，其实施主要取决于教师的自觉。"课程思政"的提出，正是针对这一短板，真正着眼于全员、全课程育人。

二、课程思政建设是高校思想政治教育与时俱进的要求

从教育的属性来看，教育是具有阶级性的。中国的高校是中国特色社会主义制度下的高校，其教育必然带有意识形态的印记。从教育的功能看，教育主要是实现个人的发展与社会的发展。在个人与社会发展的需求中，政治观点、思想观念、道德规范的教育始终处于统领地位，其决定着个人与社会发展的最终方向。从社会学的角度看，学校教育承担着人的社会化的重要功能。一方面，学校向学生传递科学知识，另一方面，学校对学生进行道德教育，传播主流的价值观，以帮助学生成为既具备基本的生存技能又能融入现代社会的合格的"社会人"。当前，中国特色社会主义进入了新时代，国内社会主要矛盾的变化以及防止西方意识形态的渗透都对高校的思想政治教育提出了新的要求：如何捍卫高校思想意识形态的阵地？如何引导当代大学生自觉以马克思主义中国化

的理论为指导，内化于心，外化于行，成为中国特色社会主义的合格的接班人与建设者？所以，高校的思想政治教育必然要与时俱进，"课程思政"的提出恰逢其时。

三、课程思政建设满足了当代大学生的需求

首先，课程思政建设有助于解决社会价值观念多样化产生的冲击。当代大学生是属于互联网的"原住民"，互联网为当代大学生扩大视野创造了有利的条件，网络上各种新的社会现象、观点、观念让人目不暇接，大学生由于缺乏经验、知识不丰富且思维判断力较弱，也极容易受不良思想的影响，因此，加强思想政治教育有助于引导大学生正确看待社会问题，形成积极、正确的价值观。其次，课程思政建设有助于解决理想与现实的矛盾。大学阶段是一个富于理想的阶段，有一定社会经验与阅历的人都可以比较好地处理理想与现实的关系，而大学生由于知识储备尚未完成，人生经验短缺，对理想的可及性缺乏判断，因此，当理想遭遇现实打击的时候，容易产生挫折感，并进而产生对自身所受教育的怀疑。因此，引入"课程思政"可以引导大学生正确看待人生的挫折与社会现象，始终以积极的态度面对人生。再次，课程思政建设有助于大学生正确看待中国社会的一些现实问题，始终保持对中国特色社会主义的信念、保持对中国共产党和政府的信任、保持对实现中国梦的信心。诚然，高校开设思想政治理论课有助于解决上述问题，但是思想政治理论课作为大学生的公共基础课，大部分都是在大学一、二年级完成。而思想政治教育强调全员育人、全过程育人、全方位育人，显然，这在传统的思想政治教育体系中难以实现。"课程思政"的提出，正是弥补了这一缺憾。

四、课程思政建设是全面提高人才培养质量的重要任务

培养什么人、怎样培养人、为谁培养人是教育的根本问题，立德树

人的成效是检验高校一切工作的根本标准。落实立德树人根本任务，必须将价值塑造、知识传授和能力培养三者融为一体，不可割裂。全面推进课程思政建设，就是要寓价值观引导于知识传授和能力培养之中，帮助学生塑造正确的世界观、人生观、价值观，这是人才培养的应有之义，更是必备内容。这一战略举措，影响甚至决定着接班人问题，影响甚至决定着国家的长治久安，影响甚至决定着民族复兴和国家崛起。要紧紧抓住教师队伍"主力军"、课程建设"主战场"、课堂教学"主渠道"，让所有学校、所有教师、所有课程都承担好育人责任，守好一段渠，种好责任田，使各类课程与思政课程同向同行，将显性教育和隐性教育相统一，形成协同效应，构建全员、全程、全方位育人的大格局。当前，高校办学面临着社会利益分化、思想观念交锋、多元价值观念相互碰撞的挑战，这既为高校的长远发展带来了机遇，也为其带来了冲击。在这样的大背景下，青年大学生在价值观选择上存在着多样性和易变性，受外界的影响较大，容易摇摆不定。尽管当今青年大学生的道德素质普遍较好，但他们的自我控制能力较差，践行能力较弱，且缺少内省的素养。这就特别需要教师在课堂教学中，不仅注重学生知识和能力的培养，更要做好学生思想引领和价值观的塑造。因此，要把社会主义核心价值观教育贯穿于课堂教学的各个方位、各个层面，真正做到入脑入心，促进学生明理力行。学校人才培养是育人和育才相统一的过程。建设高水平人才培养体系，必须将思想政治工作体系贯通其中，必须抓好课程思政建设，解决好专业教育和思政教育"两张皮"的问题。要牢固确立人才培养的中心地位，围绕构建高水平人才培养体系，不断完善课程思政工作体系、教学体系和内容体系。学校主要负责人才培养工作，统筹做好各学科专业、各类课程的课程思政建设。紧紧围绕国家和区域发展需求，结合学校发展定位和人才培养目标，构建全面覆盖、类型丰富、层次递进、相互支撑的课程思政体系。切实把教育教学作为最基础、最根本的工作，深入挖掘各类课程和教学方式中蕴含的思想政治教育资源，让学生通过学习，掌握事物发展规律，通晓天下道理，丰富学识，增长见识，塑造品格，努力成为德智体美劳全面发展的社会主义建设者和接班人。

五、课程思政建设有利于实现知识传授与价值观教育的同频共振

专业课是高等学校根据人才培养目标开设的专业知识和专业技能课程，其目标是使学生掌握必要的专业基本理论与专业技能，培养学生分析和解决本专业范围内一般性实际问题的综合应用能力。从专业教育与思想政治教育所担负的相对独立的功能而言，思想政治教育主要承担德育的功能，大学专业教育主要承担智育的功能。尽管功能各有不同，但专业教育和思想政治教育都是以人为出发点和归宿，专业课、思政课从来不曾割裂，每一门课都应该求真、触情，并传递价值，既要帮助学生专业成才，更要促进学生精神成人；培养学生既具有个人的小德，也具有国家社会的大德，树立社会主义核心价值观。同时，高校的立身之本在于立德树人，必须牢牢把握全面提高人才培养能力这个核心点，深入挖掘并用好高校各门课程所蕴含的丰富的思想政治教育元素，形成高校各门课程的思想政治教育的合力，让学生在学习专业知识的过程中，不断加强思想道德修养，提高政治觉悟。高校每门课程都要围绕育人目标，合理分工、互相配合，共同推进大学生的思想政治教育，这是新形势下高校思想政治工作的必然要求。

六、课程思政建设有利于发挥专业课程在思政教育方面的特殊优势

在思想政治教育方面，专业课程往往具有特殊的优势。首先，专业课教学在课时上有优势。专业课教学作为大学教育的主阵地，贯穿整个大学生涯，占据了学生大部分的学习时间，在学习时间方面具有先天的优势。大学生的思想政治教育仅仅依靠几门思想政治教育课程是远远不

够的，课程思政弥补了思政课程在课时上的不足。因而专业课教学理应成为思想政治教育的重要组成部分，这是我国高校课程思政的现实。其次，学生相对重视专业课程学习。一般而言，大学生将自己的专业视为日后步入社会的安身立命之本，对于专业课程学习给予了高度重视，学习热情相对高涨。再次，专业课教学为课程思政提供了广阔的发展空间和深厚的学科基础，赋予了思想政治教育强大的科学力量。以专业知识体系为载体和底蕴，通过较为隐蔽的、潜移默化的方式进行思想政治教育，更容易被大学生所接受，更加具有说服力、感染力和有效性。最后，从目前高校教师的构成来看，其他专业课教师无疑是数量最多的群体，如果没有他们的参与，大学生思想政治教育工作是不完整的。因此，要充分认识到全员育人的重要性和必要性。

第四节　课程思政与思想政治教育

一、课程思政与思想政治教育概念

（一）课程思政

课程思政指的是在以"立德树人"作为教育的根本任务的综合教育理念的指导下，坚持以马克思主义基本观点和方法为基本立场，依托高校各类课程，把思想政治教育教学活动贯穿于所有课程的始终，实现教书育人为一体的课程思政教学。习近平总书记在全国高校思想政治工作会议上强调："要用好课堂教学这个主渠道，各类课程都要与思想政治理论课同向同行，形成协同效应。"课程思政并不是新增的某一门课程，而是一种教育理念、一种教育方式。因此，课程思政就是要以高校课堂教学为依托，通过高校各项课程，包括专业课程、通识课程等，把思想政治教育融会贯穿于各科教育教学理论、实践与改革活动中。深度挖掘其他课程所蕴含的思想政治内容，如社会主义核心价值观、中国传统文化中蕴含的正确的道德观念、爱国主义、科学精神、工匠精神、人文素养、逻辑判断、国际视野等，使各类课程与思想政治理论课同向同行，形成协同效应，从而实现协同育人的教育目标，即将思想政治教育寓于各科课程、用各科课程承载思想政治教育。

课程思政的教学方式、授课方式与思政课有着很大的差别，但究其根本，其本质依然是育人。但由于课程思政是通过"课堂"这个主渠道，在各类课程的授课过程当中实现思想政治教育内容的传授，因此其必然具有融合性、全局性和隐寓性等特点。

第一，课程思政具有融合性。课程思政就是要借由课堂教学的主渠道，实现各类课程教学内容与思想政治教育元素的有机融合。各科教师要在日常备课、科研的过程当中充分发掘本学科蕴含的思政元素，并在进行本学科的教学内容讲授的过程中将专业知识与思政元素充分融合，实现高校课程思政的融合发展。

第二，课程思政具有全局性。习近平总书记在全国高校思想政治工作会议上指出："要坚持把立德树人作为中心环节，把思想政治工作贯穿教育教学全过程，实现全程育人、全方位育人，努力开创我国高等教育事业发展新局面。"课程思政就是要将各类课程的育人功能发挥至最大，推进高校各部门全体人员协调联动，将育人为本贯穿所有课程的全过程，全面推进高校课程思政的发展，使各类课程同向同行、形成合力、协同育人，发展课程思政要坚持"全局性"构建"大思政"育人格局。

第三，课程思政具有隐寓性。思政课程作为显性思想政治教育课程，可以大刀阔斧地讲思政，然而课程思政实际上是要将思想政治教育的内容暗含在专业课当中进行讲授，因此课程思政更倾向于隐性思想政治教育，要在课程进行过程当中，将思政教育内容寓于专业知识讲授当中，在不知不觉中引导学生自然地融入课堂，以学生为主体，鼓励学生自主学习，主动吸收教学内容，潜移默化地进行课程思政的教学。

（二）思想政治教育

高校思想政治理论课隶属于马克思主义理论体系，具有鲜明的意识形态性质，并以马克思主义理论学科为支撑，对大学生进行思想政治理论教育。中央 16 号文件中明确指出："高等学校思想政治理论课是大学生思想政治教育的主渠道。思想政治理论课是大学生的必修课，是帮助大学生树立正确世界观、人生观、价值观的重要途径，体现了社会主义大学的本质要求。"因此，高校通过系统的课程体系，开展一系列思政课程，对高校学生进行系统的思想政治理论教育。作为显性的思想政治理论教育课程，思想政治理论课也是作为高校大学生的必修课程来设立和开展的。高校设立的思想政治理论课程包含《马克思主义基本原理概论》《毛泽东思想和中国特色社会主义概论》《中国近代史纲要》以及《思想道德修养和法律基础》等，而不同学校也会根据本校实际情况适当增设部分课程。

思政课程是一类具体的课程，即高校思想政治理论课，其自身有一套完整的课程体系，包括四门必修课，以及《形势与政策》和《当代世界经济与政治》两门选修课，共同构成了思想政治理论课课程。该课程主要由马克思主义学院的专业教师进行大班模式的授课，这是高校中思想政治教育长期以来一直坚持的主要途径，同样，这些课程也是课程德育中进行思政教育的主要课程，是大学生系统接受思政教育的主要方法。通过思政课程的学习，大学生培育自身的理想信念，树立正确的三观。

二、课程思政与思想政治教育的关系

（一）课程思政与思政课程的核心理念

习近平总书记在学校思想政治理论课教师座谈会上强调："办好思想政治理论课，最根本的是要全面贯彻党的教育方针，解决好培养什么人、怎样培养人、为谁培养人这个根本问题。"总书记对于这些根本问题的阐述为我国高校开展思政课程以及课程思政提供了根本遵循。中国特色社会主义进入了新时代，我国开启了全面建设社会主义现代化国家的新征程，中国共产党确立了建设社会主义现代化强国的伟大目标，为契合新时代中国特色社会主义现代化事业的发展，就必须要培养担当民族复兴大任的时代新人、培养德智体美劳全面发展的社会主义建设者和接班人。党的十九大报告指出，中国特色社会主义新时代的教育"要全面贯彻党的教育方针，落实立德树人的根本任务"。"立德树人"是课程思政和思政课程共同的根本任务和根本目标，也是课程思政与思政课程的核心理念。

（二）课程思政与思想政治教育的区别

课程思政与思想政治教育的区别体现在诸多方面。首先，二者的概念不同。思政课程是指隶属于马克思主义理论体系的高校思想政治理论课，具有系统和完备的课程和教学体系。而课程思政却不是新增设某一门学科的课程，其没有系统的课程体系，它更倾向于是一种教育理念、一种教育方式，需要所有课程之间的相互协调、相互配合，从而达到协同育人的目的。其次，二者的呈现方式不同。思政课程作为大学思想政治教育的显性教育课程，大多以必修课程的形式设立，需要思政课教师大刀阔斧、旗帜鲜明、理直气壮地讲好思政课，要求思政课教师以公开、直接的方式进行以马克思主义理论为基础的思想政治教育。课程思政则是作为一种隐性教育形式而存在，其课程中所蕴含的思想政治内容是隐晦的、暗含的，不是作为课程内容直接体现在教学计划中的，而是渗透在课程教学的各个环节、各个方面的，需要教师深度挖掘，并在教学过程中持续地、隐含地、渗透式地对学生进行思想政治教育。再次，二者的地位不同。思政课是对大学生开展思想政治教育的主渠道，而课程思政的开展则强调要利用好课堂教学这个主渠道，二者虽然都是"主渠道",但两者之间并不存在矛盾关系。思政课的定位是大学生思想政治教育的主渠道,课程思政的定位是通过课堂教学的主渠道加强思想政治教育工作,二者应该同向同行,加强对大学生的思想政治教育,提升高校思想政治工作水平。最后,二者的教学重点不同。高等学校思想政治理论课承担着对大学生进行系统的马克思主义理论教育的任务,是对大学生进行思想政治教育的主渠道。思政课程主要侧重于从思想政治理论方面,进行系统的、完整的思想政治理论教育。课程思政则是在进行本专业课程教授、知识传输的过程中加强了思想政治教育的思维与功能,但其教学重点仍然是课程教学。

(三)课程思政与思政课程的内在联系

课程思政与思政课程虽然是不相同的概念,二者在呈现方式、教学重点等方面均存在着区别和差异,但二者之间也存在着内在的联系。首先,二者的核心理念相同。课程思政与思政课程具有共同的核心理念,就是要落实立德树人的根本任务,从具体实施的角度而言,就是要为我国的社会主义现代化建设培养担当民族复兴大任的时代新人、培养德智体美劳全面发展的社会主义建设者和接班人。其次,二者发展的关键都在于教师。习近平在学校思想政治理论课教师座谈会上强调"办好思想政治理论课关键在教师",其实不论是对于课程思政还是思政课程,二者开展和发展的关键都在于教师。无论是对思政课程还是其他课程来说,一堂好课都要做到强调多元、崇尚差异、主张开放、重视平等、推崇创造、关注边缘群体,实现和谐课堂,使每一个学生都得到发展。这就要求思政课教师要努力做到政治要强、情怀要深、思维要新、视野要广、自律要严、人格要正。但这不仅仅是对思政课教师的勉励,所有的教师也都应当尽力以"六要"新标准来严格要求自己,努力提升自己的综合素质、增强本领、提高能力,守好课堂教学的"主渠道"。最后,二者具有共同的施教对象。对于进行课程思政的各专业课及通识课来说,其施教的对象大多为本专业的学生，而思想政治理论课作为必修课程，其面对的施教对象则是全体学生，由此可以说思政课程与课程思政具有共同的施教对象即共同的学生群体。然而，即便如此，由于高校学生主修学科的差异，学生群体之间也可能存在逻辑思维等方面的差异，这就需要教师群体开放包容、结合实际、因材施教、因时制宜、因势利导，讲好每堂课，实现全方位和多角度育人。

第二章 高校课程思政教学体系设计

第一节 课程思政建设目标要求

针对不同学科的差异性，高校在课程思政建设目标上需要加以区分。此处以新工科课程思政教学体系的设计为例，并以教育部《高等学校课程思政建设指导纲要》为指导方针，充分考虑大学阶段大学生情感、态度和心理需求特点，充分挖掘提炼工程教育中工程师使命、思想价值和精神内涵。

一、课程思政教学目标制定所遵循的原则

（一）发挥宏观指导

课程思政教学目标的制定需从国家、社会和个人层面对各行各业的各类卓越工程人才的课程思政教育提出共性目标要求，即宏观定性、内涵丰富、适应面广、富有弹性，能充分体现对各专业、行业和学校的宏观指导，有利于各专业、学校顶层设计规划具有自身特色的课程思政教育体系。

（二）突出价值引领

卓越工程人才应该树立和践行社会主义核心价值观，明确个人作为社会主义建设者和接班人的责任和使命，以国家民族复兴为己任，具有开阔的胸怀、全球视野和大工程意识，能充分理解工程与社会、历史、文化及发展的关系和内涵，能在改造世界的同时促进人类社会的进步和发展。

新时代中国特色社会主义大学应围绕立德树人的根本任务，将社会主义核心价值观从国家、社会、个人三个层面解读并有机融合于专业课程教学中，帮助大学生解决成长过程中出现的理想信念模糊、价值取向扭曲等价值观偏差，关注社会热点、难点、痛点，培育家国情怀、责任担当，提升个人品德修养。

（三）坚持知行合一

课程思政从育人本质要求出发，发挥所有课程育人功能，其教育结构要实现价值塑造、能力培养和知识传授的多元统一。课程思政是理论教育问题，更是一个实践问题，要求教育者实质性介入学生日常学习与生活，将教学与其真实的人生际遇和心灵困惑相结合，以科学思维、工程思维和创新思维催生科学研究、工程实践和创新新动力，塑造决定工作品质的科学精神、工程师精神和创新精神，保持良好的服务国家、奉献社会的素质修养，以知促行、以行求知，实现知情意行合一。

二、课程思政建设的目标维度

基于新工科背景下课程思政教育目标的制定原则和基本思路，高校课程指南对教育目标加以分解，系统整合教育目标中的情感、态度和价值观组成要素，充分考虑大学阶段学生心理需求，形成 6 个维度和 19 个二级指标点，涉及家国情怀、责任担当、个人素养、科学精神、工程师精神和创新精神等多维度目标的内涵表述，解决大学生真学、真懂、真信、真用的问题。与思政教育目标相契合，形成同向同行，协同育人，促进学生正确的世界观、价值观和人生观塑造。

专业课程思政教育框架如图2-1所示，课程思政涉及6个教学维度和19个二级指标点，其内涵解释如表2-1所示，以下逐条予以分析和诠释。

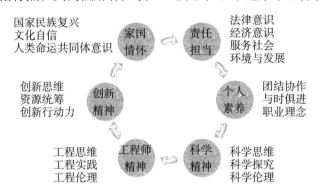

图2-1　专业课程思政教育框架

表2-1　课程思政教学目标维度及指标点

教学目标维度	内涵	二级目标指标点	内涵
家国情怀	增强学生对国家、民族和文化的认同感，激发学生使命担当意识	国家民族复兴	树立个人发展与国家民族命运休戚与共观念，强化家国天下的共同体意识，强化以国家富强、民族复兴为己任的使命感，坚定科技报国理想信念
		文化自信	认识中华文明和中华优秀传统文化，尊重并继承中国传统文化思想和民族精神
		人类命运共同体意识	理解人类命运共同体的内涵与价值，关注人类面临的全球性挑战；具有全球意识和开放心态；尊重世界多元文化的多样性和差异性，参与跨文化交流

（续　表）

教学目标维度	内涵	二级目标指标点	内涵
责任担当	明确法律法规、行业标准、政策对工程的规范约束作用，关注民生疾苦，担当社会责任，维护工程质量和安全，保障健康和公众利益，加强环境可持续发展	法律意识	明确法律法规、行业标准、政策对工程的规范约束作用和工程法律责任，能合理评价工程解决方案对相关技术标准、法律法规的影响，在工程实践中严格规范，自觉遵守
		经济意识	在工程解决方案的设计和实践中考虑经济、成本等因素，关注民生疾苦，理解救世济民的社会责任
		服务社会	反思科学发展和应用对社会和环境的影响，理解工程科技推动社会健康发展、造福人类的社会责任
		环境与发展	系统考虑技术、环境、人为等因素可能带来的工程风险，维护工程质量和安全，保障健康和公众利益，加强保护环境意识，系统整合和有效利用资源，实现人与自然的和谐、可持续发展
个人素养	良好的内在素质是个人认知、情感、意志、信念、言行和习惯的表现，体现为如何对待他人、对待社会，体现工作态度和处事态度	团结协作	具有系统观和全局观，加强团队合作性（组织、领导、沟通），做到团结友善
		与时俱进	适应时代，把握前沿，从成功与失败中学习
		职业理念	严谨、细致、专注、负责的工作态度和敬业、诚实、公正的工作理念，对职业的认同感、责任感、荣誉感和使命感
科学精神	塑造求真务实的理性精神和实证精神，能运用科学原理和科学方法认识问题、分析问题和解决问题，勇于探索，恪守科学的社会伦理准则，服务国家，为人类谋福祉	科学思维	坚持客观理性的科学本质，坚持尊重事实和证据的实证意识，运用科学原理和方法（模型建构、逻辑推理、论证和质疑创新等）认识客观事物，逻辑清晰，能独立思考、判断、质疑、辩证分析并做出决策
		科学探究	保持好奇心、想象力，不畏困难，具有坚持不懈的探索精神，大胆尝试，运用科学的研究方法积极获取新知识，分析问题和解决问题
		科学伦理	反思评价科学发展和应用对社会和环境的影响，理解科学家推动社会健康发展、造福人类的社会责任

（续　表）

教学目标维度	内涵	二级目标指标点	内涵
工程师精神	将所学理论知识、技能、方法与工程实际结合，综合解决实际问题，在实践中掌握工程思维、工程方法，体现工匠精神	工程思维	根据具体约束条件（时间、成本、质量）创造性应用科学定律，系统化解决实际问题，实现思维的可靠性和成果的可用性（结构化设计、约束下有效规划、综合性判断取舍）
		工程实践	运用专业思维思考复杂工程问题，学以致用，学思结合（设计、分析、测试、操作、实施）。在工程实践中体现综合能力、协调能力和项目管理能力
		工程理论	遵守工程师职业道德和从业规范，明确从业责任中的义务、过失和角色责任，遵守工程伦理基本规范，能对工程伦理进行分析判断和正确决策
创新精神	能够综合运用所学知识、技能和方法，具有提出新方法、新观点的思维能力和进行发明、创造、革新的意志、信心、勇气和智慧	创新意识	具有好奇心和想象力，能发现需求，形成新的想法并给出明确的预期目标，对创意进行评估，以保证其符合道德、伦理和可持续发展
		资源统筹	充分挖掘自身及他人的各种资源，相信自己且善于动员、激励他人；积极寻找可利用的资源并能合理有序、负责任地使用，减少资源浪费
		创新行动力	主动投入创新与研究实践，制定目标、计划和顺序，对不确定性能正确评估，具有同理心，协调团队达成目标

第二节　课程思政建设内容重点

　　"课程思政"不是简单捏合、生硬拼凑的"课程＋思政"，而是在尊重教学规律、专业规律、课程规律的前提下，以育人新理念、新思维、新方式，推进课程、课堂教育教学改革，也是使知识、能力、素质培养与社会主义核心价值观、社会责任感、改革创新使命感等有机融合，从而突出培养德智体美劳全面发展的人的目标指向。

课程思政建设工作要围绕全面提高人才培养能力这个核心点，在全国所有高校的所有学科专业中全面推进，促使课程思政的理念形成广泛共识，形成广大教师开展课程思政建设的意识和能力全面提升，协同推进课程思政建设的体制机制基本健全，高校立德树人成效进一步提高的新局面。课程思政建设内容要紧紧围绕坚定学生理想信念，以爱党爱国、爱社会主义、爱人民、爱集体为主线，围绕政治认同、家国情怀、文化素养、法治意识、道德修养等重点优化课程思政内容供给，系统进行中国特色社会主义和中国梦教育、社会主义核心价值观教育、法治教育、劳动教育、心理健康教育、中华优秀传统文化教育等。

一、推进习近平新时代中国特色社会主义思想进教材、进课堂、进头脑

当代青年学生是中国特色社会主义建设的主力军，是实现中华民族伟大复兴中国梦的主体力量。因此，能否帮助青年学生学习领会中国特色社会主义理论体系，让他们更好地把对中国特色社会主义理论体系的理解转化为坚定的政治信仰、正确的思维方法和行为准则，直接关系到中国特色社会主义事业是否后继有人，关系到实现中国梦是否具备坚实的人才保障。

在课程思政建设过程中，高校要深入推进习近平新时代中国特色社会主义思想进教材、进课堂、进头脑，坚持不懈用习近平新时代中国特色社会主义思想铸魂育人，引导大学生了解世情、国情、党情、民情，增强对党的创新理论的政治认同、思想认同、情感认同，坚定中国特色社会主义道路自信、理论自信、制度自信、文化自信。总的来说，主要有四种途径：一是学习研讨要"深"。对习近平新时代中国特色社会主义思想的学习必须全面系统、入脑入心，坚持马克思主义立场、观点、方法，务必学深学透、融会贯通。采取多种形式学，要将学习习近平新时代中国特色社会主义思想纳入党员干部教育培训、支部组织生活、主题

教育社会实践等工作或活动中，覆盖全体师生，确保学习质量和效果。二是宣传引导要"活"。及时编印一批有料有味的学习参考资料，组织宣讲团深入基层，开展主题征文，举办系列理论研讨活动。在校报、校广播电台、主页新闻、党建网等校园媒体上开设专栏专题，充分发挥微博、微信、慕课等新媒体矩阵作用，加强与校外媒体互动合作，采用大学生喜闻乐见的方式，生动鲜活地报道各种好经验、好做法和新举措、新进展。三是课堂教学要"新"。采取多种方法手段抓紧抓好习近平新时代中国特色社会主义思想进教材、进课堂、进头脑。第一时间组织各院系教学负责人和名师学者全面研读习近平总书记重要讲话精神，把相关精神实质和核心要义融入教学方案，引导思想政治理论课和其他相关课程的教师用最新理论成果充实完善教学内容、调整教学大纲、修订教材讲义，通过集体备课、教学培训和业务研讨等方式，积极主动地把习近平新时代中国特色社会主义思想和各项工作的部署要求融入课程教学中。四是理论研究要"透"。整合学科优势和人才优势，重点围绕习近平新时代中国特色社会主义思想及高等教育相关主题，筹划成立专门研究机构，增设研究专项，组织骨干力量开展研究，力争形成一批高水平、有影响的理论成果。

二、培育和践行社会主义核心价值观

社会主义核心价值观是一个国家、民族的精神旗帜，是人民的精神家园。习近平总书记指出："如果一个民族、一个国家没有共同的核心价值观，莫衷一是，行无依归，那这个民族、这个国家就无法前进。"[①] 社会主义核心价值观概括了国家的价值目标、社会的价值取向和公民的价值准则，鲜明回答了"要建设什么样的国家、建设什么样的社会、培育什么样的公民"的重大问题，是当代中国精神的集中体现，凝结着全体中国人民的共同价值追求。中共中央办公厅、国务院办公厅 2015 年 1 月

---

① 习近平.青年要自觉践行社会主义核心价值观［N］.人民日报,2014-05-05（2）.

印发的《关于进一步加强和改进新形势下高校宣传思想工作的意见》，将大力加强社会主义核心价值观教育，作为加强高校宣传思想工作的主要任务之一，文件要求通过培育和践行社会主义核心价值观，帮助青年学生"扣好人生的第一粒扣子"。大学生正处于世界观、人生观和价值观形成的关键时期，容易受到各种价值观的影响。而某些西方国家正是利用这一特点开展价值渗透。加强社会主义核心价值观教育，提高大学生对价值问题的辨识能力和价值意识，关系到大学生正确价值观的形成和健康成长，具有重要意义。

高校培育和践行什么样的价值观，说到底解决的是一个"培养什么人、怎样培养人"的问题，这是课程思政建设的重要内容。高校要教育引导学生把国家、社会、公民的价值要求融为一体，提高学生的爱国敬业、诚信友善修养，自觉把小我融入大我，不断追求国家的富强、民主、文明、和谐和社会的自由、平等、公正、法治，将社会主义核心价值观内化为精神追求、外化为自觉行动。当前，学生思想意识更加自主，价值追求更加多样，个性特征更加鲜明，但是，一些学生也存在着价值观念认识模糊、价值选择无所适从的问题。社会主义核心价值观为人们提供了国家层面的价值目标、社会层面的价值取向、个人层面的行为准则，是高校思想政治教育的重要指南。培育和践行社会主义核心价值观是一项长期的系统工程，需要进行长效机制建设。具体而言，首先要建设以大学精神为核心的校园文化，对高校师生的价值观发挥潜移默化的熏陶和教育作用。要把社会主义核心价值观与大学传统、大学精神有机融合，利用重要活动和重大节庆日等契机，开展丰富多彩的校园文化活动和形式多样的主题宣传教育活动。通过建立完善师生志愿服务体系，深化主题社会实践和志愿公益活动等，引导学生在参加社会实践、服务他人、奉献社会中升华对社会主义核心价值观的体验感受和认知理解。要围绕价值认同、价值传承、价值传导、价值涵养、价值弘扬、价值践行下功夫。要长期开展社会主义核心价值体系学习、中国梦宣传教育活动和中国精神主题教育实践活动。通过文化讲堂、研读经典、历史文化遗产展示、传统节日教育等形式，广泛开展礼敬中华优秀传统文化活动。以大学章程的制定、核准和实施为契机，拓宽渠道让学生参与规章制度的制定、修订和实施，在酝酿讨论中明辨规章制度蕴含的价值取向并内化为自身的行为准则。倾力打造实践教学、社会实践、扶贫支教、田野实习、挂职锻炼等实践育人平台。将社会主义核心价值观贯穿于高等教育的一切活动之中，思想政治教育工作队伍既要主动与教师队伍、管理队伍和保障服务队伍进行更加有效的联动，也要主动与家庭和社会组织建立更加紧密的协作关系，努力构建学校内部协同一致、学校与社会协同有效的"双协同"育人机制。要调动高校师生价值观念培育的积极性和主动性，在自己的学习和工作实践过程中不断进行价值提升，提高培育和践行社会主义核心价值观的自觉性。

三、加强中华优秀传统文化教育

当代大学生要自觉弘扬中华优秀传统文化、革命文化、社会主义先进文化，大力弘扬以爱国主义为核心的民族精神和以改革创新为核心的时代精神，教育引导学生深刻理解中华优秀传统文化中讲仁爱、重民本、守诚信、崇正义、尚和合、求大同的思想精华和时代价值，教育引导学生传承中华文脉，富有中国心、饱含中国情、充满中国味。将中华优秀传统文化教育融入课程思政教学当中，需要教育者从以下三个方面着手。

一是融入爱国主义情怀教育。在中华民族几千年绵延发展的历史长河中，爱国主义始终是激昂的主旋律，始终是激励全国各族人民自强不息的强大力量。习近平总书记指出："爱国，是人世间最深层、最持久的情感，是一个人立德之源、立功之本。"课程思政要在厚植爱国主义情怀上下功夫，要把"先天下之忧而忧，后天下之乐而乐"的责任担当，"位卑未敢忘忧国""苟利国家生死以，岂因祸福避趋之"的报国情怀，"富贵不能淫，贫贱不能移，威武不能屈"的浩然正气，"人生自古谁无死，留取丹心照汗青""鞠躬尽瘁，死而后已"的献身精神等中华优秀传统文化和民族精神阐发透彻，引导大学生深刻认识中华优秀传统文化中所包含的爱国主义思想精髓。要讲清楚、阐释好爱国和爱党、爱社会主义相统一的问题，教育引导大学生认识到祖国的命运和党的命运、社会主义的命运是密不可分的，只有坚持爱国和爱党、爱社会主义相统一，爱国主义才是鲜活的、真实的。要把爱国主义教育融入教育教学全过程，特别是要在思想政治教育、形势与政策教育、创新创业教育、法治法纪教育过程中，探索研究各个教育教学层面的爱国主义思想、行为与实践价值。教育引导大学生踏踏实实修好品德，成为有大爱、大德、大情怀的人。要充分把握好中国传统文化节日、重大历史事件、纪念活动等契机，充分利用博物馆、文化馆、烈士纪念馆等爱国主义教育平台，创新艺术表现形式和新媒体传播模式，持续开展社会主义核心价值观和中国梦教育，唱响爱国主义主旋律，牢固树立国家意识、集体意识、英雄意识。

二是拓宽人文精神教育。在高校的人才培养、科学研究、服务社会、文化传承与创新等一系列功能中，由中华优秀传统文化凝聚、积淀而成的高校人文精神是一切功能的基础与主导。习近平总书记在全国宣传思想工作会议上强调，"中华优秀传统文化是中华民族的文化根脉""要把优秀传统文化的精神标识提炼出来、展示出来，把优秀传统文化中具有当代价值、世界意义的文化精髓提炼出来、展示出来"。在课程思政中拓宽高校人文精神之用，就要深刻阐发优秀传统文化中关于人格养成的注重，关于人品塑造的关切，关于人、社会与自然生命整体观的反思与观照等精神要义，深入挖掘中华优秀传统文化蕴含的思想观念、人文精神、道德规范，结合时代要求继承创新，让中华文化展现出永久魅力和时代风采。要在塑造大学生健全人格与优良人品上下功夫，坚持以美育人、以文化人，提高大学生的人文素养。要在中华优秀传统文化传承和创新的实体建设上下功夫，要找准渠道、找准定位，通过实实在在的机构和平台，构建文化传承和创新的现实体系。结合大学生教育教学和发展实际，探索通过与名家、大师传承人共建工作室等形式，建立集教学、研究、传承、交流等功能于一体的文化研究平台，实现文化研究、技艺传承、教学改革、现实体验、文化解读的多方面收益。要在机制模式创新上下功夫，积极创新中华优秀传统文化育人模式。充分利用好校企合作、产教融合、企业文化进校园、校园文化进社区等机制与抓手，探索组建中华优秀传统文化创新班，中华优秀传统文化创新服务社团，在社会与学校的产教一体化育人机制中落实中华优秀传统文化人才培养的协同性，更好地推动人才培养质量的落地与效益性。通过平台和机制建设，教育和引导大学生在人文精神的指引下，涵养道德品格、人文精神、美学情趣、劳动意识、健康观念，逐步形成一系列独具特色、充满智慧的处事方法、教化思想、美学体系、生活理念、风俗习惯、生活方式与情感样式，并以此为纽带，实现中华优秀传统文化的创造性转化、创新性发展。

三是筑牢校园文化之体。中华优秀传统文化只有实现"体用互构"，才能把握社会主义核心价值观之根、爱国主义情怀之核，才能凸显中华优秀传统文化之用。中华优秀传统文化融入校园文化建设，就要坚持全面贯彻党的教育方针，坚持马克思主义指导地位，坚持中国特色社会主义教育发展道路，坚持社会主义办学方向。在制度文化建设层面，要将中华优秀传统文化的思想精华、道德范式、规范体系、价值取向的现实意义和时代价值融入大学制度文化建设，让其更加突出平等、公正、节制、克己、无私、勤勉、秩序、自由等文化价值。在物质文化建设层面，要把校园文化建设作为传承和弘扬中华优秀传统文化的重要载体，在校园文化建设中融入中华优秀传统文化建设，加强校园文化建设、增强历史积淀，提升校园文化建设的文化品位、增强校园文化建设的价值引领；要坚持因地制宜，注重结合区域发展特点、学校历史文化，有重点、有特色、有区分地开展校园文化建设。在行为文化建设层面，要通过组织学生开展形式多样的中华优秀传统文化与校园文化的融合活动，让大学生在校园文化建设的具体活动中感知、认可、践行中华优秀传统文化。

四、深入开展法治教育

习近平总书记在中国政法大学考察时的讲话指出，"法治和德治两手抓、两手都要硬"。高校必须坚持立德树人、德育为先导向，大力开展法治宣传教育，教育引导学生学思践悟习近平全面依法治国新理念、新思路、新战略，牢固树立法治观念，坚定走中国特色社会主义法治道路的理想和信念。深化对法治理念、法治原则、重要法律概念的认知，提高运用法治思维和法治方式维护自身权利、参与社会公共事务、化解矛盾纠纷的意识和能力，推动学生提高法治素养，形成对中国特色社会主义法治的内心拥护和真诚信仰。课程思政如何融入宪法法治教育？笔者认为，主要应从以下三个方面进行探索。

一是坚持正确的政治方向，突出教学重点内容。高校法治教育的目标在于培养大学生深层次的法治观念与运用法律知识的能力。思想道德修养与法律基础课是高校开展法治教育的主渠道，必须强化法治人才培养的政治方向，突出对重点内容的教学。加强"法治和道德相辅相成、法治和德治相得益彰"这一内容的教学。将"坚持依法治国和以德治国相结合"。作为大学生应该树立的"社会主义法治观念"之一，"坚持依法治国和以德治国相结合"从正确认识法治和德治的地位、作用和实现途径三方面进行阐述，帮助和引导大学生准确把握坚持依法治国和以德治国相结合这一基本原则，深刻理解全面依法治国的主要任务，深刻认识法治和德治的内在联系。加强"法治是发展的可靠保障"这一内容的教学，需要对"社会主义法律的作用"和"建设社会主义法治体系的意义"等要点深入讲解，深入阐释法治是发展的可靠保障，必须把经济社会发展纳入法治轨道等重点内容，帮助学生充分认识法治对经济社会发展的保障作用，增强厉行法治的自觉性。加强"社会主义民主法治建设"这一内容的教学，要紧密联系社会主义民主法治建设和学生的思想实际，深入阐释发展社会主义民主政治、全面推进法治中国建设的目标，加强社会主义民主法治建设的具体任务等重点内容的讲解，引导和帮助学生进一步明确加强社会主义民主法治建设的目标任务，正确认识民主法治建设的中国特色，增强责任感和使命感。加强"我国宪法确立的基本原则和制度"这一内容的教学，需要深入阐释坚持和完善人民代表大会制度、中国共产党领导的多党合作和政治协商制度、民族区域自治制度以及基层群众自治制度，扩大公民的有序政治参与，充分发挥我国社会主义政治制度优越性等重点内容，增强学生对我国基本政治制度、政治发展道路和中国特色社会主义法治道路的认同感。

二是运用多样化教学方式，提升法治教育的实效。科学合理的教学方法可使教学达到事半功倍的效果。积极探索多样化的法治教育方法，实现从单纯法律体系教育向法律问题教育方式转变，从单向灌输向多样式教育互动方式转变，从单纯法律理论教育向引导学生理论与实践相结合方式转变，从平面的课堂教学到多维立体的法治教育方式转变，实现教育方式创新，调动学生的学习积极性，提升法治教育的实效性。充分利用多元化教学手段就需要通过宣传栏、校园网、校广播电台、校报校刊、主题班会、大学生法律知识竞赛、校园文化月等，不断拓展法治教育的教学手段，使法治观念教育融入大学生的现实学习与生活中，使大学生真正体会到"法治与我相随，知行统一于法律"。紧密结合法律实务开展教学。采取案例教学、专题法治讲座、法律辩论、模拟法庭和法律社团活动等，提升学生解决法律问题的能力。典型案件的实践性学术研讨比起一般的课堂教学，有一定的特殊性。从内容上看，它具有鲜活的现实性；从时间上看，它就发生在大学生熟悉的领域，因而具有较为科学的实践基础。网络时代的大学生对身边发生的热点案件具有较高的兴趣，大学生的认知能力与普通民众相比要强得多，进行学术性研讨完全可以达到明晰事理与感知法治力量的教育目的。在法律案例的选择上，应区别于法学专业教学，尽可能地接近学生所学专业或实际生活，激发学生探索的兴趣；案例应注意选择当前热点问题，并与教材密切联系起来。在具体学术研讨过程中，可以由专家学者诠释实践性法治理念的时代特征，由大学生提出各自理解和处理法律纠纷的办法，在典型性热点案件的研讨与争论中提高大学生的法治素养。要合理借助多媒体教学软件，通过听、说、看综合于一体的课件，直观呈现教育重点，提高学生对法治教育的信息感受度及教学过程的投入。此外，有法律专业的高校也可以组织法律专业学生在校园内开展法律咨询活动，提高学生参与法治教育学习的积极性，增强学生对法律知识的理解。

三是形成法治教育合力，营造良好教学环境。加强高校法治教育，不仅仅是思想政治理论课的责任，也是全校的责任；不仅是高校的责任，也是全社会的责任。要重视大学生法治教育的社会环境建设，充分调动校内校外资源，创造良好的教育教学环境。要为大学生法治教育的课外教学活动提供便利和支持。地方执法、司法机关以及律师事务所等应该积极支持高校法治教育，加强与学校的协同配合，共同建立一批集实践性、参与性、趣味性于一体的实习实践基地，举办面向大学生的法治宣传活动，为大学生亲身体验和学习法律、理解法律创造条件和平台，提升大学生的法律素养。高校可以邀请司法实践部门的相关人员来校为大学生举办有关现实案件处理的专题讲座，也可以从法学院校聘请知名教授来校给学生作专业性学术报告，组织大学生到法院旁听司法审判，到行政部门观摩行政执法流程，把观念中的法治与实践中的法治统一起来，培养实践逻辑中的法治素质。媒体是沟通法律与普通社会成员的重要桥梁，大学生群体是媒体的重要受众，社会新闻媒体在大学生法治教育中应该发挥积极的作用，加强立法、执法、司法等法律实践活动以及法律文化的传播，培养大学生法治思维和法治意识的良好舆论氛围。

五、深化职业理想和职业道德教育

"课程思政"本质上是一种教育教学理念，是一种创新的育人观和先进的教育观，旨在教育引导学生深刻理解并自觉实践各行业的职业精神和职业规范，增强职业责任感，培养遵纪守法、爱岗敬业、无私奉献、诚实守信、公道办事、开拓创新的职业品格和行为习惯。其基本要义是：统筹大学所有课程、课堂的育人资源和育人力量，激发专业教学传授知识、培养能力、提升素质及思想政治教育的多重功能，发挥所有课程承载的培养大学生世界观、人生观、价值观的作用，丰富专业知识、学术研究中独特的思想政治教育内容和形式，使学生易于接受又能印象深刻，让学生的专业教育与大学生活相结合，产生增值效应，从而为培养学生面向未来的综合竞争力打下深厚的基础。

各高校要结合各专业特点分类推进课程思政建设。专业课程是课程思政建设的基本载体，要深入梳理专业课教学内容，结合不同课程特点、思维方式和价值理念，深入挖掘课程思政元素，有机融入课程教学，达到润物无声的育人效果。历史学类、哲学类专业课程要在课程教学中帮助学生掌握马克思主义的世界观和方法论，从历史与现实、理论与实践等维度深刻理解习近平新时代中国特色社会主义思想。经济学、管理学、法学类专业课程要在课程教学中坚持以马克思主义为指导，加快构建中国特色哲学社会科学学科体系、学术体系、话语体系，帮助学生了解相关专业和行业领域的国家战略、法律法规和相关政策，引导学生深入社会实践、关注现实问题，培育学生经世济民、诚信服务、德法兼修的职业素养。教育学类专业课程要在课程教学中注重加强师德师风教育，突出课堂育德、典型树德、规则立德，引导学生树立学为人师、行为世范的职业理想，培育爱国守法、规范从教的职业操守，培养学生传道情怀、授业底蕴、解惑能力，把对家国的爱、对教育的爱、对学生的爱融为一体，自觉以德立身、以德立学、以德施教，争做"有理想信念、有道德情操、有扎实学识、有仁爱之心"的"四有"好老师，坚定不移地走中国特色社会主义教育发展道路。体育类课程要树立健康第一的教育理念，注重爱国主义教育和传统文化教育，培养学生顽强拼搏、奋斗的信念，激发学生提升全民族身体素质的责任感。理学、工学类专业课程要在课程教学中把马克思主义立场观点方法的教育与科学精神的培养结合起来，提高学生正确认识问题、分析问题和解决问题的能力。理学类专业课程要注重科学思维方法的训练和科学伦理的教育，培养学生探索未知、追求真理、勇攀科学高峰的责任感和使命感。工学类专业课程要注重强化学生工程伦理教育，培养学生精益求精的大国工匠精神，激发学生科技报国的家国情怀和使命担当。农学类专业课程要在课程教学中加强生态文明教育，引导学生树立和践行"绿水青山就是金山银山"的理念，培养学生的"大国三农"情怀，引导学生以强农兴农为己任，懂农业、爱农村、爱农民，树立把论文写在祖国大地上的意识和信念，增强学生服务农业农村现代化、服务乡村全面振兴的使命感和责任感，培养知农爱农创新人才。医学类专业课程要在课程教学中注重加强医德医风教育，着力培养学生"敬佑生命、救死扶伤、甘于奉献、大爱无疆"的医者精神，注重加强医者仁心教育，在培养精湛医术的同时，教育引导学生始终把人民群众的生命安全和身体健康放在首位，尊重患者，善于沟通，提升综合素养和人文修养，提升依法应对重大突发公共卫生事件的能力，做党和人民信赖的好医生。艺术学类专业课程要在课程教学中教育引导学生立足时代、扎根人民、深入生活，树立正确的艺术观和创作观，坚持以美育人、以美化人，积极弘扬中华美育精神，引导学生自觉传承和弘扬中华优秀传统文化，全面提高学生的审美和人文素养，增强文化自信。

第三节　课程思政教学体系设计实践——以工科专业为例

课程思政建设的基础在课程。没有好的课程，课程思政就成为无源之水。教育部提出的思政课程建设指南从教学目标、教学内容设计、教学实施、教学评价等四个维度进行了指示，此处以工科专业为例，探索基础课课程思政建设的一般性框架，分析工科专业基础课课程思政教学设计体系。

一、教学目标设计

课程大纲是课程设计的指导性、纲领性文件，对课程基本理念、课程要求、教学内容、学时分配、考核方式、课程目标，以及课程教材等均应有详细、明确的说明。为了让课程思政真正"进大纲"，教师应先从课程的整体性出发，梳理课程内容主干，将课程的整体教学目标及每章目标都分解为知识目标、能力目标和课程思政目标，明确三者之间的内在关联，既强调传授知识、培养技能的教学目标，同时又考虑价值引领的育人目标。

在此基础上，确定课程思政主题，形成贯穿整个课程思政建设的脉络，遵循"思政"与"专业"相长原则，进行结构性系统设计，明确课程中各章节思政元素切入点，理清思政元素与专业内容之间的关系，保证教学的一致性。

通过上述系统性的教学设计，以无缝对接和有机互融的方式，建立生成性的内在契合关系，做到专业与思政"基因式"融合，并以教学大纲的形式加以固化，真正做到课程思政进大纲、进课堂。

二、思政元素的挖掘实践方法

对于工科专业课，有任课老师认为自己的课程是培养计划中的核心课程，其难度大、内容多，没有时间开展课程思政，或者认为专业课的重点在于讲述科学原理、科学定理等，并不蕴含思政元素，难以在授课过程中开展有效的课程思政教育。事实上，任何一门学科的发展史，都是一部科学探索发现的历史，前人在追求真理的过程中不断探索，寻找规律，造福人类。从这个角度来说，每一门课程都在不同程度、不同方面蕴含着丰富的思政元素。

对于思政内容的建设，可遵循一勘探、二采掘、三冶炼、四打磨的原则：首先，通过勘探，找准本门课程中的思政教育资源；其次，通过采掘，深度挖掘生动有效的育人元素；再次，通过冶炼，与本专业基本原理、前沿知识有机融合；最后，进行打磨，通过反复推敲演练，把课堂变成专业与思政无缝衔接的"金课"。

具体课程思政元素的挖掘，以工科专业"电路理论"课程中的实践为例，具体内容如下。

（一）纵向历史对比法

通过对知识点的来源和发展历程进行挖掘，讲述行业发展历史，引导学生建立历史自信、文化自信。例如，"电路理论"课程涉及的定理、公式较多，且基本为西方科学家提出的，容易让学生产生电学完全是从西方发展起来的印象。对此，课程在绪论中选取中国古代在电学领域的成就，例如，早在西周时期的甲骨文中就存在繁体雨字头的"電"字，说明中国古人早在 2000 多年前就意识到雷雨天是与电相关的；中国古代高大建筑物中多建有"雷公柱"，以此避雷，这在 1000 多年前就已得到广泛应用，说明"电"不是西方发明的专利，中国古代劳动人民对"电"这一自然现象已有了较为广泛的认识。通过这些，引导学生认识到中国古代对于电的理解是领先于西方的，以提升学生的民族文化自信。

（二）横向国情对比法

通过中国在世界整体发展中所处地位及其与国外的对比，引导学生建立制度自信、道路自信。例如，在"电路理论"课程中的"三相电路"这一内容中，向学生介绍中国电力行业的发展历史。中国首座商用火电厂于 1882 年在上海正式发电，发电机组容量为 12 千瓦，它比世界上最早的伦敦公用电厂仅晚建成 6 个月，但在中华人民共和国成立前，电力行业总体发展缓慢，且大多掌握在外国资本手中。中华人民共和国成立后，尤其是改革开放的 40 余年中，我国电力工业实现了跨越式发展。目前，中国已建成世界上规模最大、电压等级最高的电力系统，发电装机容量约为 20 亿千瓦，预计 2030 年将达 30 亿千瓦，2050 年将达 50 亿千瓦，相当于每年新建一个英国电力系统。通过上述案例，引导学生认识到这些建设成就与始终坚持中国特色社会主义道路是密不可分的，提升学生对于中国道路、中国制度的自信心。

（三）时事热点追踪法

通过密切追踪行业与专业热点，将专业知识与热点事件结合，激发学生学习内生动力，培养学生社会责任感与家国情怀。例如，自 2018 年起，美国相继将华为、海康威视等多家中国科技企业列入黑名单，而上述公司大都与坐落在武汉关山口的华中科技大学有颇为深厚的渊源，因此被戏称为"白宫 vs 关山口"的战争。而芯片等"卡脖子"技术的理论基础就是本门课程所讲授的内容，因此"芯片想搞好，电路先学牢！"。又如，2020 年初，因新型冠状病毒感染疫情暴发，武汉仅用 10 天时间即完成火神山医院建设，其中电力供应团队在短时间内完成两条 10 千伏线路的迁移，安装箱式变压器总容量达 1.46 万千伏安，这背后是大量电力行业工作人员不分昼夜的付出。通过讲述上述案例，引导学生在课堂学习时树立远大理想和爱国主义情怀，利用自己的专业知识和能力肩负起时代赋予的光荣使命。

（四）教学内容联想法

发掘教学内容中所蕴含的哲学思想与元素，启发学生建立辩证思维、创新思维。例如，电路理论与电磁场理论之间存在着密切的联系，国内电路教材在描述集中参数电路时，常采用类似"电路尺寸远小于电路周围电磁波波长"的定义，那么这些描述是否能作为采用集中参数电路模型抽象的充分必要条件？电路中关注的电流、电压变量，又是如何与电磁场理论中的电场、磁场变量建立联系的？又如，传输线理论是课程中的难点之一，其本质是基于电报方程求解的分布参数电路，采用的是用集中参数电路模型对一维空间离散化后得到的模型，其中分布参数的实现与集中参数的模型是如何对立统一的？能否利用电磁场理论推出传输线理论的数学模型？通过对上述具有一定难度的科学问题的思考，引导部分学有余力的学生建立辩证融通的创新思维模式。

（五）学科专业典故法

通过大师成长道路、历史人生选择、学术前辈严谨治学、勇攀科学高峰等事迹，引导学生将个人发展、个人理想与国家社会发展相统一。例如，德裔美国电机工程师C.P.施泰因梅茨（C.P. Steinmetz），自幼残疾，经常受人嘲弄，但他意志坚强，刻苦学习，针对正弦稳态电路求解的难题，将电路求解与复数理论相结合，于1893年提出相量法。这一实用方法受到工业界热烈欢迎并得到迅速推广。又如，华中科技大学电气学院潘垣院士，卧薪尝胆十余年，基于耦合式高频人工过零技术实现双向直流电流快速开断的创新思路，带领团队开发出国际上首台机械式直流电路器，将快速开断高压直流大电流的百年梦想变成现实。

（六）反面教材警示法

通过失败教训、反面教材，从技术、道德、伦理等多维度分析原因，引导学生建立工程伦理意识，提高社会责任感。例如，明确作业要求，电路中的电压、电流先标注参考方向，一律"抄题＋画图＋标变量"；电路图绘制规范，一律使用国标，符号区分大小写、时域模型和相量模型；辅以新闻报道中因电气图纸错误标注引起的保护误动及GIS设备爆炸事故，帮助学生养成严谨、精益求精的工作态度。可引入身边的突发事件，引导学生将课堂所学理论知识用于实事分析，做到因事而化，因时而进。例如，2020年12月，武汉东湖高新区变电站发生事故，引发华中科技大学大面积停电，后查明为变电站电流互感器爆炸所致。课程组适时将此事件引入"耦合电路"一章的课堂讲授，引导学生计算互感器的短路电流及开路电压，分析事故发生的可能原因，让学生建立工程责任意识、安全意识，提高学生将理论知识应用于实践的能力。

（七）实践启发探究法

合理设置实践内容，引导学生变被动学习为主动探究，鼓励学生团队协作、发现质疑、探索创新。利用与理论课配套的实践课程，整合实验内容，优化实践教学，构建递进式实践教学体系，通过实践培养学生的工程意识和科学探究思维。课程引入实验室规范和安全教育，培养学生良好的工程职业素养；开发基于"口袋实验室"的拓展性实验，让学生在做中学，培养学生的创新意识；设计电能质量监测、谐波分析抑制等具有工程背景的综合性实验，引导学生发现问题，用客观数据科学分析、解释问题，正视失败挫折，实现由知"道"到悟"道"的转变，在实践中建立科学探究思维。

三、与思政课程同向同行

在上述课程思政元素的建设过程中，要注意与思政课程相结合，达成专业课程与思想政治课程同向同行的协同效应。例如，在"挖掘思政元素"中介绍中国古代对于电学的认识时，又要实事求是地指出，17世纪之后，西方的电学在定量化、科学化方面取得了长足的进步，建立了电学的理论体系，最终引领了整个科技领域的变革，可与《中国近现代史纲要》中的"李约瑟难题"相结合，引导学生思考为何这一变革没有首先发生在中国。又如，在强调中国电力系统装机容量全球第一的同时，指出中国目前单位 GDP 耗电量远高于世界平均水平，"高能耗、高排放、高污染、低效率"的增长方式无法持续，资源的高效配置和节约利用已成为实现经济高质量发展的必然要求，引导学生关注习近平总书记提出的"人类命运共同体"理念，关注社会绿色低碳清洁转型，助力"双碳"目标实现。

四、创新教学模式

课程思政建设最终仍然需要落实到课堂中。充分挖掘知识点蕴含的思政元素后，接下来教师要做的就是如何在传授知识的同时，恰当地传递思政元素信息，这就涉及采取什么样的教学方法，即教学模式的问题。课程思政属于德育教育，应侧重于情感体验和行为锻炼，课程思政实施应注重主动性、参与性、情感性和体验性。因此，在这种情况下，采用合适的教学方法显得尤为重要。

专业课教师在传授知识的同时，应积极改进教学方法，如采取问题引导、合作交流、网上网下混合式教学等方法，在润物无声中切实完成对大学生的价值引领和精神塑造。在课程思政建设过程中要注重创新，利用现代信息技术，采用多种结合方式，如通过第一课堂与第二课堂相结合、课上互动与课下答疑相结合等方式，组织和引导学生积极参与和体验，不断提升课堂质量。

（一）课堂讲授法

课堂讲授是教学实施中最传统、最基本的方法。与单纯传递知识的传统课堂讲授不同，课程思政应结合不同课程特点、思维方法，确定每节课的思政教育教学目标，同时理清教学内容与学生已有知识体系、生活经验及社会现实之间的联系，激发学生学习兴趣，实现价值理念的有机融入。教师的应努力使课堂教授更有亲和力、气氛更活跃，及时关注来自学生的反馈，实现高效的师生互动，避免"满堂灌"。教师在讲授中应坚持价值性和知识性的统一，在帮助学生掌握知识的同时，实现价值观的引导。

（二）案例教学法

案例教学是指为达到既定教学目标，围绕选定问题，以事实为素材编写而成的对某一实际情境的客观描述。在教学中引入具有一定代表性和启发性的案例，强调理论与实践的联系，能够吸引学生主动参与课程学习，可以引导学生灵活运用课本基础理论知识分析和解决工程实际问题，培养学生关心国内外时事政治、关注社会热点的能力。在案例教学法的实际操作中，蕴含思政元素的案例选取至关重要。案例的选取要结合党和国家的大政方针、社会热点、国际大事。教师应着力提高自身理论素养，判断案例的合理性及其与专业课程"课程思政"的结合度，并通过迭代更新优化教学效果。

（三）情景教学法

专业课程中的公式、模型往往是对客观世界的理性描述，本身并不具备育人的意义，可将其放入有教育意义的真实情境中，让学生去实践，通过学生的自主构建，为知识赋予意义。教师在上课时，可以利用现代教学技术截取新闻和其他媒体中满足教学需要的真实情境。例如，在"电路理论"的"传输线"章节中，涉及分布式参数电路始端、终端电参数以及传输效率计算，学生不易掌握。教师可以讲述中国的电力"村村通"工程，引导学生自主计算不同长度线路的损耗，在加深学生对该知识点认知的同时，让学生了解该工程巨大的投资和运维成本远远超过电费收入这一事实，切身体会中国特色社会主义的优越性。

（四）专题研讨法

专题研讨可增加师生在课堂上的互动频次，集中学生注意力，活跃课堂气氛，激发学生自学获取知识的动力。例如，增加学生展示与演讲环节，布置与课程知识点最新发展动态相关的网络资料搜集与整理任务，要求学生利用课后时间上网检索相关文献与资料，用读书报告的形式叙述各自掌握的新知识与新理论，并在课堂上进行展示与演讲。这种方法既可以提高学生归纳总结及口头汇报演讲的能力，又可以激发学生获取知识与运用知识的兴趣和动力，激励学生刻苦学习、不断创新。

（五）翻转课堂法

教师灌输性地讲授，学生被动性地接受，是课程思政在实施中容易出现的问题。为解决这一问题，教师可以采取翻转课堂教学法。在课前预习的基础上，教师可根据授课内容，设计与其有关联的主题，由教师向学生"请教"，学生思考后进行"答疑"，同时，教师还可以设置分组讨论和辩论相结合的环节。在这种教学模式中，学生与教师的角色发生了互换，教师由单纯的知识传递者，变为引导者、协调人，并在最终环节担任总结者；学生则由被动地接收信息，变为主动思考、各抒己见，并通过思考和表达，真正达到领会思政内容的目的。教师也可以透过学生的表述及时评价教学效果。这种翻转课堂的环节可以在传统讲授的课堂教学中穿插进行，这种教学方法不但可通过思想政治实例夯实和拓展学生的专业知识，还可以活跃课堂气氛，提高学生学习积极性。

（六）项目驱动法

项目驱动法是以项目为主体的行为引导式教学方法，着眼于学生的内在动机、兴趣等要素，通过解决"问题"完善学生原有知识体系，强调学生综合能力培养，是提高课程思政实效性的有效手段。项目驱动式教学法可有效改变学生过度关注考试成绩、忽视学习过程的模式，以具体的项目为载体，在完成任务的过程中激发学生的学习兴趣，拓展其工程实践能力，培养其发现问题和解决问题的综合实践能力。在这个过程中，在强调学生自主学习的基础上，积极开展生生合作，提出合理可行的解决方案，培养学生的合作与协调能力。

五、检验实施效果，持续改进

课程应对学生的学习成果及思政效果有明确的评价方法，应立足于课程，通过督导听课、同行交流、向学生发放问卷调查等方式，检验教学实施是否在多维度上对学生成长及发展产生了积极影响，凸显对学生发展过程的考察，并将考察过程应用到自我反思和改进的过程中，实现课程的持续改进。

第四节　强化课程思政教学管理

课程思政元素全方位融入专业课教育，对一线教师提出了更高的要求。在保证专业教学的学术性基础上，教师要深刻理解马列主义、毛泽东思想，坚持正确的政治方向，教育引导学生理解中华优秀传统文化中的思想精华和时代价值，自觉实践各行业的职业精神和职业规范，全面贯彻习近平总书记"全方位育人"的教育方针，坚持不懈地弘扬社会主义核心价值观。此外，教师还应坚持教育者先受教育的理念，注重个人道德修养的提升，爱岗敬业，身正为范，通过对待教学、课程和课堂的态度对学生言传身教。

中国传统教育中"立德树人"的思想源远流长。早在汉代《礼记》中就指出："师者也，教之以事而喻诸德者也。"汉代另一部经典著作《大学》中有关于格物致知、诚意正心、修身齐家、治国平天下的描述，唐代韩愈在《师说》中提出："师者，所以传道受业解惑也。"由此可见，注重对"德"的培育一直是中国传统教育思想的优良传统。中国古代的教育者很早就意识到，除了传授知识技能，为人师者还承担着"喻德""正心""修身""解惑"的责任，不但要重视"教之以事"，更要重视学生的精神塑造，要"喻诸德"，解决学生选择人生道路时的疑惑，帮助学生树立高尚的人生观、价值观。新时代的教师更要热爱学生、关心学生、服务学生，注重与他们的心灵沟通，教他们处世之道，扮演好价值引领的重要角色。

2016 年全国高校思想政治工作会议上，习近平总书记强调，高校思想政治工作关系高校培养什么样的人，如何培养人，以及为谁培养人这个根本问题，"要用好课堂教学这个主渠道，思想政治理论课要坚持在改进中加强……使各类课程与思想政治理论课同向同行，形成协同效应"。2020 年 5 月，教育部颁布了《高等学校课程思政建设指导纲要》，对课程思政的开展提出了明确的路线图。可以说，习近平总书记对课程思政重要性的深刻论断，反映了教育的客观规律，是中国传统教育理念在新形势下的价值回归，是实现培养合格社会主义接班人的核心问题。

一、教师教学能力管理

教师是推进课程思政工作的直接动力，课程思政的工作效果直接取决于教师的思政意识和思政能力。课程思政强调所有的教师都有育人职责，这也意味着思政课程教师、专业课教师、辅导员、班主任必须团结合作，将高校思想政治教育激活或融入课程教学改革的各环节、各方面，实现全员、全过程、全方位育人。

课程思政也是新时代教师队伍建设的良好抓手。教师自身的理论素养，以及对教学目标、教学过程的把控能力等，都是教师教学能力的体现，也深刻影响着课程思政的效果。因此，教师在课程思政教学改革中肩负着重要的责任和使命，教师教学能力的高低是决定课程思政是否成功的关键。

（一）教师"身正"才能"立德""树人"

"学高为师，身正为范。"教师对待课程的态度将直接影响学生对待课程的态度。教师对课程要有足够的敬畏感，其教风将直接影响学风，其教学主动性将直接影响学生的学习主动性。教师对课程的敬业程度，在课堂上准备充分、立论严谨、阐释清晰，每次上课提前到教室做好准备、每次按时下课、不拖堂等行为，都是直接的课程思政。教师要以德立身、以德立学、以德施教，在教学过程中通过言传身教来育人。教师一定要注意在课堂上的言谈举止，做到积极乐观、不发表负面言论，以兢兢业业的敬业态度感染学生。在尊重学生学习心理逻辑、关心学生学习生活状态的同时，要立规守矩，给学生灌输规矩意识，对学术不端行为"零容忍"。

（二）提升专业课教师对课程思政的理解和价值认同

推进课程思政改革，首先要提升教师对课程思政、协同育人的理解和价值认同。课程思政是一种整体性的课程观。对于课程指南面向的工程类课程，可以依托各自学科领域理论与实践方法的积累，将价值引领融入知识传授，实现知识与价值教育的协同。各类课程将思政育人目标贯穿于教育的全过程，让各学科教学最终回归到育人本身，以课程本体认识为突破口，以所教课程的知识为载体，将体现时代特征的思政内容蕴含在丰富的学科知识及课程体系中，从而提升大学生的政治认同和文化自信。各专业课教师必须树立课程思政的自觉意识，即无须学校、院系要求或他人提醒便能够将育人意识融入头脑，进而落实到专业课教学过程中，提升自身实施课程思政的积极性、主动性和创造性，培养全面发展的社会主义建设者和接班人。因此，可通过教师文化建设、组织学习培训，着力提升教师育人意识，引导教师积极响应立德树人的时代要求，在思想认识上形成全员育人的共识，主动将育人和价值观教育融入专业教师的教学体系，各自"守好一段渠，种好责任田"。

另外，要消除部分教师对课程思政的误解，帮助教师充分了解课程思政的内涵与外延，明确课程思政与思政课程之间的关系与区别。长期以来，任课教师往往存在思想误区，只重知识传递，而轻价值塑造，认为课程思政会冲淡专业知识的传授，或认为所教课程的知识点大多为西方科学家所创，无法有效融入思政元素。要让专业老师认识到课程思政与思政课程的侧重点不同，即使在专业课教育中也能润物细无声地开展课程思政教育。课程思政不但不会干扰专业课的正常教学，相反能提升课程的文化性、思想性，端正学生学习态度，深化教学内容，提升教学效果。每一位专业老师应形成一种观念，即大学教育不能仅仅满足于专业知识的传授，更要坚持教书与育人的统一，成为塑造学生品行的领路人，把知识传授、能力培养、思想引领融入每一门课程的教学之中，切实发挥每一门课程的育人功能。

（三）提升专业课教师课程思政教学能力

课程思政的建设实施最终仍然需要落实到课堂。作为课程思政的实施者，教师是否具有相应的素养和能力，将直接影响改革实施的效果。因此，从整体上提升教师课程思政教学能力尤为重要。总体来说，可以通过以下几个方面的工作管理提升教师对思政教育内容的胜任力。

1.加强意识形态的把控能力

通过新进教师岗前培训、年长教师常态化培训、日常政治学习、集体备课等环节，加强把控意识形态能力的自觉性和政治敏锐性，着力提升马克思主义主流意识形态修养，增强把握正确政治方向的能力，自觉抵制各种错误观点和言论，帮助教师掌握思政教育的内容体系，理解课程思政的基本内涵与逻辑，使其在提升思想政治素养的同时，逐步具备思政教育的基本能力。这是促使专业课教师做好课程思政的前提和基础。

2.加强课程思政资源的挖掘能力

任何一门学科的发展史，都是一部科学探索发现的历史，前人在追求真理的过程中不断探索，寻找规律，造福人类。从这个角度来说，每一门课程都在不同程度、不同侧面蕴含着丰富的思政元素。如何将这些隐形的育人元素有效地挖掘出来，把科研资源转化为育人资源，在知识技能传授的同时加强思想政治教育，是课程思政的难点，也是重点。要引导教师积极发挥主观能动性，善于发现授课内容与授课对象之间的关联点，从历史与现实、国内与国外、理论和实践等多个视角讲清道理和方法，激发学生的学习兴趣。例如，基础课教师可从学科特点出发，培育学生的科学精神，引导学生客观、理性地看待中国和世界，尊重专业课知识体系，用中国科学家报效国家的奉献精神，提升大学生的责任意识；专业课教师可以呼应国家发展战略，结合前沿科研成果或先进技术，激发学生对伟大祖国的自豪感，使学生坚定中国特色社会主义道路自信、理论自信、制度自信和文化自信。

3. 加强话语体系的转化能力

课程思政本质上是一种教育理念、思维方式的革新，是在课堂教学中把思政之"盐"溶入教育之"汤"，实现课堂育人的主渠道功能。毛泽东同志在《论持久战》中提到，"不是将政治纲领背诵给老百姓听，这样的背诵是没有人听的；要联系战争发展的情况，联系士兵和老百姓的生活"。教师同样也要与时俱进，在课程思政实施过程中充分考虑 00 后学生的思维方式、兴趣爱好等方面的因素，将复杂抽象的"理论话语""官方话语"与生活实际、时代热点结合，将专业特点转化为浅显易懂的通俗话语，将课程中蕴含的思政教育元素阐述出来，切实完成对大学生的价值引领和精神塑造。

二、课程思政教学质量管理

明确职责划分，按照基层教学组织、学院、学校建立三级递进式课程思政教学质量保障体系。

（一）基层教学组织层面

教育的最终效果取决于直接面对学生的课程建设和实施情况，课程是形成教学质量的核心。基层教学组织是课程建设和实施的主体，也是课程思政教学质量保障的工作主体，应秉承"以学生为中心"的教育理念，以课程设计和学生学习成果为主要评估对象，建立并实施完善的课程内部质量保障机制，保证课程教学质量的不断提升。

完善课程负责人制度。由课程负责人主持课程大纲修订，保证做到课程思政进大纲、进教案、进课堂，实现课程思政全覆盖。课程教学内容应当与教学目标相对应，从学科认知规律出发，适当拓宽课程的深度和广度，注重强化学生工程伦理教育，培养学生精益求精的大国工匠精神，激发学生科技报国的家国情怀和使命担当。基层教学组织应定期组织任课教师开展课程思政教学研究和教学改革研讨，建设课程思政素材库。任课教师在具体教学实施中，应针对本课程思政教学目标实施教学过程，积极进行师生互动，收集学生反馈意见，定期开展课程思政多维度目标达成度分析，通过反思总结不断改进教学，由此调整和改进教学活动来实现课程思政教学质量提升。

（二）院系层面

学院为课程思政教学质量保障的责任主体，负责构建学院课程思政教学体系，指导并支持学院基层教学组织健全课程内部课程思政教学质量保障体系，对学院实施年度课程思政教学评估，并反馈评估结果。

学院可构建由学院院长、教学副院长、学院教学指导委员会、教学督导组、课程负责人组成的教学管理监控体系，明确各级管理岗位的职责，贯彻执行学校各项教学规范和制度，确保教学资源投入，解决教学中的问题，并督导执行。

以学校课程思政质量总体要求为基准，制定适合本学院实际情况的课程思政实施方案，对课程思政教学质量进行管理、督查和评价，及时掌握日常教学计划的实际执行、学生的反馈等方面的情况，并加以监督调控。

建立课程思政教学质量的学生反馈机制，将学生学习体验调查纳入课程质量评价体系，通过督导组听课、学生座谈会等多种形式及时发现教学过程中的问题，并采取有效措施加以改进和解决。

关注教师教学与教研能力发展，组织开展以学生为中心的教师教学培训，鼓励教师探索创新形式的课程思政建设，以课程教学创新促进教学质量提升。对青年教师实行导师制度，增加青年教师的教学档案建设、观摩教学等培养环节，促使青年教师尽快成长，以保障课程思政教学水平与教学质量可持续提升。

（三）学校层面

学校为课程思政教学质量保障的评估主体，校教学指导委员会全面主导学校层面的课程思政教学质量保障工作，并负责对各学院课程思政教学质量进行评估。

学校应在现有教学管理制度的基础上，制定课程思政建设总体实施方案，覆盖本科教学培养计划、教材选用、课堂教学、实践教学、成绩评定等各个环节，确保对教学全过程的有效监控及对课程思政教学效果的及时反馈。

通过校、院（系）两级教学质量督导组织，对课程思政教学质量工作进行考评：制定相应政策，确立课程思政质量督查和综合评价制度，优化课程思政教学评估方法和程序，完善督导及同行评教、学生网上评教指标，保证评价结果的客观公正，实现教学质量信息的统计分析和有效反馈利用。

制定课程思政教学工作激励机制，并将上述奖励纳入业绩奖励范围，引导院系将课程思政教学质量纳入专业技术岗位聘用、教师绩效考核和津贴分配体系，营造良好的教风和学风。

三、课程思政教学条件管理

（一）深化改革，加强规划设计

加强教学改革，将课程思政建设摆在重要位置，积极构建专业课程教学与思政课程教学同向同行的育人格局。以培养方案为抓手，科学设计课程思政教学体系，结合学科专业特点和人才培养要求修订培养方案，凝练思政教育内容，优化课程教学大纲，将思政元素有机融入教学目标、教学内容和教学全过程，努力达到润物无声的育人效果。不断完善课程思政建设内容体系、教学体系和工作体系，明确建设任务，压实建设责任，提升建设质量。

（二）加强培训，提升教师教学水平

在学校层面，多部门联动，将课程思政建设要求和内容常态化融入教师岗前培训、在岗培训、师德师风和教学能力专题培训，组织开展全校性课程思政专题培训和经验交流活动，启发任课教师结合学科专业特点，找到思政教育的突破口和立足点，将思政元素融入课程教学。在院系层面，引导各院系常态化开展课程思政教学改革经验交流和培训，通过多种方式组织任课教师学习、研讨，改进教学方法，完善教学内容，强化育人意识，提升育人效果。

（三）考核激励，凝聚建设合力

建立多元化荣誉激励机制，鼓励教师开展课程思政教学改革，发表课程思政探索与实践成果。在教学竞赛活动、教学成果奖和教学名师评选等表彰奖励工作中，突出课程思政要求，加大对课程思政建设优秀成果的支持力度，提高教师参与课程思政建设的积极性。建立多维度评价考核机制，定期对课程思政建设情况进行评估，并将课程思政建设成效

纳入学科规划和评估、教学绩效考核中，把教师参与课程思政改革情况纳入教师考核评价、岗位聘用、评优奖励中，提升任课教师参与课程思政建设的主动性和责任感，合力推进课程思政建设。

（四）多措并举，夯实条件保障

建立联动协调机制，各院系成立课程思政建设工作领导小组，不断强化课程思政建设目标导向和过程管理，形成坚实的组织保障；建立经费保障机制，加大课程思政建设经费投入力度，加强条件保障。每年设置专项经费，通过设立课程思政教学改革项目、遴选课程思政示范课程等，支持任课教师开展课程思政建设和课程思政教学改革探索。

（五）加强引领，拓展协同效应

立足专业特色，依托国家级、省级、校级课程思政示范项目，组建课程建设团队，建好示范性教学课件、教学案例，做好示范课听课、评课。以各级示范项目为样板标杆，遴选优秀的建设团队在全校范围内进行宣讲，从课程思政设计、课程思政实施、课程思政特色等方面进行总结、反思，为其他课程开展育人工作提供有益的借鉴，促进广大教师课程思政能力协同提升。

第三章　高校课程思政实践路径

第一节　课程思政的实施原则

2019 年 3 月 18 日，习近平总书记在学校思想政治理论课教师座谈会上指出："思想政治理论课是落实立德树人根本任务的关键课程。"

但是，办好思想政治理论课并非只有显性教育这样一种方式，还需要采取隐性教育的方式，挖掘其他课程中的思想政治教育资源，即"课程思政"，从而达到立德树人"随风潜入夜，润物细无声"的效果。观察或者处理问题所依据的准则或标准，即原则。本书认为，我国高等院校"课程思政"建设应坚持党委领导原则、协同共建原则、贴近实际原则、整体设计原则、隐性渗透原则。

一、党委领导原则

毛泽东曾指出："政治路线确定之后，干部就是决定的因素。"① 我国高等院校进行"课程思政"建设不是空穴来风，这一教育理念是新时代党和国家对我国高等教育提出的要求，因此，需要学校干部贯彻落实下

---

① 杨金铎. 中国高等院校"课程思政"建设研究［D］. 长春：吉林大学，2021.

去。宣传和执行中国共产党的决议是高等院校党委的职责所在，"课程思政"这一教育理念集中彰显了党中央的意见，所以，高等院校党委必须要发挥自身的带动作用，促进"课程思政"改革在高等院校的贯彻落实与逐步推进。

中国共产党是我国高等院校建设和发展的领导力量，我国高等院校能否坚持中国共产党的领导直接关系到其教育目标是否与国家要求保持同步，是否为国家发展服务。坚持党委领导原则是我国高等院校进行"课程思政"建设的根本原则，校党委的力量是重中之重。立德树人是我国高等院校的根本任务，人才培养的方向与基本要求不是随心所欲规划出来的，是以国家的发展要求为基石，与国家要求的目标相一致的，而要实现国家要求的目标，就必须坚持校党委的科学、有效领导，通过这一领导力量，深刻地探讨人才培养的基本要求和人才发展的内在规律，研究出适应新时代加强育人工作的有效措施，为保证育人工作"不脱轨"提供方向指引。"课程思政"的本质在于育人，也就是说，坚持党委领导原则，能够对高等院校"课程思政"建设的落实和推进起到积极的作用，只有坚持党的领导，才能使高等院校的发展建设不偏离党的领导路线。由于自身的特殊性质，党委领导能够使"课程思政"有目的、有计划、有秩序地推进，与党中央对高等院校的发展目标保持高度一致，高等院校党委需扮演好"带头人"的角色，重视"课程思政"建设，主动承担起贯彻落实"课程思政"教育理念的重任，以实际行动推动"课程思政"改革的顺利进行。

高等院校党委应时刻牢记自身的领导核心地位，树立"课程思政"意识，明确通过专业课程推进育人工作的理念，贯彻落实党中央的政策，引领各个学院开创"课程思政"课程，要求专业课程在进行"课程思政"的过程中不偏离马克思主义的方向，不丢失立德树人的目标，与各院系的领导和教师共同推进"课程思政"建设。除此之外，坚持党委领导原则，在高等院校党委内部，还要成立专门的"课程思政"建设领导小组，选调专门的校党委人员带动"课程思政"建设。专门人员的直接负责制能够在确保"课程思政"改革高效实施和推进方面起到积极效果。同时，高等院校党委之间还要定期或者不定期地开展交流与合作，通过这一形式互通有无，取长补短，既借鉴"课程思政"建设的有益经验，又探讨"课程建设"亟待解决的问题，只有这样，高等院校党委才能以新理念、新思维、新方法引领"课程思政"建设，为"课程思政"建设提供有益指导。

二、协同共建原则

在我国高等院校"课程思政"建设中，协同共建原则是指专业课教师与思想政治理论课教师共同进行"课程思政"建设。无论是思想政治理论课教师，还是专业课教师，其一言一行都会对大学生产生影响。专业课教师是高等院校"课程思政"建设的实施者，在对大学生进行知识传授和能力培养的同时，承担着教育大学生如何做人，做一个什么样的人的职责。与思想政治理论课教师相比，专业课教师与大学生接触的时间比较长，所以，他们更应该明确自身在我国高等院校"课程思政"建设中的主力军地位，要"以身作则"。但是，在实际的教育教学过程中，由于部分专业课教师育人观念错位，只教给学生知识，没有引导学生在大是大非面前怎么做。所以，专业课教师需要思想政治理论课教师的协助，思想政治理论课教师也无需推脱，二者共同为"课程思政"建设出力。

思想政治理论课教师需协助专业课教师强化立德树人意识。高等院校"课程思政"建设能否有效地开展起来，专业课教师是关键。专业课教师只有意识到立德树人的重要性，才能将"课程思政"理念落到实处。在"课程思政"建设过程中，专业课教师不仅要对大学生进行专业知识传授和能力培养，还要恪守育人的职责。在教育教学过程中，专业课教师除了对大学生进行理论讲授外，还要注重与大学生的交流和沟通，这就对专业课教师规范自身的言行、加强自身的道德修养提出了高要求。

思想政治理论课教师需要协助专业课教师用真理和人格的力量去感染大学生。真理的力量就是专业课教师要深入地学习和掌握马克思主义，了解中国共产党制定的相关理论，具有家国情怀，保持高度的政治敏锐性，将时政热点问题与专业知识有机结合起来，体现社会进步的发展趋势；人格的力量就是专业课教师要进行人格修养的锻造，将提升道德修养作为崇高追求，不仅要研究专业知识，还要不断思考如何提升自身的道德修养，以较高的道德标准来要求自己。由于部分专业课教师的马克思主义理论底蕴不深厚，道德境界不高，所以，专业课教师在学习马克思主义理论及提升道德修养的过程中，思想政治理论课教师需发挥辅助作用，引导专业课教师学会用唯物辩证法、历史唯物主义等观点观察、分析和处理现实生活中的问题，对社会发展存在的问题保持理性、清醒的认知，固守马克思主义意识形态的底线，重视马克思主义对我国发展进步的指导意义，这样一来，专业课教师的人格修养才能上升一个高度，他们才能意识到立德树人的重要性。

三、贴近实际原则

在我国高等院校的"课程思政"建设中，存在部分大学生对专业知识所蕴含的思政元素"不买单"的现象，他们没有看到知识在引导社会发展、促进个人成长等方面的价值。大学生是"有意识、有情感、有个性的社会人"，他们不会盲目、被动、机械地接受专业课教师施加的作用和影响，具有强烈的主体意识。每个大学生都是一个独立的物质实体，在教育教学活动中，他们通常会对专业课教师提出的观点和见解产生独特的认知，但这种认知具有先进和落后之分，也就是说，大学生的认知有时会超越时代的认识与实践局限，超越专业课教师的认识；有时又会落后于时代发展的诉求，产生阻碍社会发展的认知。课堂只是大学生学习生活的场域之一，并不能涵盖大学生学习生活的全部内容，尤其是有些大学生本来就对思想政治理论课教师讲授的思想政治理论课内容不是很感兴趣，加之专业课教师又在专业知识中渗透思想政治教育元素，难免会出现厌学的情绪，所以，除在课堂内感受大学生的学习特点、思维方式外，专业课教师还要与大学生保持紧密联系，多关注他们的课外生活情况，当发现他们的思想与行为产生错误的倾向时，发挥自身的主导作用，有计划、有目的地对其进行调整和控制，建立良好的师生关系，做学生成长成才的引路人。

基于以上因素的考虑，我国高等院校"课程思政"建设应坚持贴近实际原则，就是专业课教师不能将思政元素直接贴在专业知识上，而要以大学生的实际需求为出发点，以大学生的个性诉求为依据，所选取的思政元素不能超出大学生的认知范围，需挖掘大学生有能力接受的、与其实际生活联系紧密的思政元素。专业课教师从专业知识背后勘探出来的思政元素，可以与国家发展状况联系起来，以新时代民族复兴的使命为切入点，引导大学生认清所学知识是为推动社会主义建设服务的，为中国梦的实现贡献新生力量。例如，专业课教师可以运用榜样示范法，向大学生介绍学科建设以及实际生活中典型代表人物的先进事迹，用他们的人格魅力激发大学生透过专业知识接受价值观教育的动力。这一原则的有效贯彻离不开专业课教师扎实的专业知识基础，理论对于实践具有指导作用，专业课教师的专业知识越扎实，专业理论与生活实践联系得越紧密。因此，专业课教师可以借助教研室其他老师的力量，与其共同挖掘专业知识内在的思政资源。由于骨干教师的专业理论基础过硬，社会阅历多，教学经验丰富，将专业理论知识与学生的学习实际结合得比较好，所以，骨干教师要主动发挥带头人的作用，积极组织"课程思政"经验交流分享会，这样一来，既促进了教师之间的合作，又增强了团队的力量。

四、整体设计原则

整体设计原则是指"课程思政"建设是一个全员参与、全程育人、全方位覆盖的过程。"课程思政"依托的基础是课程，关键因素是教师。因此，"课程思政"建设想要取得良好的效果，课程设计要坚持整体性，各门课程突出协同性，不断促进思想政治教育与知识传授系统化。首先，建立全员参与的育人体系。全员参与就意味着高校党委领导行政育人，高校后勤工作人员服务育人，辅导员在日常生活中充分关注每一位同学的思想状态并引导同学积极向上。其次，构建一体化思想政治教育体系。"课程思政"建设涉及专业课和通识课，贯穿课程教学的全过程，由于课程与课程之间的性质不一样，所以容易出现各自为政的现象，"课程思政"的建设使得各课程之间建立了联系，各类课程的育人目标和育人方向都与思想政治理论课相一致。通过整体设计，挖掘各学科的思政素材并进行有效整合，各学科之间的交流有所加强，形成了"三课一体化"的思想政治教育整体化设计。最后，"课程思政"的整体设计原则还包括全方位的育人覆盖。一是"课程思政"建设是德智体美劳全方位的建设，会对大学生产生全方位的影响，因此要通过对课程整体的设计，实现德智体美劳全方位育人。例如，以会计专业课为例，融入职业规范类教育内容有助于提升大学生的职业道德素养和法律意识，融入劳动教育内容有助于大学生养成独立钻研、吃苦耐劳的精神品质等。二是注重对校园环境的建设，发挥隐性教育的作用，营造环境育人的良好氛围，为"课程思政"建设助推发力。例如，利用校园宣传栏，张贴好人好事公告，鼓励学生帮助他人，或者宣传校纪校规，督促学生遵守纪律。展示节俭、环保的校园建筑设计理念，提升学生爱护环境、与自然和谐相处的意识。三是学校、家庭、社会形成"三位一体"的育人模式。家庭是个人品质形成的基础，学校对学生品德进行最直接的培育，社会既对学生的品质进行检验，也是学生品质稳固的重要依托。因此，高校"课程思政"建设需要家庭和社会的支持与推动。一方面，学校可以通过一定的方式向家长传递社会主义核心价值观的相关内容，发挥良好家风对孩子人格养成的促进，实现家庭教育与高校"课程思政"建设的一致性。另一方面，学校可以通过与合作企业建立见习、实习基地，让学生在社会实践过程中受到培育。

五、隐性渗透原则

"课程思政"与思政课程都是落实高校立德树人根本任务、提升大学生思政素养的重要途径。思政课程是落实立德树人根本任务的关键课程，是大学生接受思想政治教育的主要阵地，通过直接明了的课程内容对大学生的思政素养进行显性的渗透，是无法取代和超越的育人课程。而"课程思政"是要挖掘所有课程的育人元素，发挥课堂育人功能，提升教师育人能力，其对育人工作主要是起到有效促进和补充的作用，达到润物细无声的效果。一方面，"课程思政"建设需要充分发挥各学科的特色，利用学科优势对大学生进行价值观念引导。学院或者教研室在推进"课程思政"建设的时候，以课程内容和教学方式为主要研究对象，制定出适合本学院或者本学科开展"课程思政"的具体对策，为其他"课程思政"建设提供参考。以数学课堂为例，教师可以以数学界名人华罗庚不为名利所动，执意报效祖国的故事为引导，激发学生的使命感和爱国情感。另一方面，结合当地文化实施开展"课程思政"建设。以红色文化为例，浙江的高校在进行"课程思政"建设时，可以以"红船文化"为特色资源，将开天辟地、敢为人先的首创精神，坚定理想、百折不挠的奋斗精神，立党为公、忠诚为民的奉献精神融入非思政课程中，有效利用当地特色文化推进文化育人，促进高校"课程思政"建设。以嘉兴南湖附近的高校为例，学校可以组织承办"推动红船精神研究发展"相关的学术讲座，有效结合当地红色文化，这不仅可以促进学校与学校的交流，还可以促进教师与学生的交互，对大学生思想政治教育起到引导作用。值得重视的是，隐性渗透原则并非绝对的隐蔽教育，而是相对于思政课直接明了的教育而言的。以爱国主义教育为例，思政课程是旗帜鲜明地亮出政治立场，告诉你应该爱祖国爱人民，以及应该怎么做不应该怎么做，而把这个内容放在专业课中去讲，就可以以专业相关的名人爱国事迹为例，把爱国内容与专业知识学习相结合，以榜样的力量影响人、感染人、教育人。

第二节　课程思政元素的挖掘

"课程思政"，顾名思义，就是通过课程开展思想政治教育，课程是指除"思政课程"以外的其他各门各类课程，而思政的范围则比较广泛。教育部印发的《高等学校课程思政建设指导纲要》详细阐述了建设的内容，在对其进行归纳总结的基础上，此处将我国高等院校"课程思政"元素的挖掘归结为五个方面，即政治引导、思想引领、道德熏陶、劳动教育和心理健康教育，并对前三个方面进行重点论述。

一、政治元素

所谓政治元素引导，就是引导社会成员正确认识以国家问题为核心的政治关系和政治问题，所以，对大学生进行政治引导，就是教育引导他们以马克思主义为根本立场去观察、分析政治问题和处理政治关系，从而保障我国的意识形态安全。政治引导是大学生思想政治教育的核心内容。"课程思政"改革是新时代下我国高等院校育人工作的新尝试，通过归纳和总结，笔者认为，政治理论、政治认同及家国情怀构成了我国高等院校"课程思政"建设的政治引导方面的内容。

（一）政治理论

习近平新时代中国特色社会主义思想是马克思主义中国化的最新理论成果，它是对"新时代坚持和发展什么样的中国特色社会主义、怎样坚持和发展中国特色社会主义"① 的科学回答。

---

① 杨金铎. 中国高等院校"课程思政"建设研究［D］. 长春：吉林大学，2021.

习近平新时代中国特色社会主义思想对新时代中国特色社会主义事业在实践、创造、经验等方面的革新进行了系统的理论表达，是马克思主义与发展的中国不断结合的结果。因此，引导大学生将习近平新时代中国特色社会主义思想入脑入心，对马克思主义进行科学的认知和把握，是新时代我国高等院校育人工作的重要任务之一。

新时代下，对大学生进行政治理论教育主要是对其进行世情、国情、党情、民情教育，习近平新时代中国特色社会主义思想是对当今世情、国情、党情、民情的深刻揭示，课堂是高等院校进行立德树人的主渠道，《高等学校课程思政建设指导纲要》指出："推进习近平新时代中国特色社会主义思想进教材进课堂进头脑"，由此可见，其他各门各类课程都要将习近平新时代中国特色社会主义思想作为一项重要的思想政治教育元素来抓，使其与专业教材的知识内容相结合，找到二者的联结点，有机融入，从而增强新时代大学生对党的创新理论的认同，实现将习近平新时代中国特色社会主义思想润物细无声地融入大学生的头脑中、心灵中，为其以后"服务社会、实现个人全面发展打下坚实的思想基础"。

（二）政治认同

国家意识形态是在社会意识形态中处于引领和主导地位的意识形态，是社会意识形态的主流和核心。认同具有多种表现形式，政治认同是其中的一种特殊表现形式。政治认同是指"社会成员在政治生活实践中逐渐形成的对已有政治体系的归属感和行为上的支持、服从"。[1] 作为国家、民族发展的后备军，新时代大学生的政治素质强不强、政治信念坚不坚定对于我国意识形态建设成不成功具有重要意义。"高校大学生的政治认同程度，直接反映出国家政治体系的发展水平。因此，做好高校政治认

---

[1] 邱杰，张瑞，左希正. 大学生政治认同教育研究［J］. 社会科学家，2014（7）：114-117.

同教育显得异常重要。"①

一方面，新时代背景下，国际国内形势发生了前所未有的变化，全球范围内的思想文化激荡不仅为彼此之间相互借鉴优秀文明成果提供了可能，还将我国暴露在"和平演变"战略之下。在这一背景下，蕴含西方价值观念的意识形态以多种表现形式蜂拥而至，引起了大学生思想观念的深刻变化。例如，"历史虚无主义、新自由主义、民主社会主义、后现代主义、实用主义和文化保守主义"等社会思潮对部分大学生的影响比较大，在一定程度上对马克思主义意识形态在我国意识形态领域的指导地位造成了威胁，削弱、动摇和销蚀着大学生的思想观念，影响其政治判断，进而对国家意识形态安全造成威胁。

另一方面，改革开放已有四十余载，我国取得了令世界称叹的成绩，综合实力稳步提升，国际影响力大幅度提升，人民生活发生了实质性的变化，人们对中华民族满怀自信心和自豪感。但是，在社会发展过程中也存在一些亟待解决的问题，这些问题的存在，一方面表明我国仍需在社会建设方面加大努力，另一方面也对党和政府的服务能力和水平提出了更高要求。如果不能及时有效地疏导和化解这些思想冲突和社会问题，将会对马克思主义意识形态造成消解，不利于其导引和保证功能的发挥，会使大学生质疑党和政府的服务宗旨和服务能力，从而减弱其对中国特色社会主义的道路、理论、制度自信，危及党的执政基础。

新时代下，对大学生进行政治认同教育主要是引导大学生认同中国特色社会主义和中国梦，一直以来，这一教育内容由思想政治理论课独自完成，但是，产生的实际效果与大家的期望值之间有一定的落差。所以，党和国家更加意识到了对大学生进行中国特色社会主义和中国梦教育的重要性，将中国特色社会主义和中国梦作为"课程思政"的一项重要内容来推进，其他各类课程也要在知识传授和能力培养的过程中渗透

① 张驰，王燕．对大学生政治认同教育的几点思考［J］．学校党建与思想教育，2018（4）：26-28.

中国特色社会主义和中国梦要素，承担对大学生进行中国特色社会主义和中国梦教育的重任。这样一来，中国特色社会主义和中国梦成为其他各类课程的一项重要的思想政治教育资源，不仅使其他各类课程明确了政治性导向，而且为我国高等院校夯实社会主义方向提供了有力保证。

（三）爱国主义为核心的民族精神

《高等学校课程思政建设指导纲要》提出，要围绕坚定学生理想信念，以爱党、爱国、爱社会主义、爱人民、爱集体为主线，围绕政治认同、家国情怀、文化修养、宪法法治意识、道德修养等重点内容优化课程思政内容供给。要加强中华优秀传统文化教育，大力弘扬以爱国主义为核心的民族精神，教育引导学生深刻理解中华优秀传统文化的思想精华和时代价值，完善大学生的道德品质，培育理想人格，展现中华文化的无穷魅力和时代风采。

所谓爱国主义教育，就是"对人们施加教育，使人们的爱国主义情感得到升华，成为一种自觉遵守的政治原则和道德规范"。[①] 大学生思想政治教育工作是高等院校常抓不懈的经常性工作，爱国主义教育在大学生思想政治教育中占据重要地位，是思想政治教育的灵魂所在。"要把加强青少年的爱国主义教育摆在更加突出的位置，把爱我中华的种子埋入每个孩子的心灵深处。"[②] 新时代下，大学生爱国主义教育具有丰富的内涵。《新时代爱国主义教育实施纲要》指出："爱国主义的本质就是坚持爱国、爱党、爱社会主义高度统一。"爱国、爱党、爱社会主义不是孤立存在的个体，而是一个相互依靠、相互支撑的整体，因此，新时代爱国主义教育必须将爱国、爱党、爱社会主义教育统一起来。与此同时，爱国主义并不是闭关自守，而是要正确地看待爱国主义与对外开放

[①]　邓艳葵. 民族院校大学生爱国主义教育研究 [M]. 南宁：广西人民出版社，2013：38.

[②]　习近平. 在全国民族团结进步表彰大会上的讲话 [N]. 人民日报，2019-09-28(2).

的关系，在坚守民族性的同时，面向世界，以推动世界和平发展为最高追求。

大学生是国家未来的希望，应该将国家利益放在心中，不轻易受外来反动势力的蛊惑，避免通过网络等途径泄露涉及国家安全的信息。同时，大学生应该积极关注国家的发展目标、步骤及未来，增强历史使命感和社会责任感，意识到各民族平等、团结和共同繁荣的重要价值，避免对其他民族存在歧视现象。在追求自由和外来文化的同时，大学生应该保持对我国的优秀文化的热爱和传承，保持民族信仰和家国情怀。在此背景下，我国高等院校"课程思政"建设要求其他各类课程也要在知识传授和能力培养的过程中渗透以爱国主义为核心的民族精神，所有课程都要结合自身的课程特点对大学生进行爱国主义教育，共同为培养大学生的家国情怀贡献力量。

二、思想元素

思想元素是大学生思想政治教育的重要内容之一。从一定意义来看，个体的行为是在一定思想的指导下发生的，因此，大学生思想观念的正确与否，直接影响其行为的性质。长期以来，思想政治理论课及其教师主要承担了对大学生进行思想引领的任务，效果不是十分理想。新时代下，"课程思政"改革是对大学生进行思想引领的有力举措，它要求专业课教师将社会主义核心价值观、中华优秀传统文化及法治等要素寓于知识传授和能力培养之中，使学生在获得专业知识和提升专业技能的基础上，在思想上秉持社会主义核心价值观的价值追求，受到中华优秀传统文化的熏陶，树立法治意识，从而提升隐性思想教育的实效性。

（一）社会主义核心价值观教育

强化价值观教育是推动社会发展进步与个人成长成才的需要。由于价值观对于个体的健康成长具有重要的指导作用，所以，新时代大学生的价值观是否正确直接影响其个性和良好德行能否形成。但是，目前大学生价值观教育的效果不是令人十分满意，思想政治理论课的价值观教育与专业课的价值观教育出现了断层，因而，"课程思政"改革要求各门各类专业课程也要渗透价值观教育，将价值观教育寓于知识传授和能力培养之中，使教育对象在接受专业知识教育的同时，接受价值观的熏陶，凸显立德树人根本任务。

在这里，本书所理解的价值观教育要以人文主义为价值取向，引导新时代大学生正确认识个人价值与社会价值的关系，用正确的价值标准来看待自己的生命、生活、人生及社会的发展变化，正确看待社会的作用和认识人生意义，尊重生命的存在和价值，塑造高尚的灵魂，形成坚定的信仰，培育关爱情怀和人文精神，做现代文明的建设者和接班人。新时代下，高等院校教师对大学生所开展的价值观教育，主要是用社会主义核心价值观引导他们成长成才，把社会主义核心价值观教育渗透到其他各类课程中，是促进新时代大学生健康成长的必然要求。改革开放四十多年来，我国在经济领域取得重大进步的同时，文化领域出现了价值观多元化和多样化的趋势。市场经济体制下，东西方文化相互激荡、碰撞，新时代大学生不可避免地会产生价值困惑，在多样化的价值观中迷失自我。因此，把社会主义核心价值观渗透到其他各类课程中，不间断地对新时代大学生进行科学的价值观教育，引导他们进行正确的价值选择，帮助他们解决个人价值与社会价值的冲突，提升他们的全面素质，增强他们对社会的认同感势在必行。将社会主义核心价值观的价值追求潜隐于高等院校所有课程中，解决部分大学生在价值上存在的困惑，是实现价值观教育最优化的必然选择。

毫无疑问，思想政治理论课程是大学生接受社会主义核心价值观教育的主要阵地，而其他各门各类课程也是大学生接受社会主义核心价值观教育的重要场域。在专业知识传授过程中，专业课教师要将社会主义核心价值观与教学的重难点结合起来，在此基础上引导教育对象科学理性地分析当今社会出现的热点问题,对社会出现的复杂情况与多种文化思潮采取客观评价的态度,帮助新时代大学生从正确价值观的视角认识多种多样的社会意识及现象,弘扬文化领域的主旋律。因此,专业课程要凸显"价值向度",专业课教师应"优化课程设置、完善教学设计,力争打造一批综合性、学科交叉的新型课程群,"[①] 找准本专业、本学科知识与社会主义核心价值观的联结点,引导大学生正确认识个人价值与社会价值的关系,从而在价值引领方面实现与"思政课程"的同向同行。

(二)中华优秀传统文化教育

在我国高等院校"课程思政"建设中,对新时代大学生进行中华优秀传统文化教育,就是大力弘扬以爱国主义为核心的民族精神和以改革创新为核心的时代精神。一个国家的精神与其自身的物质生活条件息息相关,是在物质生活条件基础上发展起来的创造性意识活动的结晶,其形成经历了漫长的过程,它是中华民族在历史发展的长河中,在革命、建设和改革中所形成的具有中国本土特色、带有鲜明时代特征的稳定的精神品格。"每一历史时代的经济生产以及必然由此产生的社会结构,是该时代政治的和精神的历史的基础。"[②] 民族精神和时代精神是人们精神世界的航向标。新时代大学生是中国梦的实践者和见证者,弘扬、培育民族精神和时代精神是其必修课之一。课堂教学是大学生接受民族精神和时代精神教育的主渠道,如何将讲仁爱、重民本、守诚信、崇正义、尚和合、求大同的思想精华和时代价值融入其他各门各类课程的专业知识教学中,对于促进高等院校育人工作的深入发展以及中国精神的弘扬和培育具有重要意义。在高等院校"课程思政"建设中,专业课教师将

---

① 张蓓蓓.大学生社会主义核心价值观认同与培育探究[J].学校党建与思想教育,2020(12):59-61.

② 马克思,恩格斯.马克思恩格斯选集:第1卷[J].中共中央马克思恩格斯列宁斯大林著作编译局,译.北京:人民出版社,2012:380.

讲仁爱、重民本、守诚信等元素渗透到专业知识和能力培养之中，有利于增强新时代大学生的民族认同感；将崇正义、尚和合、求大同等元素渗透到专业知识和能力培养之中，有利于激发新时代大学生的开拓进取精神。

（三）法治意识教育

全面依法治国是新时代中国特色社会主义的基本方略之一。"法治意识是人们对法律的认可、崇尚与遵从，是关于法治的思想、知识和态度。"[①] 我国高等院校"课程思政"建设要求专业课教师挖掘专业知识所蕴含的法治元素，通过知识传授和能力培养，引导新时代大学生树立法治意识。专业课教师透过专业知识内隐的法治元素对大学生的法治意识进行培养，就是要让大学生知晓社会主义法治国家建设的新理念；明确宪法是治国安邦的总章程，是人民权利的保证书；厘清权利与义务的关系，养成依法办事、依法行使权利、依法履行义务的习惯，使其成为课程教学价值表达的一部分，进而引导他们形成法治思维、树立法治意识。

在我国高等院校"课程思政"建设中，专业课教师在知识传授和能力培养的过程中培养大学生的法治意识，能够使他们意识到法存在于人们的日常生活中，生活处处有法，在遇到困难时，及时运用法律手段来维护自身的合法权益。同时，还能让大学生明白，做学问的目的是为国家、为人类谋福利，而不是滥用科研成果，为所欲为，甚至危害人民的生命财产安全。

三、道德元素

"道德是以善恶来评价、依靠社会舆论和内心信念来实现的调整人们之间以及个人与社会之间关系的行为规范及其相应的心理意识和行为活

---

① 戴湖松. 法治意识：话语、课程和教学 [J]. 思想政治课教学，2018（7）：44-47.

动的总和。"① 社会主义办学方向是我国高等教育的根本方向，所以，我国高等院校所培养的人是否具有较高的道德水平，直接关系到新时代中国特色社会主义伟大事业的成败和中华民族复兴目标是否能实现。②

赫尔巴特主张道德教育与知识教育是不可分割的，二者需要实现一体化。新时代下，"课程思政"改革促进了社会公德、职业道德、个人品德等元素在专业课程中的渗透，以实现对大学生的道德熏陶。

（一）社会公德教育

"社会公德是人们在社会交往和公共生活中应该遵守的行为准则，是维护社会成员之间最基本的社会关系秩序"，③ 也是"大学生要遵守和践行的最基本的道德要求"。④ 社会公德主要调节三个向度的关系，分别是人与人、人与社会、人与自然的关系，因此，扬善和惩恶是社会公德的两大功能。一方面，肯定、激励和弘扬一切对社会和个人生存、发展和完善起助推作用的思想和行为；另一方面，否定、驳斥和约束一切对社会和个人生存、发展和完善起阻碍作用的思想和行为。社会公德不仅是衡量一个社会文明程度的标尺，而且代表着一个国家综合素质的高低。作为未来社会建设的主力军，新时代大学生承载着民族复兴和国家繁荣的使命，其社会公德素质不仅关乎个人的成长进步，而且直接影响国家的发展进步。因此，大学生的社会公德教育是我国高等院校育人工作的重要组成部分。促进学生的全面发展是我国高等院校实施素质教育的目

① 张耀灿，陈万柏．思想政治教育学原理［M］．北京：高等教育出版社，2001：148.

② 刘霞．对新形势下大学生道德教育的思考［J］．学校党建与思想教育，2019（1）：89-91.

③ 李凤芹．关于高校开展社会公德教育的思考［J］．教育与职业，2021（29）：58-60.

④ 邹秀春，杨良子．新时代大学生社会公德状况调查与分析［J］．学校党建与思想教育，2021（3）：44-47.

标，具体而言，就是不仅要教会学生如何行事，更要教会学生如何做人，要成为德才兼备的时代新人。德才兼备又是我国高等院校"课程思政"建设的目标，所以，专业课教师在授课过程中将社会公德元素寓于知识传授和能力培养之中，有其必然性。专业课教师挖掘专业知识背后蕴含的社会公德元素，对于促进大学生个体的健康成长以及社会的精神文明建设具有重要意义。一方面，社会公德是新时代大学生思想道德素质的外在表现，并且愈来愈成为考量其综合素质的一项重要指标。将社会公德的基本要求渗透在专业课程中，能够为新时代大学生形成崇高的价值观起到积极的推动作用。另一方面，精神文明是评价一个国家软实力的重要指标，而社会公德又是社会主义精神文明建设的题中之义，对新时代大学生进行社会公德教育，不仅有利于为国家未来建设培养具有良好德行的社会公民，而且能够借助一批又一批具有良好德行的社会公民来提升国家的软实力。由此可见，专业课教师通过勘探专业课程潜隐的社会公德元素对新时代大学生进行社会公德教育是十分必要的。

（二）职业道德教育

"职业道德是从业者在职业活动中应具有的道德观念、道德情操和道德品质及应遵循的道德行为规范的总称。"[①] 新时代下，我国高等教育愈来愈呈现出大众化趋势，离开校园、走向社会的大学毕业生逐年增加。从整体上看，大学毕业生的职业道德状况是良好的，但也暴露出一些不足，例如，职业理想缺失，择业观念扭曲；虚构求职信息，诚信意识缺失；在功利化职业价值取向的笼罩下，专业、特长与工作性质不挂钩；奋斗精神匮乏，责任感弱化；以自我为中心，以自私为半径，背离集体，缺少服务和奉献意识。虽然这些现象不是普遍存在，但也在一定程度上对大学毕业生的形象造成不好的影响，所以，我国高等院校应高度重视

---

① 武晓华.加强大学生职业道德教育的若干思考[J].思想理论教育导刊,2014(2)：118-121.

这一问题，以人才培养质量为核心，加紧对新时代大学生进行职业道德教育。长期以来，在我国高等院校中，大学生的职业道德教育只是通过某一课程或某些课程有所体现，并没有通过所有课程普遍性地开展起来，部分专业课程存在只重视本专业知识和技能的学习，而忽视职业道德养成的问题。课堂是对大学生进行职业道德教育最正规的载体，所以，我国高等院校"课程思政"建设要求其他课程挖掘潜在的思想政治教育元素，除发挥知识传授的功能外，还要发挥育人功能，将职业道德的核心内涵渗透在知识传授和能力培养之中。专业课教师需"教育引导学生深刻理解并自觉实践各行业的职业精神和职业规范，增强职业责任感，培养遵纪守法、爱岗敬业、无私奉献、诚实守信、公道办事、开拓创新的职业品格和行为习惯"，① 从而实现职业道德教育的全课程化。

（三）个人品德教育

"个人品德是指一定社会生产关系或阶级所要求的特定社会规范、道德原则在个人的思想和行为中的体现，是一个人在道德行为过程中所表现出来的比较稳定的心理特征和一贯的道德特点倾向。"② 《新时代公民道德建设实施纲要》将个人品德作为公民道德建设新的着力点，因此，个体品德建设是公民道德建设的应有之义。作为社会群体中的佼佼者，大学生的个人品德对未来社会的发展质量及党和人民事业的兴衰成败有着重要影响。人才培养是一个不间断过程，只有环环相扣，才能确保人才培养的质量。其中，我国高等院校是关键一环，所以，如何提升大学生的个人品德，使其成长为德才兼备的新型人才是新时代我国高等院校面临的主要任务之一。

① 教育部. 教育部关于印发《高等学校课程思政建设指导纲要》的通知［EB/OL］.（2020-06-01）［2024-01-12］.http://www.moe.gov.cn/srcsite/A08/s7056/202006/t20200603_462437.html?eqid=9958fac8005ce47d00000003645ee47e.
② 李晓兰，刘雨姝，车丹. 论大学生个人品德建设的四个维度［J］. 思想政治教育研究，2014（4）：108-111.

我国高等院校普遍存在重专业知识教育，轻个人品德教育的倾向，虽然素质教育理念已提出多年，但是，并不是所有高等院校都能将其有效落实到教育教学实践中，部分高等院校没有摆脱传统思想的痼疾，从而导致德育工作陷入瓶颈。观念是行动的先导，所以，我国高等院校首先应该转变重专业知识教育，轻个人品德教育的倾向，深刻分析知识教育与品德教育脱节的危害性，进而以立德树人为抓手推进知行合一教育，将大学生个人品德建设摆在突出位置。"课程思政"教育理念的提出使我国高等院校意识到通过挖掘专业课程的德育元素对大学生进行个人品德教育的重要性。专业课教师深挖自身所授课程的德育素材，将个人品德教育寓于专业知识和能力培养之中，立足于与个人品德相关的社会热点、难点、疑点问题，精化、深化个人品德培养目标，从而实现个人品德教育"沁人心脾""润物无声"，极大地增强了大学生德育的实效性。

此外，劳动教育和心理健康教育也是我国高等院校"课程思政"建设的重点内容。"劳动教育在新时代教育发展道路上具有奠基作用，高校在完成立德树人这一根本任务的进程中，必须把加强大学生劳动教育作为一项基础性、重要性的任务。"①

培养德智体美劳全面发展的新型人才是新时代下我国高等院校的人才培养目标，所以，加强大学生的劳动教育是我国高等教育的价值旨归之一。我国高等院校"课程思政"改革要求专业课教师将劳动教育元素寓于专业课程之中，使之与知识传授和能力培养有机融合起来，使新时代大学生在学习专业知识和提升专业能力的同时，正确认识劳动的价值，养成"热爱劳动、尊重劳动者、珍惜劳动成果"的情感态度。

树立诚实劳动的良好品德，在生活中乐于劳动、勤于劳动、创造劳动。这样一来，我国高等院校立德树人根本任务的完成指日可待。随着时代的发展变化，心理健康日益成为推动大学生健康成长的重要因素。

---

① 雷虹，朱同丹. 以学生为中心视域下高校劳动教育的意蕴解读及路径选择［J］. 黑龙江高教研究，2020，38（3）：134-138.

大多数行为不够理智的大学生，"往往不是思想品德有问题，而是心理健康有问题"，① 从而对个人、家庭乃至社会造成不必要的损失。所以，作为人才培养的摇篮，我国高等院校理应承担起对大学生进行心理健康教育的重任。心理健康教育是思想政治教育的重要内容之一，而"课程思政"建设的重点在"思政"，不能脱离课程来谈思政，所以，在课堂教学中，专业课教师将心理健康元素寓于知识传授和能力培养之中，通过课程这一载体对大学生进行心理健康教育势在必行。

第三节　分类推进课程思政建设

一、构建思政课与各类课程协同育人的理念

习近平总书记在全国高校思想政治工作会议中指出："做好高校思想政治工作，要因事而化、因时而进、因势而新；要用好课堂教学这个主渠道，思想政治理论课要坚持在改进中加强，提升思想政治教育的亲和力和针对性，满足学生成长发展的需求和期待，其他各门课都要守好一段渠、种好责任田，使各类课程与思想政治理论课同向同行，形成协同效应。"这是新时代高校思想政治工作发展的重点和要求。因此，就要加强推进思政课程与课程思政的发展，发挥思政课主渠道作用的同时，更加利用好课堂教学的主渠道，充分发挥各类课程在思想政治教育工作中的重要作用，使各类课程与思政课程同向同行，协同育人，让思想政治理论知识深入学生的心灵，充分实现思政课程与课程思政在传授知识和价值引领多方面的重要作用，落实好立德树人的根本任务，履行好培养社会主义合格建设者和接班人的重要使命。

---

① 陈秉公. 思想政治教育学原理 [M]. 沈阳：辽宁人民出版社，2001：270.

二、在思政教育中实现理念认识的转变

推进高校课程思政发展，关键之一在于实现高校、教师以及学生等主体理念认识的转变。首先，高校要转变以思政课堂作为思想政治教育教学的单一教学途径，确立思政课程与课程思政双线育人观念，加强高校党领导的各项工作，在充分发挥高校思政课思政教育主渠道作用的同时，加强发挥课程思政的教育教学辅助作用，实行思政课程与课程思政双向、双线育人，有序地进行思想政治教育教学工作。其次，办好思政课的关键在教师，进行好课程思政教学的关键也在于教师。教师是所有课堂教学的施教主体，时刻掌握着课堂教学的节奏和动态，只有教师首先实现理念认识的转变，确立"三全育人"的教育教学理念，才能够更好地把握课堂，提升课堂的亲和力和针对性，教师之间才能够更好地沟通，才能够加强推动各类课程协同育人，推动高校课程思政发展。

最后，学生作为课堂教学的关键群体，是知识的吸纳者也是课堂的主人。教师在引导学生进行学习和实践的过程中，学生学习的能动性高，教学目标才能够实现，因此，学生在课堂学习中转变理念认识，充分发挥其学习的主观能动性，重视在课程思政课堂中的学习，积极主动吸收知识，才能够在另一层面上推动高校课程思政的发展。

三、对课程思政进行管理体系的设计

推进高校课程思政发展，就要从根本上实现管理架构的设计，深入推进管理体制改革，使高校思想政治工作在科学的管理体制下更好地进行。首先，要加强高校管理服务体系建设，提高高校管理服务水平，使制度为高校思想政治教育教学工作服务，确保高校思想政治教育教学工作与高校管理工作不脱节、不分离，打造高效率、高配合、高协调的管理体系。其次，加强高校党团组织建设，在党组织的统一领导下，由各级团委承担具体的管理任务，实现高校各层次、各层级的科学管理，推

动高校思想政治教育教学工作在体制管理下有序开展。最后，加强教师、学生、管理人员、教研人员等群体的建设与管理，实现各群体、各部门之间的有机结合与协调统一，推动教育管理服务质量提升，为推动高校思想政治教育教学工作有序发展，推进高校课程思政发展，营造出良好的制度育人的环境。

四、全面促进教师素质的提升

习近平在向广大教师致慰问信中强调："百年大计，教育为本。教师是立教之本、兴教之源，承担着让每个孩子健康成长、办好人民满意教育的重任。"新时代高校抓好思想政治教育教学工作，推动高校课程思政发展的重任落在了每一位思政课教师、通识课教师和专业课教师身上，对教师素质的要求更加严格，要求教师在诸多方面实现自我提升。作为教师，要提升教育思想素养，坚持先进、科学的教育理念，坚定马克思主义立场不动摇，坚持立德树人的教育理念；要提升职业道德素养，做到为人师表、爱岗敬业、无私奉献；要提升知识素养，奠定扎实的专业知识基础，拓展广博的课外知识，更要做到本体性知识与跨学科知识兼顾；要提升能力素养，努力增强创新意识、培养创新能力，推动教学实践创新发展；要提升身心素质，培养强健的身体素质和健康的心理素质。教师只有实现自身综合素质的整体提升，才能够做好传播知识、传播思想、传播真理的工作，才能够做好塑造灵魂、塑造生命、塑造人的工作，才能够成为塑造学生品格、品行、品位的"大先生"。

第四节 课程思政路径优化——以高校舞蹈课程为例

一、构建舞蹈课程思政顶层设计

思想宣传关系到党和国家的前途命运、中华民族的向心力与凝聚力，以及中国特色社会主义事业的发展进程。做好新形势下的宣传思想工作，有助于从理想信念、价值理念、道德观念等方面把人民紧紧团结在一起，为服务党和国家事业全局做出更大贡献。作为中国特色社会主义高校，高校应充分认识到宣传思想工作的作用，把它摆在全局性的位置上加以重视，坚持以马克思主义为指导，全面贯彻党的教育方针，要坚持不懈传播马克思主义科学理论，抓好马克思主义理论教育。纵观世界各国发展历程，实际上，绝大部分国家都重视且在很大程度上注重利用高等教育等环节来强化与推进意识形态宣传工作。由此可见，在宣传思想工作上增强主动性、掌握主动权变得尤为必要且重要。只有这样，才能积极应对改革创新发展过程中出现的新问题，认清西方意识形态的渗透，并采取积极有效的应对措施。

鉴于此，高校需要深刻理解宣传思想工作的重要意义，在思想政治教育过程中，以创新理念，运用多种途径，把好思想宣传关，做好思想宣传工作，提升思想宣传水平。

（一）加强宣传思想工作，强化高校思想政治教育的方向引领

一直以来，中国共产党极力强调宣传思想工作的必要性和重要性，致力做好宣传思想工作。

围绕宣传思想工作中存在的问题，邓小平在 1980 年 1 月 16 日发表的题为《目前的形势和任务》的讲话中指出："要使我们党的报刊成为全国安定团结的思想上的中心。报刊、广播、电视都要把促进安定团结，提高青年的社会主义觉悟，作为自己的一项经常性的、基本的任务。"

与之相似，以江泽民为核心的第三代中央领导集体也十分重视宣传思想工作。在 1996 年 1 月 24 日发表的《宣传思想战线的主要任务》中，江泽民同志指出："宣传思想工作在全党工作中具有特殊重要的地位和作用。党的理论、路线、方针、政策，国家的法律、法规，都要通过宣传思想工作灌输到群众中去。宣传思想工作部门担负着宣传群众、动员群众、教育群众、提高群众的责任。我们要集中精力把经济建设搞上去，促进社会全面进步，需要宣传思想工作提供有力的保障。只有全党全国人民目标明确、思想统一、精神振奋、行动一致，建设中国特色社会主义事业才能顺利前进。"

　　以胡锦涛为核心的领导集体同样强调了宣传思想工作的意义。在 2003 年召开的全国宣传思想工作会议中，他明确指出："切实做好新形势下的宣传思想工作，是坚持和巩固马克思主义在意识形态领域指导地位的需要，是全面建设小康社会，促进社会主义物质文明、政治文明和精神文明协调发展的需要，是加强党的执政能力建设、提高党的领导水平和执政水平的需要。在全面建设小康社会的伟大进程中，宣传思想工作任务很重。要用时代的要求来审视宣传思想工作，用发展的眼光来研究宣传思想工作，以改革的精神来推动宣传思想工作，努力使宣传思想工作更好地体现时代性、把握规律性、富于创造性。"而在 2008 年与全国宣传思想工作会议代表座谈时，胡锦涛同志又一次强调："要牢牢掌握宣传思想工作的领导权和主动权，高举伟大旗帜，唱响奋进凯歌，振奋民族精神，服务人民大众，以更深刻的认识、更开阔的思路、更有效的政策、更得力的措施，着力建设社会主义核心价值体系，着力巩固壮大主流思想舆论，着力推进改革创新，推动社会主义文化大发展大繁荣，提高国家文化软实力，为继续解放思想、坚持改革开放、推动科学发展、促进社会和谐营造良好氛围，为夺取全面建设小康社会新胜利、开创中国特色社会主义事业新局面提供强大思想文化保证。"

　　如今，以习近平同志为核心的新一届中央领导集体更是把宣传思想工作摆在全局工作的重要位置，把统一思想、凝聚力量作为宣传思想工作的中心环节。在 2013 年的全国宣传思想工作会议上，习近平总书记指出："宣传思想工作就是要巩固马克思主义在意识形态领域的指导地位，巩固全党全国人民团结奋斗的共同思想基础。"具体而言，宣传思想工作"要把围绕中心、服务大局作为基本职责，胸怀大局、把握大势、着眼大事，找准工作切入点和着力点"；坚持团结稳定鼓劲、正面宣传为主，巩固壮大主流思想舆论；坚持来之不易的宝贵经验，"抓好理念创新、手段创新、基层工作创新"，"努力以思想认识新飞跃打开工作新局面，积极探索有利于破解工作难题的新举措新办法，把创新的重心放在基层一线"；宣传阐释好中国特色，讲好中国故事，传播好中国声音。而要做好这些工作，就应采用恰当的方法。"坚持团结稳定鼓劲、正面宣传为主，是宣传思想工作必须遵循的重要方针。我们正在进行具有许多新的历史特点的伟大斗争，面临的挑战和困难前所未有，必须坚持巩固壮大主流思想舆论，弘扬主旋律，传播正能量，激发全社会团结奋进的强大力量。"与此同时，在全面对外开放的条件下做宣传思想工作，一项重要的任务是引导人们更加全面客观地认识当代中国、看待外部世界。这要求做到"宣传阐释中国特色，要讲清楚每个国家和民族的历史传统、文化积淀、基本国情不同，其发展道路必然有着自己的特色；讲清楚中华文化积淀着中华民族最深沉的精神追求，是中华民族生生不息、发展壮大的丰厚滋养；讲清楚中华优秀传统文化是中华民族的突出优势，是我们最深厚的文化软实力；讲清楚中国特色社会主义植根于中华文化沃土、反映中国人民意愿、适应中国和时代发展进步要求，有着深厚历史渊源和广泛现实基础。中华民族创造了源远流长的中华文化，中华民族也一定能够创造出中华文化新的辉煌。独特的文化传统，独特的历史命运，独特的基本国情，注定了我们必然要走适合自己特点的发展道路。对我国传统文化，对国外的东西，要坚持古为今用、洋为中用，去粗取精、去伪存真，经过科学的扬弃后使之为我所用。"

同样，在 2018 年全国宣传思想工作会议上，习近平总书记再次强调了意识形态工作的重要意义，认为"建设具有强大凝聚力和引领力的社会主义意识形态，是全党特别是宣传思想战线必须担负起的一个战略任务"。在此基础上，他高屋建瓴地指出，"要把坚定'四个自信'作为建设社会主义意识形态的关键，坚持马克思主义在我国哲学社会科学领域的指导地位，建设具有中国特色、中国风格、中国气派的哲学社会科学"。"完成新形势下宣传思想工作的使命任务，必须以新时代中国特色社会主义思想和党的十九大精神为指导，增强'四个意识'、坚定'四个自信'，自觉承担起举旗帜、聚民心、育新人、兴文化、展形象的使命任务，坚持正确政治方向，在基础性、战略性工作上下功夫，在关键处、要害处下功夫，在工作质量和水平上下功夫，推动宣传思想工作不断强起来，促进全体人民在理想信念、价值理念、道德观念上紧紧团结在一起，为服务党和国家事业全局做出更大贡献。"这要求我们"自觉承担起举旗帜、聚民心、育新人、兴文化、展形象的使命任务。举旗帜，就是要高举马克思主义、中国特色社会主义的旗帜，坚持不懈用新时代中国特色社会主义思想武装全党、教育人民、推动工作，在学懂弄通做实上下功夫，推动当代中国马克思主义、21 世纪马克思主义深入人心、落地生根。聚民心，就是要牢牢把握正确舆论导向，唱响主旋律，壮大正能量，做大做强主流思想舆论，把全党全国人民士气鼓舞起来、精神振奋起来，朝着党中央确定的宏伟目标团结一心向前进。育新人，就是要坚持立德树人、以文化人，建设社会主义精神文明、培育和践行社会主义核心价值观，提高人民思想觉悟、道德水准、文明素养，培养能够担当民族复兴大任的时代新人。兴文化，就是要坚持中国特色社会主义文化发展道路，推动中华优秀传统文化创造性转化、创新性发展，继承革命文化，发展社会主义先进文化，激发全民族文化创新创造活力，建设社会主义文化强国。展形象，就是要推进国际传播能力建设，讲好中国故事、传播好中国声音，向世界展现真实、立体、全面的中国，提高国家文化软实力和中华文化影响力"。

通过上述分析不难看出,宣传思想工作是关系全局的重要工作。不管在革命时期、新中国成立初期抑或国家发展与不断壮大的时期,中国共产党始终重视做好宣传思想工作,并不断把工作向纵深推进。

而党在宣传思想工作方面积累的经验,为高校开展相关工作提供了政策指导和经验指导。这集中体现在以下几个方面。首先,服务大局,围绕中心开展宣传工作。作为党的工作的重要组成部分,思想宣传工作应服务党的总路线、方针、政策,在政治上与发展路线相一致,为党的政治路线服务。当然,各个时期党的工作中心不同。因此,针对具体工作,应该采取相应的宣传思想策略。其次,走群众路线,教育群众更要向群众学习。坚持群众路线是党的事业取得胜利的关键环节。由于群众路线是指导党一切工作的基本工作方法,因此,宣传思想工作应该走群众路线。最后,宣传思想工作应重视效果,要有灵活性和策略性。宣传思想工作从来不是为了宣传而宣传,而是以最终效果作为成功的标准。要做到重视宣传的效果,就要坚持理论与实际相结合。重视理论学习,更要将知识付诸实践。

在中国特色社会主义理论体系稳步发展的过程中,党中央高度重视宣传思想工作,走出了一条马克思主义中国化的发展道路。在新形势下,党的领导核心对宣传思想工作提出了新要求。这就要求高校师生要认真学习中国化的马克思主义宣传思想理论,结合实际开展宣传工作,创新宣传思想工作理论,切实提高高校思想宣传水平。在这一实践过程中,高校师生可以借鉴党的宣传思想理念,以围绕中心、贴近群众、注重宣传效果与创新等方式,丰富当前高校宣传工作的核心内涵。

第一,围绕中心,创设多种途径营造宣传气氛。要全面推进高校师生精神层面的发展,就要从多方面开展工作。首先,要在高校大力加强党的理论宣传引导,加强中国特色社会主义和中国梦的宣传教育。中国梦是每一个国人实现中华民族伟大复兴的梦想,更是追求发展进步的现实诉求。要实现经济的全面发展，就应使宣传思想工作深入每个国人心中，让高校师生明确自己的社会角色与历史使命。其次，要为改革发展稳定大局营造良好的思想舆论环境。良好的思想舆论环境能为改革发展创造良好氛围，让改革发展的步伐更加稳健。营造良好的思想舆论环境，就是要加强高校信息传播的透明度和全面性，要倾听学生的心声。借助微信、微博等网络平台，高校可加强与学生之间的信息互动，引导他们理性、客观、全面地对各种社会事件进行分析与判断，从而促进社会的和谐与稳定。最后，要重视校园文化建设，增强校园文化软实力，促进教育事业的稳定发展。针对高校当中教师、学生群体存在的校同文化自信缺失、大学品牌概念模糊等一系列问题，要着力打造校园品牌，凝练校园精神。通过重视高校的精神文明与物质文化建设，拓宽宣传渠道，增强师生对校园的认同感，从而卓有成效地完成思想政治工作。

第二，创新调查，建立健全舆情收集研判与应对机制。"从群众中来，到群众中去"的工作理念，要求高校做到以调查促进宣传，以宣传促进调查，能动、发展地建立自身的宣传机制。作为科学研究的前沿阵地，当前高校思潮涌动，舆情复杂。到学生群众中去做调查，就是要亲自去调查、收集舆情，充分倾听学生群体中的不同声音。而建立健全舆情收集研判与应对机制，将有助于高校管理者客观地分析学生和教师的社会心理，从而更为及时有效地应对舆情。这要求高校在实际宣传思想工作中，要把预防作为首要工作。高校要通过心理健康辅导中心、辅导员心理辅导机制等多种方式，防微杜渐，及时引导教师、学生的言论。与此同时，高校应通过学生动员等方式，建立健全舆情收集研判与应对机制。在日常的教学生活中，通过师生之间、学生之间无障碍的交流，教师可以及时关注学生群体的思想动态，了解他们对社会焦点事件或校园突发事件等问题的看法；此外，舆情收集要全面、具体、及时，只有全面客观地反映舆情，才能透过校园这个"小社会"分析"大社会"。随着人们对微媒体等新兴媒体关注度的不断提升，网络舆情表达的手段也在不断创新；同时，表达手段的微型化使得国家对舆情的监管变得愈发困难。随着网络媒体影响力的逐渐扩大，高校的相关部门须及时应对，并加以引导。例如，2013 年 12 月 3 日，一则"外国青年扶摔倒女士遭索赔"的消息在网络各大媒体中迅速传播。尽管对普通市民而言，舆情复杂，实情难辨，但事发后，北京市公安局迅速展开调查行动，跟进调查，并通过官方微博"@平安北京"及时通报实情，澄清谣言。这一做法使得不利舆情迅速化解，成为官方处置网络舆情的成功范例。因此，高校应从中借鉴经验，通过建立健全舆情收集研判与应对机制，切实提升高校思想政治工作的水平。

第三，重视创新，理论实践"两手抓"。注重创新一直是党建工作的特色与亮点。在 2013 年的全国宣传思想工作会议上，习近平总书记强调："宣传思想工作创新，重点要抓好理念创新、手段创新、基层工作创新，努力以思想认识新飞跃打开工作新局面，积极探索有利于破解工作难题的新举措新办法，把创新的重心放在基层一线。"作为教育事业的基层一线，高校应该认识到创新在高校宣传思想工作中的重要性。21 世纪以来，作为继报纸、广播、电视之后的"第四媒体"，互联网中承载的信息呈几何增长态势。针对当代舆论传播方式的改变，宣传工作方式的创新变得尤为重要。在微博、微信、"人人网"等师生聚集的虚拟环境中，宣传工作要紧随其后展开，这也符合"到群众中去"的理论思想。具体到高校宣传思想工作方式上，可以从以下两个方面把握工作重心。一方面，高校应创新展示方式。例如，把文字、图片、电影、话剧等宣传方式融入互联网，让教师、学生可以足不出户接受宣传思想教育。运用这种宣传方式可以节省聚集教育对象的时间，提高了宣传教育的效率。与此同时，在校园内利用新兴的电子广告牌及时播发校内校外新闻，可以使师生随时随地了解身边故事和时事热点。另一方面，高校应创新交流方式。如今，互联网的多媒体宣传方式不仅能传播信息发出者的声音，而且有助于信息接收者之间、信息发出者与信息接收者之间思想的交流与碰撞。

以探讨、辩论的方式进行宣传教育，有利于推进思想宣传工作的多样性、灵活性、全面性。此外，在思想政治理论课的传统的授课方式基础上，也可以通过创建校内 SNS 网站，为师生探讨理论知识、新闻话题等营造互动启发式的教学环境。

（二）强化榜样力量，推动高校思想政治宣传工作

在高校思想宣传工作中，榜样教育是一条卓有成效的实施路径。从概念内涵来看，榜样是指具有正面示范作用的人物形象。它体现了先进的思想和崇高的人格魅力，是人们思考和行动的一种参照系。由于榜样形象具体生动、思想先进深刻，具有很强的感召力和说服力，因而，榜样教育是发挥先进典型的激励作用的一种行之有效的方法。作为思想政治教育的重要方法，通过宣传和学习先进人物的事迹，榜样教育有助于提升个体素质、提高社会风尚。借助榜样教育，落后的个体能控制、调节和矫正自身的言行，先进的个体能激励和鞭策自己，产生"你追我赶"的双向效应。正是因为榜样教育具有重要的社会教化作用，它一直被看作引导思想与行动的重要方式。然而，在个体独立性和自主性日益凸显的今天，人们对榜样教育的重视程度有所削减。是否应树立榜样？谁能成为榜样？榜样在多大程度上具有引领作用？在新形势下，榜样教育被赋予新内容，表现出新特征。鉴于此，高校思想政治教育应重新明确榜样教育在当代的作用与意义，充分发挥其社会辐射效应。

1.新形势下进行榜样教育的重要性

青年是祖国的栋梁和未来。青年的希望在于远大的理想抱负、深厚的文化素养、良好的心理素质与高尚的道德情操。因此，提高学生的思想文化素质成了高校责无旁贷的重要任务。而历史的发展表明，榜样教育是提高个人素质的重要途径。

从价值论的角度看，榜样展现的是一种价值取向。榜样教育反映了人们对某种价值观的普遍倡导，而选树和学习榜样则体现出个体对某种

思想或行为的价值认同。但是，榜样的树立和个体的选择并不是一致的、同步的，外部环境的影响使这种不一致性更加明显。在经济全球化的大背景下，国外思潮纷纷涌入，对我国传统的思维模式和教育方式产生了冲击。受西方文化的影响，部分人极力倡导个人独立和自由，把它看作思想和行动的最高原则。市场经济所凸显的价值多元化和个体自主性也被一些人误解。在这种环境下，有些学生对榜样教育的重要性和必要性产生了怀疑。他们认为，榜样教育是权力意志的产物，是实现个人的自由和个体的自主性的绊脚石。如今，战争年代和艰苦奋斗的岁月已经成为过去，以前所倡导的为国捐躯、刻苦耐劳的精神已经不合时宜。因此，他们感到迷惑：20世纪60、70年代的榜样有雷锋，20世纪80年代的榜样有张海迪、赖宁，20世纪90年代和今天的榜样又是谁呢？

表面看来，价值多元和主体性的发展似乎是对榜样教育的挑战，甚至是否定。但通过深入分析榜样教育在思想政治教育中的作用，不难发现，社会的发展不仅没有削弱榜样的作用，反而使高校榜样教育变得更为必要。

首先，高校榜样教育的重要性由榜样的内在特点所决定。法国社会学家塔尔德（Jean Gabriel de Tarde）在《模仿的定律》一书中指出，发明和模仿是最基本的社会行为。榜样是在特定的历史条件中形成的楷模形象，具有形象性、感染力和可模仿性的特点。而榜样教育加大了先进精神扩散效应，在实现楷模自身价值的同时，能激励和推动社会其他个体不断前进，带来深远的社会影响。榜样的先进事迹是抽象的伦理道德规范和政治思想原理的具体化、现实化。通过对榜样事迹的宣传和学习，学生能知悉哪些行为能带来正面的社会效应，哪些行为值得提倡和学习。这样能激励学生对自身的思想和行为进行规范与调节，以适应社会发展的需求。此外，榜样教育又能反过来勉励和推动先进人物继续提升自我。因而表扬先进、树立榜样能产生互动的双向效应，有利于思想政治教育工作的有效开展。

其次，高校榜样教育是学生个体发展的必然要求。从个体思想的发展历程来看，大学生与社会接触的机会增多，所承担的社会责任有所增加。但由于知识和经验的不足，文化底蕴不深厚，当理想和现实相冲突时，大学生往往难以把社会道德和社会精神与自身的实际言行结合起来。从个体心理的发展历程来看，大学生心理的发展仍处在一个尚未成熟、尚不稳定的阶段，心理素质也相对较弱。心理积淀的不足使大学生容易受外界影响，为人处世容易走极端，有时会采取偏激的方法解决问题。此时，给予学生正确的方向性引导显得尤为重要。而随着现代高校教育改革的进一步深入，榜样教育相对摆脱了传统的"打压式"的教育模式，多采用潜移默化的隐性教育，以具体的事例，使学生感到既真实又亲切。高校思想政治教育的重要目的之一是使学生确立正确的世界观和人生观，而不是在表面上或在短期内体现先进性。榜样教育能更好地促使学生的深层思维模式发生转变，提高高校思想政治教育的成效。

最后，高校榜样教育是社会发展的客观要求。本科生、硕士生和博士生是国家各方面人才的后备力量，是社会主义事业的建设者和接班人。他们的思想政治素质如何，直接关系到社会主义事业的兴衰。而现代的大学生多是在改革开放的时势下成长起来的新生一代，他们的思想意识比较开放，独立自主意识相对较强。这使得他们的注意力更加容易被新生事物所吸引。但并不是每个大学生都能对新生事物的本质进行分析鉴别，意志力相对薄弱的学生容易被一些带有迷惑性的思想所蒙蔽。面对自由主义、个人主义、享乐主义等形形色色的社会思潮的影响，如何能坚持正确的发展方向是当今学生亟待解决的问题。正确的方向需要正确的引导，正确的引导来源于正确的思想。沿着这一逻辑顺序，不难发现，以马列主义为指导的思想政治教育是坚持正确方向的理论基础，而榜样教育则是实现正确引导的重要方法。

多元文化背景下，高校榜样教育的重要作用更加凸显。实际上，文化的多元并不意味着否定榜样教育，两者并不存在截然对立的关系。相反，文化多元需要多个符合指导思想的楷模，即在马克思主义指导下的各条战线、各个岗位上树立的榜样。这将有助于学生有效地确立其学习和实践的准则。不同主体有不同的兴趣、爱好和目标。这一差异在不同层次的学生中表现得尤为突出。在榜样引导和主体选择的基础上，榜样教育不仅有了针对性，而且也增强了有效性。

高校榜样教育的重要性不仅是由其自身的内在特点所决定的，更是高校和社会发展的必然要求。因此，在社会发展的新时期，高校思想政治教育应当深入开展榜样教育，继续发扬楷模的先进精神，进一步提高大学生素质。

2.新形势下高校榜样教育的新特征

当今的中国已融入了经济全球化的浪潮。世界贸易组织的加入和各项世界活动的承办已充分证明了改革开放的成效。而社会的转变呼唤着高校教育的相应更新。与传统的高校思想政治教育中的榜样教育相比，新时期下的榜样教育不论在内容上，还是方法上都发生了深刻的变化，表现出新的时代特征。这些新特征的出现与社会发展密不可分。

从内容上看，高校榜样教育的题材有所拓宽，反映新时代的要求。高校教育的现实基础是经济、政治和文化的发展状况。因此，榜样教育也不能脱离社会。中华人民共和国成立之前，保家卫国是人们的使命，董存瑞、刘胡兰等烈士都是革命年代的英雄楷模。中华人民共和国成立以后，艰苦奋斗是干事创业的精神支柱，雷锋、王进喜、时传祥等榜样的先进事迹被广为传播。可见，传统的榜样教育多以革命战争、政治工作和阶级斗争为题材。而这些内容在高校榜样教育中一一得到体现。而改革开放和市场经济体制建立以后，精神文明建设有了新发展。合法竞争、诚实致富等与市场经济有关的精神凸现出来。此时，榜样的树立呈现出多样化特点。学生学习的榜样不仅包括基层工作者、党政干部，而且包括在商业领域中对社会发展有突出贡献的杰出人物。当然，这并不是说过去人们所推崇的英雄楷模已不再重要，社会的发展是承前继后的，以往不少英雄楷模的精神如今仍然焕发着不灭的光辉，他们的事迹激励着一代又一代的年轻人，在价值观念和行为判断等方面为他们树立了真实且生动形象的典范。

从方法上看，高校榜样教育的方式有所改变，表现出多层次、多方位、立体化的特征。科学技术的发展一方面带来了信息沟通的便利，另一方面带来了媒体行业前所未有的发展。与过去上令下行式的单一宣传方式相比，现代媒体的宣传渠道大大增加，非线性的传播模式替代了线性的模式。报刊、广播、网络等媒体传播方式层出不穷，深深地影响着人们的生活方式和思维模式。而媒体传播的综合性、即时性和感染性特点可以增强榜样教育的时效性。因此，现代的高校榜样教育并不局限于课堂，社会宣传也有助于教育目的的实现。有不少研究报告表明，大学生受网络等媒体的影响远远大于过去。因而，利用广播、报刊和网络等宣传途径能扩大教育范围和增强教育力度。

从环境上看，高校榜样教育受多种因素影响，教育环境的优化成为重要课题。过去，中国处于相对封闭的社会环境中，高校与外界的接触更是少之又少。国外思想的影响也不及现在广泛和深入。随着高校与世界的联系日益密切，多元的世界文化和价值观冲击着传统教育中相对单一的价值观。多元的文化价值观、各种社会思潮以及一些国外的生活方式也深深影响着学生的思维与实践。这些因素都影响着学生人格的培养，影响着高校榜样教育活动的开展。由于榜样教育有生动感人的特点，学生容易深陷榜样多元的选择误区。而环境能带来正面效应，也能带来负面效应。如网络教育在有效推广榜样教育的同时，它所创设的虚拟环境有可能削弱榜样教育的效果。因而，面对纷繁复杂的环境要素，高校榜样教育环境的开发与优化受到了关注。

通过分析高校榜样教育在新时期的特点，人们可以看到，高校榜样教育也在经历一个动态的发展过程。这一过程既是社会发展的客观要求，也是榜样教育继续保持自身生命力的必然要求。只有明晰了榜样教育在新时期高校思想政治教育中的重要地位和新特征，我们才不会武断地认为现代的榜样教育力量已经被削弱，甚至已经过时。也只有认识到它的重要性和创新性，高校榜样教育的发展才有理论依据和现实支撑。

3. 新形势下高校榜样教育的新发展

和平和发展两大时代主题为社会主义现代化建设营造了良好的国际环境，为我国社会的发展提供了许多机遇。但机遇背后隐藏着挑战。如果缺乏长远的、整体的眼光和创新的精神，缺乏动态的、发展的方针政策，缺乏与世界发展相适应的实践，我国就会错失发展的机遇。基于此，高校思想政治教育中的榜样教育应当综合传统与现代的合理要素，承前继后，不断开拓。

首先，高校榜样教育应当继续坚持正确的方向，更好地实现针对性、发展性和实效性的结合。作为高校思想政治教育的重要方式，榜样教育应当坚持正确的社会发展方向，以马列主义、毛泽东思想和邓小平理论为指导，符合学校思想政治教育的目的，适应社会发展的客观需求。

从高校榜样教育的成效来看，教育能否达到理想效果主要取决于其能否把针对性、发展性和实效性三个原则有机结合。针对性是有效性的前提，发展性是有效性的落脚点，实效性是教育的要求。只有在准确地把握时代脉搏、清楚地了解个体个性发展的基础上，教育者才能从实际出发，对不同的学生主体进行有主次、有区别的宣传教育。只有顺应时代潮流，用发展的眼光认真处理好现代与传统、民主与集中、适应性和创造性等的关系，高校榜样教育的效果才能不因时势的变化和冲击而削弱。也只有时刻关注教育的实效性，对其适当地强化和巩固，高校榜样教育的作用才能真正充分发挥。可见，三个原则的结合是高校榜样教育取得成效的重要保证。

其次，高校榜样教育应当做到善于发现榜样，客观展现榜样的真实面目，并且做好榜样追踪。榜样的发现和树立是教育的关键。榜样对个体的价值取向、思维模式和言行方式有着整体的、普遍的引导作用。如果不善于发现榜样、不正确树立榜样，那么受危害的将不是某个个体，而是整个群体。过去，我国的榜样教育曾出现随意拔高和神化榜样形象的现象，这不仅削弱了榜样教育的成效，而且使人们产生怀疑甚至否定。受这一现象的影响，高校榜样教育也曾出现偏差，严重影响学生学习榜样的积极性。因此，高校榜样教育应当客观展现楷模的先进事迹和高尚情操，而不能以偏概全，言过其实。为了勉励先进典型，教育者还应当对榜样进行追踪访谈，必要时应当对其进行培养，提高楷模的各方面素质，使楷模的形象和作用更加突出。

再次，高校榜样教育应当深化榜样内涵，深入挖掘榜样的精神。榜样的先进事迹是具体而生动的，但榜样的精神却有着深刻的内涵。榜样教育并不止于对先进典型的某种言行的模仿，更重要的是学习的个体能够把握先进典型的思想精髓。与其他社会个体相比，大学生的知识面相对宽广，理论修养也相对较高。深层次的理性思想并不构成榜样教育的障碍。如果高校榜样教育只限于对楷模具体事例的模仿，而缺乏对榜样进行系统的理论研究，那么榜样教育只会流于形式。现在有些学生之所以认为过去的英雄模范已经过时，是因为他们没有深入把握时代英雄的思想精髓，而是单纯以时代变迁的视角去否定榜样的作用。实际上，在现代社会的各个领域，传统榜样坚忍不拔、自强不息的精神仍然有其重要的现实意义。

此外，榜样的多元有时也会使学生迷失方向。有些大学生没有清楚认识榜样的内涵，混淆了榜样和偶像的界限，从而把两者等同起来。榜样指导的欠缺造成个别学生终日沉迷于偶像崇拜。可见，深入探讨榜样内涵，挖掘先进榜样的时代精神是高校榜样教育不容忽视的任务。

最后，高校榜样教育应当关注个体的发展，正确处理个性培养和榜样教育的关系。传统"大而全"的榜样教育模式内容相对集中统一，而宣传学习方式也相对单一。这种教育模式对思想和行为取向已经有了明确的定位，个体不需要对学习的榜样进行比较选择，因此教育的效果是相对一致的。除此以外，传统的榜样教育忽视了学生个性的发展，因而教育效果并不理想。

受西方自由民主思想的影响，现代大学生的自主性和独立性正不断增强。而个性培养发展到今天，已经受到社会各界（特别是教育界）的广泛重视。独立性和自主性被看作个体和社会发展不可或缺的特质。在多元的文化价值观和多样的个性彰显的新时期，如果高校榜样教育继续忽视学生的独立性和自主性，将大大影响学生学习的积极性，教育的效果也会大大降低。从本质而言，学生的个性培养和榜样教育并不存在绝对矛盾。榜样教育是从宏观上进行方向指引，个性培养是从微观角度对个体的独立能力和创新能力提出要求。所以，新时期下的高校榜样教育应当培养大学生的竞争意识，尊重个体的选择。

以上是新时期高校榜样教育应当重视的几个方面。但现代的教育环境比过去复杂得多，要保证高校思想政治教育的成效，仅止于这些工作并不足够。高校还应该建立必要的信息渠道，完善各项管理工作，如网络管理，建立和健全各种配套设施。而学校是社会的子系统，学校教育并不能脱离社会和家庭而单独进行，因此，教育者和社会各界应当同心协力，优化榜样教育的环境，开发榜样教育的新功能。

（三）优化思想政治理论课，拓宽高校思想政治教育的主要渠道

思想政治理论课是高校开展思想政治工作的主要渠道。2019年3月18日，习近平在学校思想政治理论课教师座谈会中指出："要用好课堂教学这个主渠道，思想政治理论课要坚持在改进中加强，提升思想政治教育亲和力和针对性，满足学生成长发展需求和期待。"因此，要提升高校思想政治教育的成效，就应当注重思想政治理论课的教学环节，针对现存问题，从教学理念、内容与方式等方面加以改进。

1.思想政治理论课教学内容的整合

课程内容是高校思想政治理论课的核心。它回答了教师应该"教什么"的重要问题。但与此同时，教师应在深入领会中央相关指导精神的基础上对教材内容进行有机整合。这是因为，一方面，目前教材的内容主要面向全国普通高校学子，因此，要使得教学更具有效性，就需要教师在把握各章节内容的重点和难点的前提下，结合学生的具体实际，理清教学思路与脉络，并有所侧重地选取分析角度，开展有针对性的教学活动。另一方面，当前课堂教学的课时十分有限，而思想政治理论课涵盖内容相当广泛。显然，面面俱到式的教学不仅会让教师无法完成教学任务，而且会削弱课程的吸引力，学生觉得不"解渴"。鉴于此，有必要根据中央精神，对课程内容进行融合，使教学更好地实现从教材体系向教学体系的转变。针对思想政治理论课如何对教材内容进行整合的问题，可以通过"思想道德修养与法律基础"这门大一新生课程来把握。

中共中央宣传部、教育部 2005 年颁布的《关于进一步加强和改进高等学校思想政治理论课的意见》明确要求，把原"98 方案"中的《思想道德修养》和《法律基础》整合为《思想道德修养与法律基础》（下简称"基础课"）。合并后的新课程并不是原有的两门课程的简单叠加或拼凑，它要求教师从根本上把"思想道德修养"和"法律基础"两部分融为一体，使之成为引导大学生提升社会主义道德修养与增强遵纪守法意识的有机组成部分。这一课程改革思路不仅客观地反映出道德与法律、以德治国和依法治国之间的逻辑统一关系，而且体现了对大学生思想政治素养的全面理解。

2.优化"基础课"课堂教学与实践

要从德法融合的角度提升"基础课"的成效，应从两个层面入手：一是让他们理解与认同道德与法律的重要性，并自觉践行道德与法律规范；二是明辨道德与法律的异同关系，培养他们判断复杂社会问题的能力。而后者是在前者的基础上确立起来的。

从第一个层面来看，针对当代大学生的德法素质状况，"基础课"教学可从以下方面加以改进。

第一，立足学生原有的价值观，加强教学针对性。相对于大学阶段而言，学生在学前教育和基础教育阶段形成的道德与法治观念可被称为价值"前结构"。它反映了"基础"课授课对象原有的素质水平，同时是教学的始发点。根据认识发生学的基本理论，外部信息能否被感知，取决于主体对该信息的熟悉程度和信息的新颖程度，过于陌生或过于熟悉的信息都难以引起主体的兴趣。换言之，假如"基础"课的教学内容过于简单或者晦涩难懂，与学生的价值"前结构"脱节，那么，教学成效将被大大削弱。当前，大多数学生已明晰道德与法律的意义，遵守社会公德，了解基本法规，并在一定程度上秉承了中华民族的优秀传统。这意味着，"基础"课的讲授重点不应停留在详细阐述日常道德规范或法律常识等学生已经明确的问题上，而应注重从理论和实践角度培养学生正确的价值观念，修正原有的偏激或不合理的价值判断。

第二，拓宽教学思路，深化教学内容。鉴于大学生已理解了基本的道德与法律常识，教师应根据教学对象的德法素质现状来调整与设定教学内容，实现从教材体系向教学体系的转变。对此，教师应注重对学生的元理论教育。以道德为例。与规范伦理相比，元伦理主要是从形而上学的角度对伦理道德的根源与确立、内涵与意义等问题进行探讨。大学生在认识道德规范、建构道德体系过程中往往会追问：道德是怎样形成的？为什么要遵守道德规范？遵守哪些道德规范？这一系列问题都属于元伦理领域。虽然一些大学生通过课堂知道社会要求遵守道德规范，但是他们却不理解遵守道德规范对个人与社会发展的必要性与重要性，进而没有合理看待个人利益、集体利益与国家利益之间的关系。元伦理知识的教授不仅有助于提升学生的道德认知能力，为道德规范的认同与遵守提供合理性与合法性基础，同时有助于他们建立完整的道德观与价值观，使道德认识更加深入、道德信仰更加持久。因此，高校道德教育应从伦理发展史、伦理原理等方面充实道德教育的内容。

第三，从教学方法的角度来看，教学既要讲求现实性和针对性，也要兼顾深刻性与普遍性。而采用启发式教学和案例教学的方式能更好地达到教学目的。如在讲授公共生活中涉及的道德规范时，除澄清社会公德涵盖的主要内容以外，教师还可引入余秋雨、梁启超和柏杨等人对中国公德状况的评价，借此引导学生从社会教育、公民素质、社会制度、传统文化等视角反思，为什么社会中存在着诸多违反社会公德的行为，如何看待私德盛而公德衰的现象，以及应从哪些方面增强公德意识和维护公共秩序，等等。相反，假如教师侧重于讲授社会公德及其表现形式等高中政治课的知识点，这不仅难以激发学生参与课堂的积极性，而且容易使他们产生厌学心理。又如，通过"苏格拉底式的诘问"等问题式教学法，以类似《论语·子路》中的"父攘羊"事件创设道德两难困境，都有助于引导学生理解道德，唤起他们思考道德问题的主动性；同时有助于他们参与课堂，在讨论中"自主地"得出教师预设的结论，并自觉将其内化为自身的行动准则。因此，教师需要从课程的深度和广度等方面吸引学生的注意力，让他们在启发式教育中，进一步提升道德和法律判断力。

第四，明确教学方向与重点，增强学生的法治意识。针对大学生的违法行为，有教师认为，不懂法是学生做出违法行为的主要原因。因此，部分教师在课堂中花大量时间给学生讲授各部门法的相关规定。但实际上，法治意识才是影响与制约大学生行为的根本原因。也就是说，学生做出违法行为主要是因为他们的法治意识不牢固，甚至法治意识淡薄，从而在面对利益诱惑时缺乏判断力，而不在于他们缺乏具体法律条文的指导。实际上，在资讯发达的现代社会，学生并不缺乏了解法律知识的渠道。同时，经整合后的"基础"课，法律部分的课时大大压缩，教师无法在课堂上对各部门法面面俱到。故而，围绕如何强化法治意识的问题，教师应着力让学生理解我国的法治精神，培养社会主义法治观念，明确法律权利和义务，提高其运用法律手段解决问题的自觉性，而非单纯向学生解释具体的法律条文，或者让他们以死记硬背的方式记住某些具体的法律法规。

第五，结合第一课堂和第二课堂，构建立体式教育模式。第二课堂是第一课堂的有力延伸，它能弥补课堂教学中容易产生的"一言堂""满堂灌"的不足，为学生发挥自身的主动性和创造性提供良好平台。因此，教师应该利用社会实践的方式或借助大型庆典活动的契机，开拓第二课堂的空间。例如，"爱国主义"专题。2021年是中国共产党成立100周年，全国各地都在开展庆祝活动。教研组老师可以与学校学工部或学生社团建立合作关系，通过组织宣誓仪式、征文活动、歌唱比赛和党史党章知识竞赛，组织优秀党员代表做报告，邀请党史研究者讲授五四精神、长征精神、西柏坡精神和井冈山精神，邀请老红军回忆讲述革命时期可歌可泣的感人故事，邀请各领域的优秀党员专家畅谈奉献精神和敬业精神，等等。与此同时，参观纪念馆、博物馆、展览馆、革命遗址等活动，也能让学生在红色之旅中重温历史，激发其爱国情怀，使其思想得到进一步的洗礼与升华。此外，教研组教师还可以跟院系合作，指导学生参加暑期实践、志愿活动等，使他们将个人成才与国家需要紧密结合起来，增强其社会责任感和使命感。

第六，完善教育考核体系，使之充分反映大学生的德法素质。考核是对教育效果的反馈与反映。评估制度和量化机制的不同，会对教育成效产生不同的影响。传统的素质教育考核主要采用单一的卷面测验形式，借助填空题、选择题、判断题与问答题等题型来要求学生给出与指定规范相一致的答案。这种测评方式一方面导致了教师沿用应试教育的授课模式，另一方面也使学生以背诵、默写等工具性的学习形式来认识伦理规范，而没有真正透彻理解道德规范的意义。从表面上看，学生似乎习得了某种社会规范，实际上，高分背后隐藏着大学生合理的价值观的缺失。教师应当改变这种应试教育的评估方式，不能仅通过一两次的中

（终）期考核就贸然断定学生的道德素质水平。在课堂考核过程中，教师可以扩大分析题的比例，这不仅可以考查学生的认知与分析能力，同时，学生的判断标准为教育者了解受教育者的道德状况与法治意识，从而有针对性地开展教育提供了方向。除卷面考核以外，大学生在课堂表现、活动参与和实践生活中的表现，以及辅导员与同学之间的评价也有助于教育者做出更加客观的评价。

教学内容、教学重点、教育方法和考核体系等构成了"基础课"教学与实践的重要环节。采用有针对性、全方位的课堂教学模式与实践模式，有利于加深大学生对道德与法律的认同，增强大学生遵守社会规范的意识，从而为实现"基础课"德法融合提供坚实的基础。

（四）加强校园文化建设，营造高校思想政治教育的良好氛围

文化是育人的重要途径，是高校开展思想政治教育工作不可忽视的重要抓手。与"灌输式教育"等直接教育方式相比，虽然文化育人的方式主要采用间接教育模式，但其潜移默化的形式往往更容易让教育内容被学生认同与接纳，其教育效果也更为显著。因此，高校思想政治教育工作应遵循文化传播的规律，根据大学生的认知规律和特点，营造、维护与优化校园文化氛围，加强对思想文化阵地的建设管理，充分发挥文化育人的作用，增强学生的文化自信。

1.构建立体化的文化空间

好的文化是高校建设的核心维度，是提升高校形象的重要方式。作为文化发展的中心，高校承担着文化创造与传播的重要责任，在提升国家文化软实力方面肩负着不可推脱的历史使命。能否发挥积极的社会辐射作用，以及能否为社会和国家的建设与发展提供智力支持与精神保障，在一定程度上取决于高校的文化建设成效。

文化对人们的作用与影响反映在生活的方方面面，在校园的各具体场域也都有所体现。鉴于此，高校建设校园文化不应仅仅满足于某个方

面的改进，而应把文化建设看作一项系统的、长期的、可持续的重要工程。在竞争日益激烈的教育市场中，高校也应具有文化自觉，把握文化的基本机理，挖掘自身的文化底蕴，充分调动有利的资源，构建立体化的文化空间，形成独特而又积极的文化氛围。

作为一个内在的观念系统，大学文化的内涵相当丰富和复杂。从文化的层次角度来看，大学文化可划分为四个层次，即精神文化、制度文化、学术文化和环境文化。它们彼此联系，同生共长，是由高校师生在共同活动中所逐渐形成的思想、精神、意识乃至行为习惯，强调的是师生的科学素养和人文精神，表现为一种共同的行为准则、价值观念和道德规范，具有理想性、神圣性、学术性和批判性的特征。以文化来加强高校思想政治教育，应从关注影响大学生思想观念的众多因素着手，建构立体化的文化网络体系。

首先，从环境文化入手。环境文化是基础性文化，也是表层文化的体现。通常而言，校园环境文化涵盖了以物化形态表现出来的景观，以及它们所映射出的理念和精神世界。校园环境是培养学生的主体环境，是大学教育中的无声课堂。在讲求视觉文化的今天，高校中所配备的教学楼、实验室、图书馆等校园物质构件，不仅能为师生提供良好的学习与生活场所，而且能带给师生美的享受，浸润他们的心灵。而诸如学校标识、校园环境和学校典礼仪式等也能陶冶他们的性情。例如，繁华掩映，楼阁满芳的武汉大学；芙蓉为裳，坐拥山海的厦门大学等。可见，校园环境成了一所高校的名片，是一所高校不可多得的物质文化资源。

其次，注重精神文化建设。武汉大学前校长刘道玉指出："大学精神是关于大学建设的一种先进的理念，是关于办学方针、政策、目标、价值观念等思想意识最高、最精辟的概括，它对于高校建设起着长期的、关键的作用。"[①] 大学精神根植于大学决策者和师生之中，使他们自觉地

① 刘道玉. 论世界一流大学的建设：从创造性与大学精神谈起［J］. 高教探索，2004（2）：4 - 9.

恪守着大学精神，抵御各种诱惑和腐蚀，规范大学行为，指引发展方向，始终朝着大学的历史使命进发，探求真理。活跃的精神创造活动长期引领着文化的进步，促进了新的价值体系的形成，因此，大学精神文化建设成了非常重要的内容。

但是，随着经济体制深刻变革，社会结构深刻变动，利益格局深刻调整，思想观念深刻变化，国内高校在某种程度上存在以下现象：重技术轻人文，重知识轻心智，重物质轻思想。因此，学校的精神文化建设有待提升。在建设国际形象过程中，高校应注重校园精神文化的提升。校园文化具有育人功能。大学精神充分体现、弥漫于校园文化中；身居其中的大学生也不知不觉地受校园文化的影响和熏陶，表现出不同的性格特质。与课堂教育的显性方式相比，它具有"春风化雨、润物无声"的特征，能潜移默化地影响学生的思想观念、价值取向、行为方式。校园文化的核心内容是精神、价值、作风和理想追求，美丽的校园环境只能给人留下表面印象，而校训、校风、教风、学风等价值层面的内容才真正给人以深刻的启迪和实实在在的影响。健康的校园文化有利于弘扬大学精神，有利于推动和谐校园建设，有利于培养德智体美全面发展的合格人才和国家栋梁。世界知名大学的校园都构建出了极富传统、品质和特色的文化氛围，为学校的国际声誉和国际形象提供了独特、持久的支撑。因此，以传承人类文明与培育社会英才为己任的高等院校应重视校园文化建设。鉴于校园文化的重要育人功能，人们更应正视高校培育校园文化过程中存在的误区。如片面地把校园文化等同于物质文化，忽视精神文化层面的建设；又如，校园活动虽频繁、多样，却缺乏整体性和持续性，忽视了活动内容的深度和广度，学生急功近利的浮躁心态致使校园文化形同"快餐文化"；再如，面对复杂多变的社会形势，学校对非主流文化在校园的传播和影响缺乏足够的关注。这些认识误区不仅削弱了文化的育人成效，而且有可能使文化发展偏离正轨。因此，高校的校园文化建设要体现社会主义办学特色，以社会主义核心价值观为根本，坚持正确方向，把握时代契机，多维度、全方位、立体化推进。

再次，立足学术文化建设。世界一流大学的学术文化往往是积极向上、勇于探索、求真务实和严谨细致的，良好学术氛围的营造，可以有效推动和积极鼓励高校师生科研活动的开展。知识经济时代，学术文化成为高校特别是研究型高校塑造自身形象的重要基石。鉴于此，"大学学术文化力"作为一个全新概念被人们提出。这也被认为是启"民智"的重要内容。所谓大学学术文化力，是指将大学内一切有效的可利用、可创设的资源和学术条件有机地组织协调起来，通过培养创新性人才、发展科学知识和科学研究、创造优质学术成果或产品，向社会提供服务，促进经济社会发展和文明进步，从而显现推动力和产生的影响力。对大学学术本质的根本把握，对大学学术文化力从内在到外在、从显性至隐性、从物质到精神的全面力量的有机发动和转换、释放的过程，是立足高等教育宏观管理角度的理性思考，对大学在提高文化软实力中的责任与地位进行分析，抽绎出了一个大学学术文化力的全新概念和命题，旨在通过它的提出引起学界和高等教育界对学术文化力的高度关注，并引起其对大学学术文化力问题的进一步研究。学术创新是大学生命的灵魂，学术文化是生命和灵魂凝结的精粹。正是从这一本质意义的理解出发，人们从文化学研究的视域和高等教育管理学的角度，强调加强高校文化建设和构建学校文化软实力的目标。从内涵来讲，学术文化一方面体现为高校师生在科研学术方面做出的贡献，另一方面体现为学风、学术氛围、学术传统。就高校思想政治教育而言，后者是更应受到关注的方面。

最后，把握好制度文化建设。制度文化建设是大学文化运行的主导系统。它是文化建设的关键所在，为现代大学精神的构建搭建了体制平台。大学的制度文化主要指学校的各种制度，包括分配制度、干部制度、人事制度、学籍管理制度等，保证学校正常运行的组织形态、群体行为规范、习俗，各种管理规章与纪律，以及所建构的激励环境等方面。一所大学的制度文化往往反映了该学校的历史传统、校园意志和特征面貌。与此同时，大学形象的树立与发展、传延与变革有赖于大学制度文化的理性引导。高水平大学应以制度为纽带，促进传统文化与现代文化的和谐共生；以制度为核心，构建崇尚科学、民主、自由的现代大学精神。

　　就思想政治教育工作的开展而言，高校可充分利用上述资源，通过多种具体方式和手段，多渠道地拓宽文化育人的平台。在应当利用哪些文化来育人，以及如何推进高校校园文化建设，为思想政治教育工作创设良好环境等问题上，国务院和教育部印发的两个重要文件具有很强的指导性。例如，2017 年 2 月中共中央、国务院印发的《关于加强和改进新形势下高校思想政治工作的意见》明确指出："要弘扬中华优秀传统文化和革命文化、社会主义先进文化，实施中华文化传承工程，推动中华优秀传统文化融入教育教学，加强革命文化和社会主义先进文化教育，深化中国共产党史、中华人民共和国史、改革开放史和社会主义发展史学习教育，利用我国改革发展的伟大成就、重大历史事件纪念活动、爱国主义教育基地、国家公祭仪式等组织开展主题教育，弘扬以爱国主义为核心的民族精神和以改革创新为核心的时代精神。"而教育部发布的《高校思想政治工作质量提升工程实施纲要》不仅把建立文化育人质量提升体系作为重要任务，强调要"注重以文化人以文育人，深入开展中华优秀传统文化、革命文化、社会主义先进文化教育，推动中国特色社会主义文化繁荣兴盛，牢牢掌握高校意识形态工作领导权，践行和弘扬社会主义核心价值观，优化校风学风，繁荣校园文化，培育大学精神，建设优美环境，滋养师生心灵、涵育师生品行、引领社会风尚"；而且谈到了以文育人的具体实践途径，即"推进中华优秀传统文化教育，实施'中华经典诵读工程''中国传统节日振兴工程'，开展'礼敬中华优秀传统文化''戏曲进校园'等文化建设活动，展示一批体育艺术文化成果，建设一批文化传承基地，引导高雅艺术、非物质文化、民族民间优秀文化走近师生。挖掘革命文化的育人内涵，实施'革命文化教育资源库建设工程'，开展'传承红色基因、担当复兴重任'主题教育活动，组织编排展演一批以革命先驱为原型的舞台剧、以革命精神为主题的歌舞音乐、以革命文化为内涵的网络作品；有效利用重大纪念日契机和重点文化基础设施开展革命文化教育。开展社会主义先进文化教育，开展高校师生社会主义核心价值观主题教育活动，推广展示一批社会主义核心价值观教育典型案例，选树宣传一批践行社会主义核心价值观先进典型。大力繁荣校园文化，创新校园文化品牌，挖掘校史校风校训校歌的教育作用，推进'一校一品'校园文化建设，引导高校建设特色校园文化；实施'高校原创文化经典推广行动计划'，支持师生原创歌剧、舞蹈、音乐、影视等文艺精品扩大影响力和辐射力；广泛开展'我的中国梦'等主题教育活动，推选展示一批高校校园文化建设优秀成果。建设美丽校园，制作发布高校优秀人文景观、自然景观名录，推动实现校园山、水、园、林、路、馆建设达到使用、审美、教育功能的和谐统一。广泛开展文明校园创建，评选'全国文明校园'，把高校建设成为社会主义精神文明高地。"这为构建立体化的文化空间，推进校园文化建设，提升高校思想政治教育成效提供了重要参考。

二、优化舞蹈课程思政教师队伍建设

在当前高校学生开展思想政治教育的过程中，教师的理论水平、心理素质、艺术修养等，对于学生思想政治教学的质效有着决定性的作用。只有高素质的思想政治工作者才能培育出具有健康价值观的合格人才。特别是对于艺术类专业学生的思想政治课教师而言，其既要懂政治也要懂艺术，既要讲党性，又要有灵活多变的教学方法和手段，从而不断提高思想政治教育工作的感召力和渗透力。而中国目前的高等院校，虽然按专业分为众多课系教师队伍，且学校也很重视对其队伍的建设和培养。但很少有高校针对学生的思想政治教育要求进行教师队伍的培养和建设，并且高校有不少专业教师在对待其教学课程上存在认识误差，认为专业任课教师的任务是就是传授专业理论，而学生的思想政治教育工作与他们则无关。为此提高高校舞蹈专业学生思想政治教育相关教师的综合素质也成为人们需要关注的一个问题。

（一）提高思想政治理论课教师的授课水平和艺术修养

当前，高校艺术类专业学生的思想政治课教师，几乎都是思政相关专业的毕业生，其长期集中精力从事思想政治的教学和研究工作，有足够的专业积累，但是，其也会因为对所学专业专注度过高，而造成其教学思维的局限和教学模式固化。为此，这些教师应从以下方面进行改善。

首先，思想政治课教师要有意识地培养自己的艺术修养，切实提高自身的艺术文化素养。教师可以通过阅读舞蹈专业方面的著作或期刊、多听艺术专业教授的讲座，以及观看相应的舞蹈专业演出等，开阔自己的艺术眼界，提升自身的艺术修养。艺术修养的提高是一个长期的、不断实践的过程。高校思想政治课教师要利用一切可以利用的校内和校外资源，不断提升和丰富自己的文化品位和艺术内涵，并通过寻找思想政治教育与艺术修养融会贯通的切入点，将自己的人文素养升华为人格魅力并贯穿整个理论课的教学过程，从而促使学生"亲其师，信其道"①，这无疑会对教师展开思想政治教育起到事半功倍的作用。其次，教师要改变传统灌输式的思想政治教育模式，提高教学授课水平。具体而言，一是教师应注意通过使用时代化、潮流化的的语言感染学生，使学生产生共鸣。思想政治课教师要用诙谐幽默的语言，同时辅以相应的语气和情感，渲染教学气氛，从而和90后、00后学生进行良好沟通，获得他们的认同和喜欢，最终促使思想政治教学达到事半功倍的效果。二是教师要学会在教学过程中与学生进行有效的沟通。由于高校舞蹈专业学生的性格较为开放，因此要做好其思想政治教学工作，教师先要学会和学生做朋友，了解他们的想法，从而有针对性地增加教学影响力。思想政治

① 乐正克. 学记［M］. 潜描金，译注. 杭州：浙江古籍出版社，2011：39.

课教师在教学过程中要注重情感的运用，引起学生在感情上的共鸣，进而较容易地接受教师所传授的知识、观点。三是教师应站在学生的角度，用学生感兴趣的案例进行教学，进而引发学生思考。好奇心和求知欲存在于每一个人身上，只要能够运用合理的手段和方式进行引导和教育，完全可以使学生对思想政治教学内容产生浓厚的学习兴趣。

（二）提高舞蹈专业课教师道德素养和人文素质

当前，高校有不少专业课教师在对待其教学课程上存在认识误差，认为专业课教师的任务就是传授专业理论，而学生的思想政治教育工作与他们无关。其实，舞蹈专业的任课教师在学生思想政治教育工作中具有其独特的作用。苏联教育家马卡连柯在总结教育教学实践经验的基础上提出，教师在学校工作中有两种基本职能——教学职能和育人职能。同时，由于高校艺术类专业的学生对于专业课很重视，因而其对专业任课教师也较为信任，因此高校专业任课教师能起到非专业教师所不能起的特殊作用。由此可见，高校舞蹈专业课教师应充分认识到教师是人类灵魂的工程师，并从以下几方面不断提高自身道德修养和人文素质，实现其传授专业知识，培养学生思想品德的"教学"和"育人"的双重职能。首先，专业课教师应注重自身思想道德修养的提高。一方面，专业课教师要做到乐教敬业，理解、关心、尊重和热爱学生；另一方面，专业课教师要牢记育人职责，在日常教学中严格要求学生，并随时掌握学生的学习动态和帮助学生解决学习上的困难，从而使其既是治学严谨、博学慎思的严师，又是平易近人、坦诚相待的朋友。其次，专业课教师要做到遵纪守法、为人师表、以身作则、以身立教。再次，教师要注重培养自身健康的个性品质，包括广泛的兴趣、坚强的意志、开朗的性格、平和的心境和健康的情绪，以自身良好的性格品质影响和引导学生对于真、善、美的思想追求。最后，专业课教师要勤于钻研，不断提高自身专业知识教育管理水平，把育人工作贯穿教师工作的全过程。此外，教师所在的高校要高度重视任课教师教学理论的学习和实践，同时建立健全对任课教师的教师岗前培训制度和学生导师制度，并把任课教师对学生的教育管理列入教师考核之中，从而促使教师重视对自身教学和管理水平的提高。

（三）提高班主任及辅导员的职业道德和教学实践水平

在高校舞蹈专业学生的学习中，班主任和辅导员是与学生接触时间最多的教师，肩负着做好高校学生思想政治教育工作的重任。为此必须切实提高高校班主任及辅导员队伍的职业道德和实践经验，从而有效实现对学生长期的、可持续的思想政治教育。要提升班主任及辅导员的教学实践水平，首先，要做好班主任、辅导员的选聘工作。学校应以政治强、业务精、纪律严、作风正为标准，以组织推荐和公开招聘相结合的方式进行班主任、辅导员的选聘工作，从校内党员教师和党政干部中选聘德才兼备、立场坚定、潜心教书育人、坚决维护党和国家的利益及高校稳定，热爱高校学生思想政治教育事业的人员担任辅导员或班主任。同时要注意中青年教师和人员数量的搭配，使这支队伍真正成为高校舞蹈专业学生思想政治教育的指导者和引路人。其次，高校要加强对班主任和辅导员的专业培训。由于班主任与辅导员长期从事一线学生的日常教育和管理工作，因此需要不断提高其自身的专业素质和教学水平以适应学生不断发展的教育需求。但是，由于班主任和辅导员的日常工作十分繁重，因此靠其自身意愿很难从繁忙的工作中抽出时间进行学习。这就需要高校相关领导在切实提高思想政治教育教师干部的待遇外，组织他们定期培训，定期举行各高校班主任、辅导员关于学生思想政治工作的经验交流会，从而加强和提升班主任辅导员队伍的思想政治教育工作水平。再次，学校要加强对班主任和辅导员的职业道德培养。班主任和辅导员是高校舞蹈专业学生和学院之间沟通的桥梁，因此他们的一言一行不仅仅代表本人，更代表了学校。特别是高校班主任和辅导员手中掌握着班干部任命、奖学金评定、入党名额、演出机会等直接影响学生利益诉求的实务，如果不能很好地规范其言行而在相应的实务工作中缺失公平，则前期所做的一切工作和努力都会功亏一篑。最后，高校班主任、辅导员自身要注重教学实践水平的提升。作为处在学生思想政治教育工作第一线的教育工作者，其要在体现时代感和增强实效性的前提下，勤于思，敏于行，善于发现问题并及时解决问题，从而在不断发现和解决学生思想政治问题的过程中积累教学实践经验。班主任和辅导员是与学生接触最多的教师，所以他们应及时了解学生的思想动态，并将其准确地反映给专业课教师和思想政治课教师，这有利于各层次教师及时妥善地处理突发事件。同时，班主任和辅导员要及时解决学生的实际问题，特别是当学生出现一些不正常的情绪波动时，班主任和辅导员更要及早与相关人员联系，从而把思想政治工作落在实处，最终实现学生思想政治水平和学校教学管理水平的不断提升。

三、挖掘舞蹈课程思政元素

（一）引导学生确立马克思主义科学信仰

由于大部分高校学生会经历形成身份认同、产生认同混乱或出现认同危机等阶段，因此，在这一重要的过渡时期，高校应着力引导大学生深刻认识马克思主义作为科学信仰的内涵，应通过开展理想信念教育等帮助学生树立正确的世界观和人生观。

首先，帮助学生确立马克思主义的科学信仰。马克思主义是我国发展的根本指导思想，是中国共产党理想信念的灵魂。它深刻揭示了人类社会发展规律，为社会发展指明了方向，为人们认识世界与改造世界提供了科学方法，为个体创造有价值的人生提供了重要指引。在纪念马克思诞辰200周年大会上，习近平总书记发表重要讲话，他强调："马克思主义是科学的理论，创造性地揭示了人类社会发展规律；马克思主义是人民的理论，第一次创立了人民实现自身解放的思想体系；马克思主义是实践的理论，指引着人民改造世界的行动；马克思主义是不断发展的开放的理论，始终站在时代前沿。"正是由于中国共产党始终强调要信仰马克思主义，树立正确的理想信念，红军才能取得长征胜利；正是由于中国共产党始终强调要信仰马克思主义，树立正确的理想信念，我国才能在党的领导下克服重重困难，在革命、建设、改革等过程中不断创造辉煌。故而，马克思主义是法宝，是重要的指导思想。因此，高校思想政治教育应帮助学生把握马克思主义基本原理，并在此基础上使其确立马克思主义的科学信仰，做到真懂、真信、真用。

其次，正确把握马克思主义宗教观的内涵与马克思主义宗教观中国化的规律。马克思主义是中国共产党和我国的根本指导思想，是中国特色社会主义核心价值体系的灵魂。而高校是人才培养基地，是引导青年学子树立正确观念的重要载体，因此，高校要重视宗教问题，在宗教问题上坚持马克思主义立场，加强马克思主义宗教观的宣传教育，认真落实党的宗教工作方针政策和国家有关法律法规，提升师生对待宗教问题的分析判断力，营造和谐向上的校园环境。这要求人们要全面认识宗教具有的历史性和长期性特点，认清宗教问题与政治、经济、文化、民族等的复杂关系，掌握宗教工作面临的新情况和新问题，在信仰上尊重与在生活中帮助信教师生，激发其爱国热情与建设中国特色社会主义事业的积极性，使他们在拥护中国共产党的领导和社会主义制度、热爱祖国、维护祖国统一、促进社会和谐等重大问题上达成共识。

再次，以多种方式有针对性地进行疏导与教育。由于宗教的存在具有历史性和长期性特点，因此，在学生信教问题上应区别对待，突出工作重点。诚如毛泽东同志所指出："我们不能用行政命令去消灭宗教，不能强制人们不信教，不能强制人们放弃唯心主义，也不能强制人们相信马克思主义。凡属于思想性质的问题，凡属于人民内部的争论问题，只能用民主的方法去解决，只能用讨论的方法、批评的方法、说服教育的方法去解决，而不能用强制的、压服的方法去解决。"① 基于此，高校应从实际出发，采用有针对性的方式引导与教育不同身份的学生。就尚未加入宗教团体的学生而言，高校应加强对这些学生的马克思主义宗教观教育，帮助他们理性且全面地认识宗教的本质和发展规律。对共产党员或入党积极分子，应严格党的组织生活，发挥党团作用，增强党支部的凝聚力和战斗力，强化其原有的正确观念，切实有效地防止和消除宗教活动对共产党员的影响。与此同时，应鼓励党员发挥先锋模范带头作用，热心帮扶学习和生活上有困难的同学。对部分因好奇而主动接触宗教的学生，应通过列书单等方式推荐他们阅读相关书籍，借此揭开宗教神秘的面纱。对基于家庭、学习、人际交往、思想等方面的因素而成为"望道者"或"慕道者"的学生，特别是少数民族学生，应予以重视，及时了解他们的需求和思想动态，尽可能帮助他们解决实际困难，消除心理问题产生的现实根源，使其切实感受到关怀和温暖，增强集体归属感。除此以外，开展丰富多彩的校园文化活动和进行积极的心理辅导也有助于学生拓宽兴趣视野，消除思想困惑，正确看待与应对思想问题，从而自觉抵御西方意识形态与境外的宗教渗透。对信教学生，高校在坚持"政教分离"的原则、强调学校纪律与禁止在校内开展宗教活动的同时，应切忌以行政命令的方式粗暴地干预个人信教行为，而应动员他们到经登记的宗教活动场所参加正常的宗教活动，防止他们组织参与破坏国家统一和民族团结的活动或违反国家法律法规。

最后，把握教育规律，改进工作方式，加强思想引导。处于大学不同阶段的学生需要应对的问题不尽相同。由于以高考为指挥棒的学生在进入大学校园后对学校环境的不熟悉，加之学生需要逐步适应大学的学习节奏，这一阶段的新生不仅对所学专业和学习方式缺乏必要的认识，而且在适应新环境和人际关系等方面也有所困惑。这一阶段的学生由于

① 冯今源. 引导宗教与社会主义社会相适应的理论与实践［M］. 北京：中国社会科学出版社，2009：136.

缺乏鼓励与关心，容易走极端，进而在各种诱因下加入宗教组织。尽管如此，在某种意义上，这正是高校开展系统的思想教育，引导学生确立正确的人生观和价值观的最佳时期。除此以外，大学三年级向大学四年级过渡的时期也有必要加强思想教育。这一时期具有承上启下的作用。处于该阶段的学生虽然已适应大学的生活学习节奏，但随着与社会接触的机会日益增多，他们在学校学习理论课的同时，要直面就业等现实问题，从而产生困惑与焦虑。鉴于目前的思想政治理论课大多在大学一、二年级开设，此后缺乏较系统的思想教育课程，高校应当通过校园活动、讲座报告、网络媒体等方式，强化与巩固教育效果。

值得一提的是，由于部分教师并没有认识到哲学在帮助大学生认同马克思主义宗教观与坚定崇高信念时发挥的重要作用，因此，他们往往采用灌输式的方式，导致教育效果不尽如人意。有调查显示，当被问到对信仰教育的满意程度时，52.27%的受访学生表示不满意或很不满意。其中，认为"内容枯燥、缺乏吸引力""理论与现实相脱离，难以被接受"，以及"没有说服力"的学生分别占35.19%、29.27%和19.86%。[①]这表明，在进行科学信仰教育时，教师应当改进教育方法，结合个体思维和学科的特点，提高教学质量。实际上，思维系统的整体性表现为不同的思维层次的相互作用与相互影响，而思维的各个层次无法相互取代、相互消解。思维系统的层次性反映在学科关系上则体现为，处于理性层次的科学与处于世界观层次的宗教难以直接对话。这导致科学即便可以在一定程度上动摇宗教信仰的基础，却无法直接取代宗教——因为两者处于不同的思维层次，解决的是不同的问题。实质上，能够与宗教直接对话并产生效力的是与它处在同一个思维层次上的哲学。所以，一种好的哲学就是宗教的克星。主张取消形而上学无疑是给宗教留出了空间。鉴于此，班主任或辅导员在开展思想政治工作时，应充分意识到哲学的

---

① 伍揆祁．思想政治教育人文关怀论［M］．北京：中国社会出版社，2007：21 - 26．

作用，注重从世界观层面引导学生认同与强化马克思主义信念。在教育过程中，除思想政治理论课以外，高校还可开设相关的选修课程。应当澄清的是，开设这类课程的目的并非在于满足信教学生特殊的宗教需求，而是为了通过客观全面地讲授宗教知识与给予合理评析，让学生理性认识宗教的起源、本质、发展和消亡规律，以及作用和影响，提升学生分辨邪教的能力，并适时利用马克思主义宗教观的核心思想加以引导，避免学生因猎奇或认识模糊而被诱导入教。

在引导学生树立科学的理想信念过程中，高校除开展有针对性的思想引导与教育以外，还应坚持教育和管理双管齐下的原则，认真贯彻落实国家相关法规，依法制止犯罪活动，加强教学科研队伍和干部队伍管理，严格规范涉外活动。

第一，明确国家规定，提升法律意识，完善预警机制和联动机制。宗教信仰自由和政教分离是中国共产党的宗教政策，也是社会主义国家的基本政策。这意味着，公民宗教信仰活动应当遵守法律规章的相关规定。因此，高校应贯彻落实教育部《普通高等学校学生管理规定》中的相关规定，使学生明确任何组织和个人不允许在学校进行宗教活动，不得在宗教活动场所以外（尤其是大学校园内）传教、布道、宣传有神论，不得在学校成立宗教团体或组织，不得到未经登记的宗教活动场所参加宗教活动，不得参与邪教或封建迷信活动等。与此同时，对以宗教为由，利用宗教干预国家行政、司法、教育和社会生活等事务，损害其他公民的合法权益，破坏社会秩序或违反国家宪法和法律的行径，高校应成立监察小组，及时发现问题，予以积极引导，依法制止校园内的传教或宗教活动，并协助相关部门严厉打击校园及周边环境的非法宗教活动，配合取缔校园及周边的非法宗教活动场所和据点，制止以传教为名进行的违法犯罪活动。

第二，加强教学科研队伍建设，提升干部队伍素养。教研人员和教管人员的言行在一定程度上会对学生的思想、行为和品质产生潜移默化的影响。因此，高校应重视对这两支队伍的管理。在《关于宗教神学进入国家教育系统和科研机构问题的商榷》一文中，研究者杜继文指出，近年来，宗教神学向学界渗透的方式五花八门，如"收受海外宗教团体的调研课题，联合举办宗教学术会议，提拔海归中的神学人才，聘请国内外神学教授（兼职或客座）或宗教职业者，举办宗教神学、宗教教义的论坛或讲习班，派遣研究生或教学研究人员出境接受教会学校的培训，甚至以'神学'命名自己的教学机构与构建自己的学科"。借助这些方式，个别学者打着学术研究的旗号，消解马克思主义宗教观，夸大宗教正面的社会影响，宣扬有神论。鉴于此，在宗教问题上，一方面，高校应在教师和干部队伍中进行宗教理论和宗教政策教育，使科学无神论贯穿师德教育始终，从而提升其思想素养与政治素质。另一方面，教师应严守教学纪律，严把教学尺度，不能在课堂上传教布道或教唆、鼓动学生信仰宗教。而学校也应把这一点纳入师德师风考核当中。此外，在科研方面，针对境外势力或宗教组织借助文化宣教的方式进行隐性渗透的现象，高校应规范项目管理程序，真正了解课题经费来源。

　　第三，加强对涉外活动、外籍教师和留学生的管理。涉外活动、交流访学与讲学等是宗教组织或政治机构宣传宗教思想与拉拢学生的常用手段。据媒体报道，河北某市曾处理一起境外人员非法传教的案件——其中一名人员是某高校日语外教，另一名人员是在该校进修的韩国留学生，两人受境外同一宗教组织派遣，来中国内地传教。大学校园及周边出现一支以"交朋友""学外语"为名的外国人传教队伍。他们吸引大学生参加宗教组织，培养与发展宗教信徒。在这些组织当中，有一大部分是由留学生组织并带领的，他们已成为北京地区大学生中非常重要的传教力量。因此，高校应正视这种传教队伍的社会影响，严格规范其在校行为，防止来访者以学术交流、访学和讲学等理由进行非法传教。与此同时，院系及辅导员应做好学生工作，尽量避免学生经诱导后参与宗教节日、宗教庆典等活动。在聘请外籍教师方面，除严格把好资格审查一关外，学校还应及时了解外籍教师的课堂教学与课后辅导活动等相关情况，严禁其在课堂上讲授带有传教性质的内容，必要时坚决予以纠正。

针对宗教宣传方式的多样性和复杂性，高校除对学生、教学科研人员、行政管理人员和涉外人员进行适时监督与严格管理以外，还应及时了解校内教学设备等的使用情况，强化网络监控与舆情引导，以此构筑全方位、立体化的教育管理体系。

（二）教育方法上的创新

1.方法创新的人文化趋势

思想政治教育方法创新的人文化趋势指教育者在思想政治教育方法创新及实施过程中，坚持以人为本，以调动人的积极性、主动性和创造性为根本，把受教育者的身心发展看作思想政治教育的出发点和归宿。传统思想政治教育缺乏对受教育者的关心与重视，培养的是被动顺从的受教育者，教育者关注的是教育结果而不是受教育者的内心感受，采取强制性教育手段，迫使受教育者接受统治思想。"传统道德教育的一个重要特征就是它不是从人本身、从人的需要和人的发展出发的，而是把道德作为一种外部力量，强调它对人的约束，强调道德教育对人的驯化，以使人无条件地机械地按照道德规则行事，人在道德面前是被动服从的。我们称这种道德是一种无人的道德，这种教育是一种无人的教育。"① 在社会主义市场经济条件下，我国思想政治教育方法呈现人文化的趋势，教育者以受教者为出发点和落脚点，采取更具人文关怀的教育方法，激发受教育者的主体性。

"以人为本"的思想观念及实践应用经历了漫长历史时期才逐渐清晰明朗，马克思唯物主义历史观和马克思主义人学理论的提出从本质上揭示了以人为本的真正含义。马克思主义人学思想奠定了以人为本理论的

---

① 马克思，恩格斯.马克思恩格斯选集：第1卷［M］.中共中央马克思恩格斯列宁斯大林著作编译局，译.北京：人民出版社，2012：152-153.

哲学基础，指出人是社会发展的最终目的和出发点，各项工作的开展都要以现实中的人为出发点，"我们的出发点是从事实际活动的人……从现实的、有生命的个人本身出发，把意识仅仅看做是他们的意识。这种考察方法不是没有前提的。它从现实的前提出发，它一刻也不离开这种前提。它的前提是人，但决不是处在某种虚幻离群索居和固定不变状态的抽象的人，而是处在现实生活的、可以通过经验观察到的、在一定条件下进行发展过程中的人。"[①] 在社会主义社会，无产阶级通过自己的政党对社会进行管理，各项社会工作呈现以人为本的特征与趋势，思想政治教育作为社会工作的一个组成部分，体现了这一特点与趋势。

我国的思想政治教育虽然有了很大进步，但至今还存在一定程度的"人学空场"，教育方法的制定与实施不考虑受教育者的实际情况，未将受教育者作为教育的主体，不能充分发挥其主体性。思想政治教育强调人在社会中的群体性、整体性，忽略甚至抹杀了丰富多彩的个性；强调人的精神性，忽略了人的自然性；强调人的可塑性，忽视了人的主体性；强调人的纪律性，忽视了人的自由性；强调人的理性，忽视了人的情感。[②]

教育家、德育专家鲁洁教授曾批评了灌输式的道德教育方式，认为这种教育方式忽略了人的主体性。"应当承认的是，从理论或实践两方面看，我国的道德教育至今还处于一种传统的模式之中。这种模式把道德教育的过程仅仅看作是对学生施加外部道德影响的过程，而施加的道德影响主要是既定的道德规范，强调的是学生符合规范的行为习惯的养成。这样的道德教育过程也就是柯尔伯格等人所批判过的：用刻板的灌输、管理、训练等方法，强制儿童去服从各种道德规范的'美德袋'式的'传

① 马克思，恩格斯.马克思恩格斯选集：第 1 卷［M］.中共中央马克思恩格斯列宁斯大林著作编译局，译.北京：人民出版社，2012：152-153.
② 伍揆祁.思想政治教育人文关怀论［M］.北京：中国社会出版社，2007：21-26.

统道德教育'。迄今为止，这种道德教育模式尚是我国学校德育中的主流，也是近年来各种道德教育改革理论与实践的主要矛头之所向。"① 这种教育方式以培养无个性、"服从型"的人为主要特征，"既不是以人特别是受教育者为主体的，它所传授的又是剥离了人性内涵的空洞的道德规范，在实施中又背离了把握人性所特有的过程和规律。正因为如此，本来应当是充满了人性魅力的德育，变成毫无主体能动性，没有道德意义、枯燥无味、令人厌烦的灌输和说教，道德教育必须从这种模式中走出来"② 。鲁洁教授所指的"从这种模式中走出来"，即教育从"无人"走向"有人"，实现教育向以人为本理念的转变。鲁洁在此并非批评灌输方法的弊端及缺陷，而是指责部分教育者片面理解了列宁的灌输理论，认为思想政治教育必须依靠密集的硬性灌输，教育者在教育过程中重视教育者、忽视受教育者，重视社会规范的工具性价值、轻视个体的主体性。

思想政治教育方法创新中的人文化趋势正是这种转变的表现形式，教育者在思想政治教育方法创新中，坚持以人为本，以调动人的积极性和创造性为根本，把受教育者看作教育的出发点和归宿。思想政治教育方法作为这种观念嬗变的外在操作形式，呈现出以人为本的趋势，充分尊重了受教育者的主体性。

2.方法创新的现代化趋势

现代化是当前社会发展进步的总体走向和根本特征，也是思想政治教育方法创新的重要趋势。时代的进步和发展要求教育者紧随社会发展潮流，把握人们的思想动态和发展趋势，在不断适应变化着的新情况的基础上调整和改革旧的、不合时宜的教育方法。社会的发展进步在一定程度上为思想政治教育方法的创新与实施提供了物质、技术及其他必备条件，借助这些条件，教育者能准确客观地分析教育形势及受教育者的

① 鲁洁.人对人的理解：道德教育的基础：道德教育当代转型的思考［J］.教育研究，2000（7）：3－10，54.
② 鲁洁.人对人的理解：道德教育的基础：道德教育当代转型的思考［J］.教育研究，2000（7）：3－10，54.

思想状况，创新出符合时代特色的行之有效的教育方法。

　　思想政治教育方法创新的现代化趋势主要表现为决策技术的现代化、方法实施载体和手段的现代化。传统思想政治教育方法的制定主要通过教育者推测商议，形成方法实施程序，然后按照教育方案进行教育。随着科学技术的发展进步，科技成果也应用于思想政治教育领域，教育者开始运用现代工具及设施分析各种信息，定量与定性相结合，制定、实施科学的教育方案。

　　思想政治教育方法创新的现代化趋势表现为决策技术的现代化。随着信息技术、统计手段的发展，教育者对搜集到的思想信息进行分析的模式不断得到改进。除了传统的人工信息分析技术，电子信息技术、电脑科技器材、数据分析软件将逐渐应用于数据分析中，使数据分析更加精确科学，为思想政治教育方法创新决策提供了科学依据。传统调查问卷设计及数据分析往往缺乏量化标准，数据分析模糊，缺乏实证支持。现代思想政治教育方法加强了数据的量化分析，建立了以定性与定量相结合的方式进行信息获取、信息分析、信息处理、信息反馈的信息渠道，使分析结果更加科学，使教育方案的制定更加有效。

　　思想政治教育方法创新的现代化趋势表现为方法实施载体和手段的现代化。方法实施载体与手段的现代化指思想政治教育方法借以操作的工具和载体更加科技化。未来社会是信息化社会，面对社会化程度不断增强的教育对象，思想政治教育方法将充分运用现代技术，提高教育手段的科技含量。传统教育载体主要依靠书本、课堂、讲座等，现代载体则充分利用音像制品、电视网络、多媒体手段等，这些载体能在短时间内覆盖各地，其及时性、广泛性、新颖性的形式和内容深深吸引了教育对象，取得了较好的教育效果。教育部《关于加强高等学校思想政治教育进网络工作的若干意见》强调了利用现代网络载体进行思想政治教育的重要性和必要性，即网络技术的发展和普及，拓展了高校思想政治工作的新渠道和新手段，为加强和改进高校思想政治工作带来了新的机遇。

通过网络，可以快捷、准确地了解师生的思想情绪和他们关心的热点问题，促进其相互沟通；可以及时获取大量有价值的信息，丰富思想政治教育的资源和视野；利用网络开放性、交互性、及时性等特点，可以开展形式多样的思想政治教育活动。

（三）创新模式及教育主体的综合化

思想政治教育方法创新的综合化趋势包括创新模式的综合化、具体操作方法的综合化及负责实施方法的教育主体的综合化。创新模式的综合化属于方案设计思路的综合化，教育者打破平面性思维，采取立体性思维，综合多种方法创新思路设计方案。具体操作方法的综合化，即教育者综合多种教育方法进行实际操作。思想政治教育方法制定、实施具有综合性、统一性和系统性，因此各部门的教育主体加强协调合作，职能互补、资源共享，共同推进教育目标，推进了教育主体的综合化。

1.创新模式的综合化

思想政治教育方法创新的综合化趋势表现为在思想政治教育方法创新模式中，教育者综合使用各种类型的方法创新模式。根据受教育者的特点、思想政治教育方法的具体属性和特点，思想政治教育方法创新模式大体分为四类：单一式方法创新与组合式方法创新、渐进式方法创新与飞跃式方法创新、传统式方法创新与现代式方法创新、确定性结果的方法创新与不确定性结果的方法创新。每种方法创新模式具有不同的针对性和适应性，教育者可以在具体实践中选择、应用。随着环境形势的复杂化和受教育者思想发展的多样化，单一的方法创新模式不再适用，教育者需要综合运用多种方法创新模式，创建出具有综合功效的教育方法。当前及今后的思想政治教育方法创新模式将逐渐综合各对范畴的方法创新模式，使方法创新产生最大效率。例如，在传统式方法创新与现代式方法创新中，思想政治教育方法创新将不再仅仅采取单一的创新方式，而是将两者融合，即在传统的方法创新方式中增添现代创新理念，使传统方法在保持理论灌输的基础上增添人文关怀。

2.具体操作方法的综合化

思想政治教育方法创新的综合化趋势表现为在思想政治教育方法实施过程中,教育者综合运用各种具体方法,产生作用合力。思想政治教育各个具体方法各具特点,如果将若干方法的优势充分发挥出来,将产生良好教育效果。例如,思想政治教育的基本方法有理论教育法、实践教育法、批评与自我批评方法等,这三种方法各有特色,"理论教育对人的思想、行为起目标导向作用、精神激励作用;实践教育对人的思想的形成和发展具有决定作用、推动作用和检验作用;批评与自我批评对人们的思想和行为具有调节作用、矫正作用。"① 若将这三种具体方法有机综合起来,将产生理论联系实际的方法、知行统一的方法,以及改造主观世界与改造客观世界相结合的方法,这些新方法是对具体方法的整合提高,能产生更显著的效果。综合各种方法的方式很多,按不同的综合方法,可分为主从式综合方式与并列式综合方式、协调式综合方式与交替式综合方式、渗透式综合方式与融合式综合方式等。灵活运用这些操作方法,处理好各种方法的关系,使它们优势互补,能产生方法合力,增强综合作用。

3.教育主体的综合化

思想政治教育方法创新的综合化趋势也表现为各教育主体的综合化,各领域的教育者和教育机构围绕教育目标,协调配合,产生教育合力。家庭、学校、机关、企事业单位和社会在思想政治教育方面各有侧重、各有特点,是相互衔接、密不可分的统一整体。为产生综合效力,家庭教育、学校教育、单位教育和社会教育要紧密结合起来,相互配合,相互促进。每个机构及部门都有各自的教育资源优势,同时具有自身的资源劣势,应联合其他领域的教育者及教育机构,发挥各自的资源优势,

---

① 伍揆祁.思想政治教育人文关怀论[M].北京:中国社会出版社,2007:21 - 26.

产生教育合力。例如，高校具有人才科研优势，可以在思想政治教育方法创新与实施中，充分发挥人才优势、科研优势，在方法创新中充分发挥智囊团作用。新闻部门掌握广播、电视、报纸、刊物等大众媒体，拥有电影、电视剧、戏曲、音乐、舞蹈、美术、摄影等载体形式，能在方法创新中充分展示传媒实力。党和政府有关部门具有协调管理的权利资源，能加强对方法创新和实施的指导、协调作用，利于高层智囊团决策创新的教育方法通过宣传部门的传媒载体贯彻实施。

四、重视舞蹈课程思政资源开发

对高校思想政治教育时代性的研究，要与时代的发展相吻合。科学技术的不断发展进步，给人们的生活带来了便利，同时改变着人们的思维观念和生活习惯。随着社会的发展、时代的进步，人的需求变得越来越多。高校思想政治教育要实现时代性，就必须对思想政治教育载体进行创新，促进人的全面发展。这就要求高校思想政治教育工作必须适应现代人的特点和要求，改变传统方法中和现代不相符的地方，巧妙地将教育方法与新时代的载体结合。新时代载体包括手机终端、网络传媒（主要有微博、博客）等，其打破了传统的平面传播途径，呈现出立体化、虚拟化、数字化的趋势，如现在在一些高校试点的 BBS（网络论坛）、"我的易班"等，都搭建了人与人之间沟通的桥梁。

在高校思想政治教育体系中，载体处于重要地位。新媒体影响着思想政治教育载体的方方面面，思想政治教育主客体及身份出现了多种变化。为了适应新变化，解决新问题，高校思想政治教育工作者应该转变思维方式，创造覆盖范围广、承载信息多的载体，并且生成"载体合力"。这样，不仅能为新媒体时代高校思想政治教育提供新平台，也能充分增强思想政治教育的有效性。

（一）高校思想政治教育载体的运行状况

1.高校思想政治教育载体的内涵及形态

"载体"一词最早出现在化学领域，指能存储、携带其他物质成分的事物。"载体"在 20 世纪末被引入思想政治教育领域，最初，人们用手段、方法和途径等说法来描述思想政治教育的承载和传播过程的介质，后来，学者的理论研究中出现了"思想政治教育载体"的概念，但彼时的"思想政治教育载体"概念只是对载体种类的一个简单描述。随着新媒体时代的到来，学术界开始关注、重视和研究新媒体对高校思想政治教育的影响。目前，对高校思想政治教育载体的研究，大多围绕思想政治教育载体的基本形态特点、运用创新等主题展开。

从内涵来看，思想政治教育载体是一个较新的概念，人们对它的概念、观点认知不同。有的人说思想政治载体是将教育主体和客体连接起来的桥梁和纽带，有的人说思想政治教育载体是"载体中介"，有的人说思想政治教育载体是一种活动形式，也有的人说其是思想政治教育的基本要素之一。

对于思想政治教育载体的描述，张耀灿这样定义：思想政治教育载体是指在思想政治教育过程中，能为思想政治教育主体所运用，能承载和传递思想政治教育的信息和内容，能促使思想政治教育主客体之间相互作用的活动形式和物质实体。[①] 从整体看，可以从以下两个方面理解这个概念。

第一，只有以下三个基本条件同时具备才能形成载体。其一，可以让教育者运用和控制；其二，必须能够承载思想政治教育的目的、内容等信息；其三，能够联系主客体，带动主客体互动。总而言之，思想政治教育载体应具有中介性、可控性和承载性的特征。

---

① 鲁洁.人对人的理解：道德教育的基础：道德教育当代转型的思考［J］.教育研究，2000（7）：3－10，54.

第二，要区分清楚思想政治教育载体和方法的关系。在很长一段时间内，人们把它们归到了思想政治教育方法论中，并没有当作一个独立的内容去研究，而要处理好它们之间的关系，必须将两者区分开来，借助载体去运用思想政治教育方法。另外，载体能传递思想政治教育的信息内容，但方法不能，方法的含义有很多种，通常指获得某种东西、达到某种目的采取的手段和行为方式，这是两者最大的不同。

从形态来看，在国内外的研究中，存在着不同的分类标准，思想政治教育载体的基本形态也因分类标准的不同而大不相同。学界按照不同的标准，划分出不同的类型，如按照基本物质样态划分为行动载体和语言载体；按照承载物的性质划分为物质载体和精神载体；按照历史发展时期划分为传统载体和现代载体等。虽然思想政治教育载体的基本形态不同，但它们的缺点是一样的：都是将载体的外在形式而不是思想政治教育中的主体差异来作为划分标准。所以，将思想政治教育载体从思想政治教育的主体和方式的差异性方面入手，可分为五大类，分别是物质载体、课程载体、精神（文化）载体、管理（制度）载体、传媒载体。

（1）物质载体。这里的物质载体说的是校园物质载体，如校园建筑、校园生态景观等。高校学生在这样的现实空间环境里学习和生活，会慢慢地适应并接受校园所传递出来的人文气息。经过历史的积淀，校园环境具备了文化价值，承载着厚重质朴的大学精神，其所具有的潜在教育意义是任何其他方式都无法比拟的。所以，一直以来，高校都特别注重对校园物质环境的建设，希望营造一个健康、积极、绿色、优美的校园生活环境，对大学生道德情操的培养形成正面影响。

（2）课程载体。课堂教学既是开展高校思想政治教育最直接的方式，也是最显著、突出的载体。这里所说的课程载体就是课堂教学，方式就是上思想政治理论课，当然也包括其他专业课程、人文素养课程等，这对大学生有着直接的影响。课程载体有许多突出的特点，包括相对稳定的载体形式，明确的教育目标、内容和评价体系，以及制度上的保障等。

当前，高校开展的思想政治理论课程主要有中国近现代史纲要、思想道德修养与法律基础、马克思主义基本原理概论、毛泽东思想与中国特色社会主义理论概论、形势与政策等，这些都是必修课，是高校教学计划中要求每一位学生必须掌握的课程，其既是向学生灌输马克思主义基本理论的手段，也是帮助他们树立科学的人生观、世界观、政治观、价值观、道德观和法治观等的主要阵地和渠道。教育的基本理念是"教书育人"，其他人文素养课程和专业课程，在向学生灌输知识的同时，要有意识地将人文素养和科学精神渗透其中。

（3）精神（文化）载体。这里的精神（文化）载体主要指的是校园各种文化类活动，如辩论活动、知识竞赛活动、文体活动和谈话活动等，是高校思想政治教育的过程中传递信息、进行交流的一种精神手段。例如，组织学生参加各种不同的活动，将思想政治教育的内容巧妙地融入活动中，将科学性、趣味性、思想性和娱乐性融入活动中，使学生乐于参加。通过参加一系列的活动，受教育者能慢慢地被这种氛围感染，渐渐学会对事物的辨别、判断、比较和取舍，获得知识上的拓展，形成积极向上的人格品质，培养团队精神和竞争意识。所以，高校思想政治教育工作者要有计划、有目标、有针对性地开展一些社会实践活动、校园文化活动、青年志愿者服务活动和各种谈话类活动，将精神载体的作用充分挖掘出来，慢慢将其融入大学生的生活学习中，提高他们的素养。在思想政治教育过程中，如果受教育者被集体氛围影响，不能完全表达自己的观点，那么谈话活动就是个体思想政治教育的载体，教育者通过单独谈心、座谈会或者其他的方式，了解受教育者的心理活动、思想和观念，帮助他们解决在思想上或者是认识上存在的问题。一系列的谈话能将教育内容转变为细致入微的关怀，能够深入谈话对象的内心深处，让他们卸下防备，打开心扉。

（4）管理（制度）载体。管理载体就是"以管理为载体"的意思，指在管理活动中，将思想政治教育内容和管理手段相结合，以规范人们的行为，调动人们在学习、生活、工作等各方面的积极性，提高人们的思想道德素养。这里的管理载体指高校的管理制度，包括管理制度所使用的管理手段、所投射的管理理念和管理体制所体现出来的一系列服务工作。例如，大学生的日常行为管理、教学管理、班级管理等，其特点是具有一定的强制性和规范性，在教育过程中，教育者主要依据规章制度和组织纪律来应用载体，致力大学生的日常行为规范的养成，以书面形式或者条文的形式表现出来，具有强制性。管理是一门艺术，也是科学。科学、民主、公平、规范的管理，本身就是在进行一种思想政治教育。在高等院校，诸如学生考试作弊行为反映出来的诚信不足等一系列问题，通过强化学校的规章制度，提高管理水平，能够得到有效的控制。

（5）传媒载体。传媒载体即大众传媒向受教育者传播思想政治教育内容，让大学生在享受娱乐的同时，不知不觉受到思想政治教育。传媒载体既包括传统大众传媒，也包括新媒体。传统大众传媒包括杂志、电视、广播、书籍、音像制品、电影等，有着众多的载体形式，给教育者和受教者带来很多选择。正如李普曼所说："我们的'身外世界'即现实环境越来越广阔，人们已经很难直接去亲身体验它、理解它，现实环境已经成为'不可触、不可见、不可思议'的环境。"[①] 大众传媒所创造的虚拟的"媒介环境"就是这里所说的环境，人们在这里听到的、看到的、感受到的是已经被处理和演绎过的世界。综上所述，通过大众传媒进行高校思想政治教育有很多优点，其中有两个优点比较突出：一是大众传媒扩大了思想政治教育的覆盖面；二是思想政治教育的时效性得到了加强。对于现在的大学生来说，他们对现实社会的理解，对所处环境的认知，更倾向于传媒，特别是新兴传媒。大众传媒载体渐渐成了一种教育方式、一个思想政治教育理论研究的热点、一种实践运用的重要载体。

---

① 李普曼. 舆论 [M]. 常江，肖寒译. 北京：北京大学出版社，2018：98.

2.缺失现象在传统思想政治教育载体运行中的体现

高校思想政治教育载体离不开思想政治教育过程。当前，高校思想政治教育载体建设的突出成就包括职业化的队伍建设、人性化的管理、多种多样的形式。但是，由于高校思想政治教育工作者没有正确地认识载体的作用和功能，没有一个清晰的概念，所以在载体的运行过程中出现了一些问题，主要表现为以下五个方面。

第一，对新媒体重视度不够，对其在教育系统中的作用没有一个清晰的认识，导致教育者不能对新媒体的载体形态充分挖掘。人们没有想到新媒体是需要一定的技术支持的，并且相关人员的思想观念也需要与时俱进，特别是对于新媒体客观存在的各种负面影响，人们必须要有全面的认识，采取一系列的规避措施，抑制负面影响，使其充分发挥积极作用。

第二，盲目跟风。自20世纪90年代开始，人们对思想政治教育载体的研究慢慢增多，渐渐认识到思想政治教育载体的地位，这在一定程度上削弱了高校思想政治教育的实效性。目前，思想政治教育载体在运行过程中被随意使用且有严重的盲目跟风现象，这都是由思想政治教育工作者能力欠缺和载体理论研究落后等原因造成的，严重阻碍了思想政治教育在载体功能方面的发挥。其主要体现在高校老师在新媒体的运用上热衷于以讨论网络流行的话题和视频的方式授课，或者只是一味地阅读课件，只传授书本上的皮毛，不做深入扩展，从而使以前行之有效的谈话和咨询方式被各种通信工具所替代，大大削弱了学习效果。

第三，思想政治教育系统是一个开放、整体、动态的特殊生态系统，而非封闭、局部、静态的系统。作用力明显分散的各种载体的运用，分化了思想政治教育系统的整体性功能。单纯的几次校园文化活动或者思想政治理论课并不能产生明显的效果。明显的分割问题和彼此间缺乏联系及配合导致各载体力量分散，结构分布不合理。例如，课堂教育是目前高校思想政治教育的主要方法，但这种传统枯燥的教学手段，使作为受教育者的学生感觉不到老师的关怀，从而在心里出现抵触情绪，无法取得很好的教学效果。这就需要高校的教育工作集各载体力量之长，形成"载体合力"。

第四，新媒体时代下的传统思想政治教育传媒载体出现盲点。传统媒体较新媒体存在重单向传输轻互动对话、重主流而忽视非主流的倾向，而新媒体时代，人们的选择和需求更加多样，获取的信息也更丰富，这不仅阻碍了传统媒体的影响力，也使其不易被认可和接受。因此，抛开主流和非主流之争，传统媒体应追求自身的品质和目标受众的价值定位。受众群体取舍信息最基本的标准就是看传播的信息有没有价值，有多大的价值。因为同互联网上各种吸引眼球的娱乐节目、虚幻小说、网络游戏相比，高校的思想政治理论教材往往会显得索然无味，导致大学生对其兴趣不大，甚至会有反感情绪，进而将注意力转移至非传统媒体的非主流信息。高校思想政治教育要时刻关注这一现象，做出相应的改进。

第五，在市场经济领域中，受媒体信誉度和公信力的影响，高校思想政治教育工作的媒体环境受到考验。当前，随着商业的蓬勃发展，某些媒体总是缺少一些中肯的观点评论、深度的创意和人性化的活动建设，加之社会责任感和人文精神的缺失，导致其出现了一些道德危机，不仅损害了自身的名誉，也使人们对新媒体失去了信任。

总之，在新媒体时代，高校思想政治教育的载体在运行过程中主要有三个比较突出的问题：一是新的载体开发利用程度不够；二是载体间的互相协调存在问题；三是单个载体难以被有效利用。因此，人们必须结合实际，建造合力平台，充分发挥思想政治教育载体的作用。

（二）高校思想政治教育"载体合力"的动态形成

在新媒体时代，高校思想政治教育"载体合力"的动态形成路径，可从以下五个方面入手。

1.在物质载体和管理载体方面，建立特色网站和导航系统

这里的导航系统包括路径指引和内容检索，通过打造一些特色网站，将学校的物质要素（建筑风格、校园风貌）、制度要素（管理与服务）与学生共享。例如，为了向大学生传递大学的文化和精神，在校园网上设置"视频新闻""图片鉴赏"专栏，直观展现校园风貌。春风化雨、润物无声的育人环境和氛围，可以使学生获得文化的熏习、审美的陶冶、情志的感化、行为的养成。

2.在课程载体方面，打造"教学资源中心和网络教学平台"

课程载体具有很强的稳定性和权威性，这是它与其他载体的区别所在，而教育者有很强的主导性，有一套完整的教学评价系统和科学的评价体系，这些特点使理论灌输的作用在教育者沿袭和运用传统的课程载体的过程中充分发挥了出来，同时，具有新意、效果更佳的理论灌输也通过教育者掌握并运用新媒体技术得以实现。

第一，创新教学方法和手段。想要更好地解决学生深层次的思想问题，必须用科学正确的理论武装学生，用有一定理论深度的完整、系统的课程教育引导学生，但这种深层次的理论并不是仅仅通过开展相应的活动就可以完全体现出来的，而要通过课堂教学才能展现出来。思想政治理论课所承担的责任不只是思想政治教育课程载体，专业课的教学可以将思想政治教育内容有机融入专业知识中，例如，在专业课程教育中适时渗透团队精神、科学精神、奋斗精神、人文精神及创新思维的相关内容。传统的"填鸭式""满堂灌"的教学方法很难调动思维活跃、思想独特的大学生，他们的需求多种多样，如何调动他们对教育内容的兴趣和激情，是当前教育的核心问题。所以，高校教育者必须不断改革创新思想政治教育理论课的教学方法，以主动型教学替代被动型的传统教学。针对不同学生的身心发展特点、实际需求及所面临的问题，教育者要开展相应的教学和适宜的活动，激发学生的学习兴趣。当然，形式多样、内容丰富的活动是必需的，借助各种类型的教学活动如分组讨论、美文

朗诵会、辩论赛等，在充满兴趣、积极思考的氛围中调动学生的积极性，帮助他们掌握所学知识。

第二，思想政治教育内容涉及范围比较广，教育者可以借助新媒体，从思想、政治、文化的层面上进行相应的教学内容设计。例如，将课程载体的设计划分为主干内容设计、辅助内容设计和扩展内容设计，传授核心内容主要由主干内容设计来完成，包括马克思主义基本原理概论、思想道德修养与法律基础、毛泽东思想和中国特色社会主义理论概论、中国近现代史纲要等课程。这些内容可以在网上通过不同的形式进行展现，从而化枯燥、抽象为生动、具体，使高校思想政治教育的主课堂和主阵地更容易被大学生所接受。可见，精心设计和完善学习内容，让思想政治教育潜移默化地进入网络，以此提高课堂教学的活跃度，可以使教师所教授的内容迅速进入学生大脑之中。

3. 在校园文化建设方面，丰富拓展校园文化功能

学生是校园文化的主体，和谐健康的校园文化，对于美化学生的行为、净化学生的心灵起着很大的作用。思想政治教育与新媒体之间相互影响，高校应通过数字化、信息化、网络化建设，加强和改进大学生思想政治教育。可以说，校园文化氛围在大学生思想政治教育和高校校园文化建设之间的信息回路和资源整合之下，能够更加积极向上。新媒体背景下，高校文化建设可纳入新媒体文化建设，以此延伸校园文化功能，拓展校园文化内涵。例如，在校园网站中增加专门表彰优秀大学生先进事迹的内容，以榜样的力量促进学生的人格培养，使校园文化氛围更加浓郁。

4. 在教育者团队建设方面，打造师生信息快捷传递的通道

教师和辅导员的道德、学识以及他们自身的理论水平和个人魅力对受教育者会产生深刻的影响。教师和辅导员通过开设个人空间、撰写博客、讨论热点话题、上传学习辅导材料等实现传统的谈话活动的延伸；通过建立微信群，在网上公开自己的联系方式，保持信息快捷传递，实

现与学生的心灵交流。"学高为师，身正为范"① 是教师和辅导员的行为准则，他们应该树立外在形象，提升内在素质，通过经营个人空间和撰写博客文章等方式，不断以自己高尚的道德情操、严谨的治学态度、正确的政治方向和独特的人格魅力影响和带动学生，激发学生内心深处的理性反思。

（三）高校思想政治教育实践平台的建设应用

1.移动媒体的建设

（1）手机媒体建设。手机在新媒体时代展现出独特的传播优势并逐渐发展成为一种综合性媒体。一般而言，手机媒体最基本、最常用的运用形式包括微信、微博、淘宝、手机新闻、手机银行等。

手机已经成为人际交往的固定工具。作为手机的忠实用户，大学生可以随时随地与好友保持联系，他们经常微信不离线、QQ 24 小时在线，每天都在刷朋友圈、刷空间。因此，高校思想政治教育工作者应当将手机用于大学生的思想政治教育，搭建高校手机微信平台，制作"高校手机报"，将各类信息以群发等形式传递给学生。

现在，很多高校在录取新生时，为每名入学新生配发了"校讯通"手机卡，将每个学生的信息纳入信息服务系统，手机与校园网绑定，加强了学校与学生的沟通，同时为主流价值观念的传播搭建了平台。另外，现在的学生都使用具备多媒体功能的智能手机，高校可以利用手机的多媒体功能，制作思想政治理论多媒体课件，并将其发送至学生的手机，同时充分利用现代移动通信的技术成果，有针对性地开发手机应用软件系统，专门开展思想政治理论教育，增强理论教学的吸引力和影响力，提高大学生思想政治教育的时效性。

（2）SNS 建设。百度百科上关于 SNS 建设有三种解释，即 SNS 的全

---

① 　鲁洁.人对人的理解：道德教育的基础：道德教育当代转型的思考［J］.教育研究，2000（7）：3－10，54.

称为社会性网络服务，特指帮助人们建立社会性网络的互联网应用服务，也指社会上现有已成熟普及的信息载体，如短信 SNS 服务等。

本书所指的"社交网"专指建立社会性网络以服务人们的互联网。如人人网。构建用户之间的人际网络是社交网络服务网站的核心理念，平台用户的网络账号大多是实名注册，强调用户的真实性，要求较高的信息真实度。社交网络服务网站汇集了众多的应用软件，如电子邮件、博客等，这些都成为人们学习、生活和工作的重要载体。

在高校思想政治教育工作中，教育工作者应该注册自己的实名账号，积极主动地参与大学生聚集的网站的活动，将网站作为个人学习授课、表达思想、收集资料的平台，共享教育资源，交流心得体会，形成教师和学生互动的教育系统，以丰富的内容达到积极引导大学生思想的效果。

（3）即时通信建设。以软件为介质的即时通信，借助文字、图片、声音、视频等多种方式沟通信息，依靠移动通信平台和互联网平台，采用低成本、高效率的综合性通信工具，实现同平台、跨平台的信息交流和共享。例如，PC 即时通信和手机即时通信是根据装载对象的不同进行划分的，短信是手机即时通信的代表，网易泡泡、移动飞信、米聊、YY 语音、新浪 UC 等多种应用是网站和视频即时通信的内容。

近年来，即时通信在加强网络之间信息沟通的同时，将网站信息与聊天用户直接联系起来，它能广泛应用并得到人们喜爱是因为其接近真实的交流情景以及具有强大的信息实时交互和群体沟通功能。网站的关注度可以通过网站向用户群及时群发信息，迅速吸引聊天用户，进而提高网站的访问率。

在学生群体中，广泛使用的是手机短信、QQ、微信等。总体来看，要发挥这些新媒体的作用，应把握好以下两个方面。

第一，要拉近与学生的距离，实行个性化的沟通。高校思想政治教育工作者利用如"一对一、一对多、多对多、多对一"等多种交流方式，既为大学生提供了表达观点和倾诉情感的时间和空间，也拉近了与大学生的心灵距离。思想政治教育工作者可以通过 QQ 与部分存在心理问题的大学生进行交流和沟通，了解他们的现实生活和心理特征，拉近与他们的距离，发现思想问题的根源所在，再通过轻松、友好的交流来纠正他们的认知偏差，引导他们走出误区。

第二，要建立群组，实现群体交流与管理。高校思想政治教育工作者还应和大学生共建群组，如 QQ 群、微信群等。在 QQ 群、微信群中，可以实现多人交流，也可以进行好友的分类管理，如建立学校群、班级群、学生会干部群、学习小组群等。除在群内交流、实现信息的及时传递之外，大家还可以在群空间中共享文件、相册等，提高学习效率。新媒体时代的来临，减少了学生之间的交流，淡化了大学生的班级概念，容易造成集体荣誉感和社会责任心的缺乏。在新媒体上利用群组功能建立一个交互性的信息活动平台，可以把集体搬到手机和网络上去。同时，学生在群组里进行交流，可以感受到学校、班集体的力量，体会到同学的友谊和老师的关怀，而且不受时间的限制。这种方式不仅简单快捷，还可以轻松获得良好的教育效果。

2. 校园网建设

新媒体环境下，最直接有效、方便快捷的方式是抢占校园网这个新阵地，把校园网打造成为传播先进文化、弘扬主旋律的重要平台，充分发挥校园网网络阵地的作用，使其成为加强高校思想政治教育的重要手段。校园网作为服务平台，为大学生查阅资料、交流经验、共享信息、在线学习、倾诉情感提供了便利，但从功能性质方面分析，校园网还应具有提高大学生思想政治教育质量的功能。所以，在进行校园网建设时，需要把握以下六点。

（1）开辟大学生思想政治教育的特色专栏，创建校园网站的子网。思想政治教育质量的提高只有通过专题性质的网站才能够更好地实现。这是因为专题网站可以专门针对大学生的思想政治教育，引入党的基本理论路线和方针政策等，是引导大学生树立正确的社会主义理想信念，帮助引导他们健康成长的良好途径。

（2）关注学生需求，发挥校园网服务功能。在新媒体时代，高校一般采用的都是校园网，校园网不仅可以发通知、查成绩，还可以对大学生及时进行思想政治教育，这是一个融合思想性和关怀性、知识性和趣味性的平台。大学生可以通过这个平台，获取学习生活所必需的信息，同时充实自己的精神文化生活。

（3）吸引学生主动点击，及时更新和补充信息资源。在新媒体时代，信息以光速发展，校园网需要及时补充各类信息，不单单是教学素材、网络课程库，还要针对学生的心理咨询、学习生活、就业指导等，开设各类针对性较强的网络交流平台。同时，高校思想政治教育还要以学生为本，贴近学生的生活，通过网络媒体开展一些能够丰富校园活动的内容，如学术交流、科技交流、艺术探讨、娱乐活动等，方便学生在网上交流；利用校园网拉近师生之间的距离，为师生之间交流互动搭建一个便利的平台。

（4）关注校园网络舆情，正面引导网络舆论。新媒体之所以受大众欢迎是因为它传播的是思想，能让受众实现从被动接受者向主动参与者的转变，让受众能针对自己感兴趣的话题，表达自己的真实想法。所以，高校思想政治教育工作者必须密切关注网上动态，了解大学生的思想状况，积极引导校园网的舆论方向，做到理性分析判断，消除负面信息，避免对大学生的思想造成消极影响。

（5）发挥学生主体作用，积极投身校园网建设。学生应该积极参与校园网建设，因为校园网服务的对象是学生。所以，学校和教师要积极调动学生参与校园网建设的激情与热情，这样既能使校园网建设在学生智慧的推动下向全方位、高层次的方向发展，同时可以通过网络资源来实现对学生更好的思想政治教育。

（6）对校园网进行严格管理，充分运用法律、行政、技术等各种手段。新媒体的管理是复杂多变的，因为新媒体具有极高的开放性、极强的交互性特点。为防止各种不良信息在校园网上传播，需要科学管理校园网络。高校思想政治教育工作者需要认真学习国家关于互联网管理的各项法律法规，运用技术、行政和法律手段，对校园网进行定期整治，最大限度地保证校园网信息的安全健康。

3. 搭建"微德育"平台

从哲学角度来说，"微"即"温暖"或"生命本微"。"微德育"的内涵十分丰富。微德育，是新媒体时代高校思想政治教育载体功能延伸的新体现。在新媒体时代，大学生关注更多的是具有个性化和草根化特点的海量信息交互平台，而德育学科的系统性、严谨性和德育理论的高深并不是其关注的焦点。因此，搭建"微德育"平台，既有助于充分体现新媒体的功能，也有助于发挥高校思想政治教育载体合力的正能量。当前，"微德育"平台的搭建需要做好以下三点。

（1）搭建"微组织"，创造"微平台"。新媒体时代，"微德育"需要通过搭建"微组织"，对传统组织形式进行变革来实现。因此，建立与"微德育"相对应的微型化组织，是保障学校"微德育"有效进行的重要内容。例如，将学校的大型活动转化为每个微型组织自主开展的常态性活动；在学校班级这个基层单位中，将学校的常规制度应用到各种小型社团，为每个微型组织建立组织章程，在组织运行过程中建立党团小组，让学生组织可以及时分享快乐体验与经验，发挥"微德育"中的"长尾"力量，创造"微平台"等。另外，"微德育"的应用还可以通过交互式的表达方式、个性化的传播方式、标准化的创作方式、社会化的联合方式、便携式的体验方式和高密度的媒体方式得到支持。例如，"微德育"工作者可以在教育博客上实现信息共享，引导学生进行对话、问答、交流，或者参与评论和话题讨论，还可以通过技术、标签和简单聚合技术的应用，让大家各尽其能、各取所需、互助协作，就某个话题或某项专题开展讨论与交流。

（2）观察"微现象"，发现"微问题"。意识的提升往往是通过发现问题来提高的，思想政治教育工作者的能力也大多在发现问题的过程中得以体现。"微德育"工作者要善于捕捉受教育者在学习、生活和思想中的问题，观察学生在学习、生活等方面的"微现象"，并分析其原因，迅速找到解决问题的办法，借此提高受教育者的道德水平。例如，在食堂打饭或等电梯时的不排队、不谦让等现象；毁坏公共物品的问题；课堂上的不动脑、不动笔、不动手的问题；宿舍休息时间大声喧哗的问题；以自我为中心，对集体漠不关心的问题等。这些"小问题""微现象"要求思想政治教育工作者及时收集整理相关资料，根据受教育者的实际情况，对产生的问题进行分析和判断，并有针对性地制定实施"微德育"的具体举措。

（3）激发"微活力"，打造"微活动"。各种各样的来自基层的校园文化活动和传统的课堂主渠道，对于思想政治教育而言，都是重要的教育载体。但是，现在大部分的传统活动往往只有少数积极分子，如校系学生会或班级干部及社团人员参加，这在高校已经成为一种普遍的现象，大部分学生都是持观望态度甚至表现得漠不关心。新媒体时代的特点和它所具有的多种选择性正在悄悄改变着大学生的文化需求，决定活动成败的关键在于大多数学生是否得到了锻炼并在锻炼中是否形成了高尚的品德。为举办好各项"微活动"，高校需要在以下三个方面加以改进。

一是在组织活动上，充分发挥学生的主体作用，确立一切以学生需求为目标的工作理念，对学生进行能力探索，并开展各种不同层次的、适合各类学生参加的"微活动"，充实和加强学生力量。

二是在活动方法上，扩大参与面，让尽可能多的学生参与活动，多组织一些低门槛、容纳性强的活动，有选择性地降低活动的难度。

三是在活动的内容设计上，关注学生多层次、多方面的需求，增强学生的归属感和主人翁意识，真正体现德育教育的人文关怀。

总之，创造"微平台"是一个新尝试，一个新挑战。需要特别注意的是，在教育定位上，要符合教育规律和学生身心发展的特点；在教育设置方面，要尊重高校学生的不同选择，努力构建微型化的专题教育体系，同时引导学生进行自我道德约束，完成不同需求下的"微德育"体验。

当然，在新媒体环境下形成"载体合力"，提高高校思想政治教育的实际效果，还存在着技术开发、机制形成、制度保障等更丰富和更深层次的话题，这些都值得高校思想政治教育研究者的关注。

第四章 中华优秀传统文化融入高校课程思政研究——以中原文化为例

第一节 中华优秀传统文化综述

一、中华优秀传统文化的内涵与特征

迈入新的时代，中华优秀传统文化所蕴含的人文思想、道德资源对培育高校大学生的核心价值观具有重大意义。要深入挖掘中华优秀传统文化的主要内容、时代价值，汲取其中的有益成分，从而为创新和发展高校思想政治教育教学方法赋予新的内容。为了进行更加深入和系统的研究，要明确中华优秀传统文化内容。

（一）中华优秀传统文化的内涵

中华优秀传统文化隶属于中华传统文化，是"中国文化"的重要内容。把握中华优秀传统文化内涵需要厘清中华传统文化内涵。

"传统"由"传"和"统"两个字组成。唐代的《经典释文》中指出，"传者，相传继续也。""传"指一代一代的延传，即世代相传的意思，多

指传承或传递。"君子创业垂统，为可继也。"① "统"指连续的事物，世世代代的沿承。希尔斯认为传统"是人类行为、思想和想象的产物，并且被代代相传"。② "传统"是指在各个历史时期特殊的自然地理环境、经济形势、政治结构、意识形态等综合作用中自然形成、累积并世代相传至今，仍深刻影响着当代社会和生产生活，并体现在社会生活各个方面的总和。

"传统文化"是指一个民族在历史发展过程中传承下来，能反映本民族精神风貌的具有稳定形态的文化，是民族思想观念、价值形态的表征。"中华传统文化是指从远古至晚清即1840年鸦片战争以前的历史进程中形成和发展起来的、植根于中国疆域以中华民族为创造主体的、具有鲜明特色和稳定结构的、世代传承并影响整个社会历史的宏大文化体系。"③

中华优秀传统文化是传统文化的精华部分，"经过历史长时间文明演化取舍最后汇集沉淀的具有民族特色和风貌的文化，是具有推动历史向前发展、对历史有各种积极作用的思想文化、观念形态的总体表征"。④ 中华优秀传统文化主要指体现在精神层面的文化，包括中华民族思想文化、道德规范、价值理念等优秀文化成果。中华优秀传统文化就是在中华民族世代传承中，影响中华民族发展进程，具有稳定特质的共同民族精神、思维方式和价值取向的全部精神成果，是构成中华民族优秀的传统意识、观念和习俗的总和。

① 孟轲.孟子［M］.邵士梅，注译.西安：三泰出版社，2008：105.

② 希尔斯.论传统［M］.傅铿，吕乐，译.上海：上海人民出版社，1991：68.

③ 靳义亭.传统文化融入高校思想政治教育研究［M］.北京：中国科学社会出版社，2016：123-124.

④ 郭雪峰.中国优秀传统文化与大学生人文素质培养［M］.长春：东北师范大学出版社，2018：25.

（二）中华优秀传统文化的特征

1. 中华优秀传统文化具有道德伦理性

中华文化自古就注重以伦理道德为核心价值取向，重视社会伦理道德的构建，注重个人伦理道德规范的养成。儒家思想作为中华传统文化的核心，在人们日常生活中以仁、义、礼、信、孝等思想作为修德的具体要求和标准，其显著特征是把以德育人放在突出位置，强调了德育在人们接受教育过程中的重要地位。从孔子提出的"行有余力，则以学文"，可看出他重视人的道德修养，将修德的要求放在第一位，强调修德对人自身发展的重要性。儒家学者不断继承和发展孔子的德育思想，并将道德教育提升到治理国家、治理社会层面，强调道德教育对治理国家的重要作用，促使这种道德教育思想逐步理论化、系统化、完善化，推动中华民族向前发展。中华优秀传统文化继承了传统文化中的积极因子，在对人的教化中强调注重道德教育与德行培养，重视完善道德品质，提高精神境界，实现人生价值等。我国建立社会主义核心价值体系，以中华民族传统美德为核心，重视个人、社会、国家三者之间的关系，聚焦解决实际和民生问题，具有浓厚的伦理色彩。

2. 中华优秀传统文化具有开放包容性

中华优秀传统文化之所以具有绵延不绝的强劲生命力，并在历史发展过程中从未间断、生生不息，与其自身具有的包容性、开放性的特征密切相关。中华优秀传统文化的包容性主要表现在以儒家为代表的开放多元的文化理念中，"君子和而不同""天时不如地利，地利不如人和"等思想，都集中体现了儒家主张开放多元的文化理念。基于包容的文化思想理念，使儒学思想集大成，不断发展壮大并绵延至今，仍对当今社会产生深刻影响。正是因为它所具有开放包容的特征，促使中华文化发展中出现百家争鸣的蓬勃景象以及儒家、道家、法家等各类文化并行发展的繁荣局面，并包容了中原文化、荆楚文化、巴蜀文化等不同的地域文化。此外，中华优秀传统文化在发展过程中，始终对外来文化敞开大门，秉承开放包容的态度自觉吸收外来文化，坚持以我为主、为我所用的原则，取长补短、兼收并蓄。同时在保持自身优势和主导地位基础上，主动吸纳外来文化的优秀成果，与自身文化融会贯通，不断丰富和发展自身文化内涵及体系，赋予中华文化蓬勃生命力，成为培育与涵养本民族精神的优秀文化。

3. 中华优秀传统文化具有自我革新性

中华传统文化在人类历史上经历千年坎坷起伏始终未曾断绝而延续至今，展现了中华文化强劲的生命力和自我革新的能力。中华优秀传统文化在社会变化和发展中，通过主动吸收时代优秀元素，丰富提升自身内容，不断实现自我更新、自我完善，以适应时代和社会发展的需要。从古代文明的探究阶段，到当代文化的实践过程，中华优秀传统文化随着历史更替逐步革新和发展，使其更新、进步、焕发新生。仅从先秦时期而谈，从周代的文化维新，到孔子对周代礼制的重新阐述，从孟子对孔子思想进一步传承与发展，到荀子对先秦百家争鸣思想的归纳与融合，中华传统文化在历史更迭中通过主动吸收消化，实现自身文化革新。中华优秀传统文化发展是一个不断变革与转化的过程，其所具有的强烈自我革新精神，正是创新发展我国高校思想政治教育工作的强大动力。

二、中华优秀传统文化的育人功能

文化的本质为"文以载道，道以化人"。在文化活动中，高校要在"育人"中达成"化人"，用文化促其进步和升华。中国传统文化的核心为哲学思想，更多呈现关于人生智慧的哲学，因此，中华优秀传统文化本身所固有的功能，就是育人成才，教化他人。中华优秀传统文化中蕴含的深厚的历史底蕴和深刻的人生道理，能够启迪心灵，健全人格，在人们之前总结的经验和智慧中塑造和培养人的行为习惯、价值取向，全面提升人的素质。中华优秀传统文化作为中国特有的一种文化形态，具有独特的育人功能。

（一）文化传承功能

高校育人本质上就是文化自身功能的体现，与文化有着内在的紧密联系，高校育人过程中开展的教育实践活动，遵循一定的观念、标准及规范，这是对中国传统文化的继承和发展，反映出一个国家、民族的核心价值，这与高校文化育人在教育的理念、功能和目标等方面存在共通之处，高校育人工作既要有教育责任，又要实现中华民族优秀传统文化的创造性转化和创新性发展。

（二）道德示范功能

"中华优秀传统文化的丰富哲学思想、人文精神、教化思想、道德理念等，可以为人们认识和改造世界提供有益启迪，可以为治国理政提供有益启示，也可以为道德建设提供有益启发。"① 优秀的传统家训内容是中国传统文化的重要组成部分，不仅是家族智慧的积累，也是社会价值观念的具体表现，承载着先辈们的奋斗经历和人格魅力。传统家训中既有处理家庭或家族内部人身和财产关系的原则，也有家族内部制定的修身养性、求学成才、为人处世和立志向学的规范，这些都对青年展现出了强大的道德示范力量，激励社会成员做一个有用的人。

（三）历史借鉴功能

中华民族自古以来就十分重视历史资源，只有借鉴历史的传统文化，获得追求崇高理想、重视为人之道、发扬爱国主义精神、培养和谐意识等育人元素，凝结全体人民共同的价值追求，运用中国传统文化资源不断总结历史经验和规律，结合中华优秀传统文化的内容，践行社会主义核心价值观，才能在借鉴和吸收前人及国外优秀文化基础上，培育高校学生的政治认同和思想道德素质，确保高校育人工作具有生机和活力。

---

① 胡惠林. 思想创新引领中华文化新变革 [J]. 人民论坛，2014（28）：35-37.

三、中华优秀传统文化的当代价值

在漫长的历史发展过程中，中华优秀传统文化不断积淀和发展，犹如一条奔流不息的大河，滋养着中华民族，是中华民族生生不息、团结奋进的精神动力，也是现代化发展的珍贵历史文化宝藏。

（一）中华优秀传统文化是涵养社会主义核心价值观的重要资源

改革开放四十多年来，在社会主义市场经济的推动下，我国的经济高速发展，我国长期以来形成的"重义轻利"的传统价值观也有所改变。在市场价值规律的作用下，人们开始重视对利益的追求，出现了拜金主义、个人主义、享乐主义等观念。人们的物质生活得到了极大的改善，但是精神上的需求无法得到充分的满足。这实际上不仅仅是中国所面临的问题，也是当前处于现代化进程中的世界各国普遍面临的问题。如何解决信仰迷失的问题，需从中华优秀传统文化中寻找答案。社会主义核心价值观不是无源之水，无本之木，它是中华优秀传统文化长期积淀的成果。"天下兴亡，匹夫有责"的爱国情怀、"以民为本，敬德保民"的民本思想、"和而不同，贵和尚中"的和谐理念等，这些都是社会主义核心价值观不可或缺的思想资源。社会主义核心价值观与中华优秀传统文化的核心价值理念高度一致。新时代必须大力弘扬社会主义核心价值观，深化中国梦和中国特色社会主义教育，弘扬时代精神、民族精神，展现中华文化独特魅力，以文化的力量推动马克思主义中国化的发展。

（二）中华优秀传统文化是推进国家治理体系和治理能力现代化的重要法宝

中华优秀传统文化中蕴含的以德治国、天下为公、美美与共、和谐万邦、兼济天下等治国理政思想，是中国特色社会主义理论的源头活水，是推进国家治理体系和治理能力现代化的重要法宝。第一，中华优秀传统文化具有人文性特点，主张以"人"为核心，认为人是"万物之本"，追求人的完善，追求人的理想，这与"以人民为中心""人的全面发展"的理念高度吻合。始终把人民的利益摆在第一位，对于加强民生保障、缓解社会矛盾具有重要意义。第二，中华优秀传统文化主张"天人合一""道法自然"，这一思想对于引导个人尊重自然、亲近自然、保护自然，加强生态文明建设、促进人与自然和谐发展、建设美丽中国具有重要价值。第三，中华优秀传统文化具有海纳百川的包容性，主张"天下为公""和而不同"。中国有句古话："万物并育而不相害，道并行而不相悖"，这些思想为当前全球发展和治理提供了新的思路，为推动构建"人类命运共同体"，维护世界繁荣与稳定，贡献了中国智慧和中国方案。

第二节　中原文化的内涵与特征

一、中原文化的内涵

中原文化的内涵是指中原文化是在与其他地域文化的融合和交流中积淀而成的，具有相对稳定的文化内核，这种基本内涵包含了中原文化的质的规定性，蕴含着中华文化的基本要素和文化基因。

第一，精微的辩证思维。中原文化的辩证思维观念可以从远古时代谈起，伏羲氏发现自然万物和人类社会均由两种对立的"气"交互而成，这种阴阳交互使得宇宙万物"生生不息"。《易经》中也提出了"占易用变"，这种观点带有鲜明的形象性和深刻的思辨性。两宋时期，程颢提出，"万物莫有不对……善增则恶灭"；程颐提出，"天地间无一物无阴阳"。[①] 这种"负阴以抱阳""无一物无阴阳""冲气以为和"[②] 的辩证思

---

① 黄铸. 合二而一辨 [J]. 人民论坛，2001（6）：33-34.

② 老子. 老子 [M]. 冯国超，译注. 北京：华夏出版社，2017：88.

维深刻影响了中原人民的思维方式和价值观念，成为中原文化的文化内核，中原文化的"中庸之道""天人合一""道法自然"等都源于这种辩证思维。

第二，鲜明的人文意识。辩证思维体现了人们对客观世界的主观认识，其从本质上讲也是一种人文意识，体现了人们对自然本质属性的理解。远古时代，大禹就提出了"帝念哉，德惟善政，政在养民"，显然，在远古时期人们就懂得了"民为邦本"的道理。商周时期，中原地区发生了"汤武革命"，武王发动讨伐殷纣王的大会时，明确提出"天视自我民视，天听自我民听"①，最终使丧失民心的殷纣王自焚于鹿台，春秋战国时期的思想家孟子进一步提出了民本思想。同时，在长期的历史发展中，中原地区形成了以和为贵、和谐友爱的人际关系，并形成了有着鲜明人文意识的礼教文化，这种礼教文化渗透到了节日庆典、婚丧嫁娶、生老病死等方面，成为约束人们思想行为的社会规则。

此外，中原温和的人文意识还表现为一种深沉而执着的爱国精神，这种爱国精神首先表现为忧患意识和救亡意识。例如，春秋战国时期，许国的许穆夫人为拯救卫国而奔走于"大邦"之间，"女子善怀……百尔所思，不如我所之"；宋代政治家范仲淹在《岳阳楼记》中提出，"先天下之忧而忧，后天下之乐而乐"，文天祥在《过零丁洋》中提出，"人生自古谁无死，留取丹心照汗青"，这些都表现出了一种深沉的爱国精神。

第三，务实中庸的文化品格。农耕文化往往能够让人产生一种务实的文化心理，因为农业生产需要坚忍、勤劳和一丝不苟，任何弄虚作假都不会有好的收成。因而，在中原文化中，勤俭节约是传统美德。例如，民国时期，章太炎在《驳建立孔教议》中提出，"国民常性……语绝于无验"。此外，农耕文化常能培养出中庸的文化品格，这是因为农业生产不能冒进或懈怠，只有脚踏实地、持之以恒，掌握"火候"，才能在农业生产中取得成功。因而，中原文化培养出了其他文化类型所不具备的中庸

① 王巍. 试析孟子"民本"思想的哲学基础 [J]. 华夏文化，2017（4）：10-12.

文化品格，早在西周时期，左丘明的《史伯对桓公问》就提出了"和实生物，同则不继""以他平他谓之和……尽乃弃也"的中庸思想。春秋时期，孔子提出了"致中和""中庸"的伦理思想。中原文化的中庸品格表现为平均主义理念、不偏不倚的处世态度、求同存异的精神等。

二、中原文化的特征

（一）历史的根源性

中原历史源远流长，贯穿于整个中华民族的形成和发展过程。从三皇五帝始，中华文明就开始在中原地区萌芽。最早要追溯到黄帝之前，一说中原地区最先属于神农氏部落，神农（又称炎帝），尝百草，开创农耕。一说华夏始祖伏羲最早建都在中原地区，今周口淮阳仍存有伏羲太昊陵遗址和"人祖会"等纪念伏羲活动，足见伏羲文化传承之深广。然而更为大众所熟知的是神农、伏羲之后的黄帝，其建都于有熊（今河南新郑）。黄帝第一次一统天下，中原一带成为当时的政治中心。在历史研究中，人们普遍赞同文字、养蚕、舟车、医学、音律、算术、科技等创造都始于黄帝时期这一说法。黄帝文化在中华民族的影响力是非常深远的，直到现在，每个中国人，特别是海外华人称自己为"炎黄子孙"。在轩辕黄帝之后，五帝中颛顼、帝喾的统治也集中于中原地区，现安阳内还存有二帝陵，即传说中颛顼与帝喾之墓。从考古学来说，在河南还发现裴李岗文化、仰韶文化、龙山文化、二里头文化等早期人类文明文化遗址。可以说，中华民族的文明开端于中原、发源于中原。无论从神话传说，还是从考古成果来说，中原文化在中华文明体系中具有发端和母体的地位。

（二）内容的多样性

中原文化是中原地区物质文化与精神文化的综合，涵盖了方方面面，有很多作为中华民族的主流文化传承至今。从内容上看，中原文化大致可以分为以下几类。

1. 史前文化

史前文化指文字产生之前的人类文化。中原地区的史前文化内容十分丰富，如新石器时代早期的裴李岗文化、新石器时代中期的仰韶文化、新石器时代晚期的龙山文化等。这些史前遗址在河南持续、大规模地出现，充分证明在中国史前文明中河南一直处于领先地位。

2. 图腾文化

龙是中国的象征，寓意着吉祥、智慧、勇敢、尊贵。至今中国人仍称自己为龙的传人，可见龙在中国不仅是民族象征，也是一种精神象征。河南被称为龙的故乡，考古学家在河南发现大量龙形文物，最著名的是被誉为"中华第一龙"的濮阳"蚌龙"（距今6400年）。在二里头遗址也发现了3700年前的绿松石龙形器，被人们誉为"中国龙"。

3. 思想文化

春秋战国时期各诸侯国争霸于中原，促进了诸子百家思想的萌生与发展。孔子是儒家思想的开创者，其讲学、游说等活动主要在中原地域进行。宋代理学由程颢、程颐兄弟开创，两人将儒学推到一个新的高度。道家的"无为"思想、墨家的"兼爱、非攻"思想以及法家"法、术、势"三者合一的思想，都是在中原大地上形成的。

4. 汉字文化

汉字是世界上最古老的文字之一，其产生和发展的重要节点都是在中原地区完成的。最早有黄帝时期的仓颉造字，目前在河南南乐、虞城、开封都留有仓颉遗迹。在河南安阳发现的甲骨文，是中国目前发现最早的、成体系的文字，具有重要的研究价值。秦代李斯（河南上蔡人）帮助秦始皇完成"书同文"的重要举措，并创制了小篆字体，而小篆是中国历史上第一种国家规定的标准化字体。许慎（河南漯河人）编写了世界第一部字典《说文解字》，并系统地介绍了"六书"——汉字的造字规律。闻名于世的活字印刷术产生于河南，人们现在使用的电脑字体"宋体字"相传是秦桧在河南开封创造的。五笔字型输入法是河南人王永民发明的。从一定程度上说，中原的汉字发展史就是一部中国汉字发展史。

5. 科技文化

在古代，中原地区是中国科技的发展中心。相传黄帝的元妃嫘祖发明了种桑养蚕之法，今河南西平被命名为中国嫘祖文化之乡。在河南安阳出土的后母戊鼎和河南新郑出土的鹤莲方壶代表着当时最高超的青铜冶炼技术。中国四大发明中的指南针、造纸术和火药都发源于河南地区。指南针的早期形式为司南，最早的司南勺图出土于河南南阳；火药用于军事实践最早也发生在汉唐时期的中原地区；东汉蔡伦在洛阳改进了造纸术。河南登封的观星台和周公测景台是现存最古老的天文建筑。唐代僧一行（河南南乐人）最早提出"恒星自行"观点，比英国的天文学家提出类似说法早了 1000 多年。

6. 艺术文化

音乐方面，中原是中国音乐文化的三大源头之一。贾湖骨笛出土于河南舞阳，被誉为"中华第一笛"，是中国目前发现最早的乐器实物，距今有 9000 年至 7700 年。此外，中原地区还产生了上古部落的葛天氏之乐、夏朝乐舞《大夏》、神农制琴、商代的石磬以及商周两代的歌舞等。在河南地区的考古活动中，考古工作者还发现了刻有编钟、箫鼓乐队的画像砖，以及宋元时期大量的音乐材料，这些都反映出中原的音乐文化是连绵不断地传承发展下来的。戏剧方面，优伶在夏朝已出现；汉、隋、唐时期，河南洛阳是"百戏"的活动中心；河南开封是宋杂剧的发源地；河南豫剧居中国各种地方戏曲之首，至今仍被大规模传承并得以不断创新。绘画方面，中原的绘画艺术最早始于新石器时代，在中原历史遗址中发掘出大量有价值的壁画、帛画、石画像等。北宋时期，中原的绘画水平已经达到全国的巅峰，最负盛名的是以汴梁（今河南开封）为原型的《清明上河图》。

7. 诗词文化

中原地区是中国文学的发源地。我国第一部诗歌总集《诗经》的十五国风中，有八国国风出自中原地区，占总数的一半以上。东周时期洛阳史官整理出我国最早的散文总集《尚书》。汉魏时期有"汉魏文章半洛阳"的说法，建安风骨亦在中原诞生。西晋时期，左思的《三都赋》流传下来"洛阳纸贵"的佳话。留下姓名的唐代两千多名诗人中，河南人占五分之一。

8. 武术文化

河南登封的少林寺如今是河南著名的文化品牌，少林功夫更是享誉全球。河南焦作的陈氏太极拳，是我国太极拳的一个重要流派，目前在世界上也有一定的知名度。

9. 其他文化

医学方面，黄帝被认为是中医的创始人之一，《黄帝内经》在中医史上具有重要位置。中原荟萃了许多中医药大师和中医药巨著。张仲景（今河南邓州人）所著的《伤寒杂病论》至今是医学生必修的经典著作。饮食方面，豫菜是中国最古老的菜系，始于夏商，在中华人民共和国成立初期，豫菜就被定为国宴菜。

（三）地域的包容性

中原地处广阔平原，土地肥沃，适宜人类长久居住，中原地区在古代长期处于中华民族的政治、经济中心，因此中原成为兵家的必争之地。历史上很多著名的战役都发生在中原，这也在一定程度上促进了华夏各民族间的融合。在战争、结盟、迁徙、交往等一系列的政治、经济、文化交流中，中原文化呈现出一种包容性的态势。经过各民族的文化碰撞，中原文化吸收了外来文化的优秀部分，不断地融合发展，同时中原文化具有强烈的覆盖性，即各类文化分层不是很明显。这使得中原文化成为一个整体，融入各阶层的日常生活之中。这种文化共享的状态增强了中华民族对中原文化的认同感。中原文化的包容与覆盖性赋予了自身强大的生命力,使得中原文化在历史的长河中持续发展,经久不衰。

(四)保守性

长期以来,中原地区以自给自足的小农经济为主要生产方式,人们吃自己种植的粮食,穿自己纺织的衣服,住自己搭建的房屋,在这种日出而作、日落而息、耕田而食的生产方式下,人们不用思索、创造,只要重复原有的生产经验即可,从而形成了一种排斥创新、重视经验、依赖土地、重视血缘、眷恋家庭、崇拜祖先的文化心态。梁漱溟在《中国文化要义》中提出了中原人的性格文化特征,如勤劳俭朴、爱讲礼貌、和平文弱、知足自得、守旧、圆熟老到、坚忍等。中原人的这种性格特征也能从《四民月令》中找到答案,该书描绘了中原地区男耕女织、耕读传家的田园牧歌式生产方式,这种日复一日、年复一年的恒久生活状态充满了恬静、闲适的氛围。此外,稳定、重复、闲适的生活方式使中原人产生了"天不变,道亦不变""万变不离其宗"的保守意识,形成了稳固的心态和执着的本位文化精神,使人们常以冷峻的态度对待外来文化。因而,中原人常以"不变应万变"的信念对待外来文化,很难实现本土文化和外来文化的深度融合,导致外来文化最终被"肢解"和"生吞"。

综上所述,中原文化是中华优秀传统文化的基本内核,其文化影响力已远远超出了中原地区。在文化全球化的今天,人们应深入研究中原文化的内涵和特征,推动中原文化的发展创新,以进一步提高中原地区的文化软实力。

第三节　中原文化融入高校课程思政的必要性

一、是培养当代大学生使命担当意识的重要措施

中原文化类型丰富、内涵深厚，为学校开展课程思政教育教学工作提供了丰富素材，有利于大学生树立正确的价值观，培养优秀品德，提升综合素质，也有利于大学生坚定文化自信，担当文化使命，更好地传承和弘扬中原文化。

传统文化蕴含着中华文明的思想精华，是经过时间洗礼和历史验证的先哲智慧，直到今天，传统文化仍然具有重要作用，指导着人们的社会生产活动。中原传统文化融入高校课程思政教学，可以将"仁义礼智信"等优秀传统思想传播给当代大学生，拓展学生的思想深度和广度，提升学生的文化审美，增强学生的文化自豪感，培养学生的家国情怀，提高学生的思想道德修养。

二、是探索促进教育教学改革的创新手段

一是丰富了部分课程的教学过程和教学手段，如结合课程内容加入中原文化的体验式教学、现场教学等；二是为部分专业课程体系的构建提供创新思路，如加入与专业内容相结合的传统、地域文化应用课程或环节；三是为落实多元教学评价体系打下基础，中原优秀传统文化中的深厚内涵有利于教学的评价功能、内容、方法、主体等方面的改革，从而实现"一切为了学生发展"的教育教学理念。

将中原传统文化融入高校课程思政教学之中，可以满足学生在思想政治教育方面的认知需求，强化学生的家国情怀和爱国主义情感，提升高校课程思政的教学质量和教学成效。例如，教师可以在课程思政教学过程中讲述中原传统文化里的各种文化小故事，将枯燥的思政教育变得生动有趣，使课程思政富有文化底蕴和时代内涵，进而拓宽学生的知识面和文化深度，提高课程思政教学质量，培养出高质量的专业人才。

三、是构建"三全育人"工作体系的有效路径

中原文化融入课程思政，贯穿教学体系中通识课程和专业课程的必修环节和选修环节，以及实践过程，实现时间上的全过程育人；中原文化与学生全面发展的各个方面有机结合，包括校内校外、线上线下，利用当代大学生喜闻乐见的形式，实现空间上的全方位育人；中原文化渗透到教育教学工作的各方面，在各类管理、监督、评价中发挥作用，可以充分提高所有教职员工的育人水平，实现全员育人。

第四节　中原文化融入高校课程思政的路径

一、构建体现中原文化的课程体系

中原文化融入高校课程思政具有现实意义，但不同专业的课程设置与课程内容也有所不同，这要求中原文化融入高校课程思政要结合具体的课程做出调整。以环境设计专业为例，该专业的基础课程包括《构成基础》《设计概论》《工艺美术史》《中外建筑史》《园林艺术》等。由于此类课程本身就包含审美意识的培养、优秀传统文化的传承、艺术价值的评判、创新思维的构建等思政教育内容，因此，在此类课程的学习中，教师应将理论与实际相结合，以此提升学生在环境设计中传承创新中原优秀传统文化的能力；在《室内设计》《展示设计》《景观设计》等专业核心课程中，教师应结合中原文化相关内容，以知识点关联、案例引入的方式体现课程思政，把中原文化的内涵通过设计元素合理地呈现出来，一方面，使学生吸收文化精髓、坚定文化自信，另一方面，在中原文化的宣传方面发挥积极作用；该专业的选修课程可设置如《传统与地域文化应用设计》《陶瓷艺术》《民间艺术》等课程，直接把中原文化中的艺术设计内容，如钧瓷、各类手工艺品等引入课程当中，同时引导学生设计制

作艺术作品,在环境空间设计中直接有效地呈现中原优秀传统文化;在实践课程或集中实践周等实践实训环节中加入《园林与古建筑测绘》《传统民居调研与设计》《民俗考察》等课程,让学生在现场直观感受传统文化的魅力,结合专业特点提炼文化元素,并将其转换为环境设计符号。

在环境设计专业的课程体系中渗入中原文化,一方面,有利于进一步增强课程之间的关联性;另一方面,教师也能根据课程的相关内容和环节匹配适合的授课方法并层层递进,使其形成前后衔接的系统。同时,根据不同的课程框架和课程类型,在涉及中原文化的内容上根据课程重点进行探索性分类,如建筑园林、传统符号、民俗文化、思想内涵等,总结规律,可以为其他专业的相关课程开展课程思政提供参考。

二、探索以学生为中心、以项目式为主导的教学

将专业课程与中原文化相结合,根据不同课程类型进行相应的教学改革。以理论讲述为主的学科基础课采用混合式教学模式,部分课程把中原文化相关内容写入教学大纲,结合课程思政制作或选择线上优秀教学资源搭建线上教学平台。考核内容体现中原文化,加入设计分析、设计应用题型;"理实一体"的专业课程采用项目式教学。一是强调校企合作,把优秀的体现地方文化特色的项目引入课程,如体现红色文化和地域特色的美丽乡村建设,突出中原传统文化的少林功夫小镇环境设计等实践项目;二是注重教学研究,专业教师把自身各级各类科研课题与教学相结合,一方面引入理论教学,另一方面设计实践教学环节,让学生参与课题的调查、研究和设计,进一步挖掘中原文化内涵并进行设计应用;三是遵循"以赛促教、以赛促学、以赛育人"的改革模式,参加地方高质量设计赛事,以与中原文化相关的竞赛项目促进教学改革;四是部分专业课可根据课程内容进行现场教学,如参观河南省博物院、黄河博物馆等展馆,在对学生进行专业教育的同时开展情景式历史主义、爱国主义教育,提升课程思政的效果。

三、创新课堂教学、学生学习和考试考核的方式

将中原文化与时事热点结合，按月或者季度设定主题。一是教师围绕主题把思政内容融入课程教学内容、融入实践教学设计。如以甲骨文为主题，理论类课程可由此展开讲解，让学生搜集相关资料，使学生直观深刻地认识到中国汉字的发展历史，感受中国文化的博大精深；设计类课程可设定此类主题的作业练习，帮助学生理解甲骨文所蕴含的设计思想及人文内涵，并转化为设计符号用于环境设计实践。二是教师组织学生成立学习小组，根据主题进行学习"打卡"，如围绕红色文化的设计分析、"商"文化的设计应用、黄河文化符号的提炼等，用任务驱动学生进行自主学习和探究。三是进行注重过程的考核方式改革，加大平时成绩在总评成绩中的比重，甚至平时成绩可超过期末成绩占比，提升课堂互动、学生自主学习等以学生为中心的学习评价和成绩构成比例，设计分值和评分标准，把平时综合表现和思政学习作为考核成绩的一部分。

四、围绕中原文化开展主题式学生活动

一是鼓励学生在对中原文化有一定研究的教师的辅导下组织建立具有中原文化特色的各类社团，如戏曲社团、书画社团、古琴（古箫）社团等，以及探讨研究中原文化的各类文学社（杜甫诗社）、艺术社等；二是各类社团定期举办学习宣传中原文化的展赛，如中原文化摄影展、汉字设计比赛等；三是开展丰富多彩的主题团课、主题党课，如中原文化知识竞答等。

五、全方面构建育人环境

一是专业教师要积极参与各级各类中原文化的研究项目和艺术创作，形成以环境设计专业教师为主导的教科研团队，进行中原文化相关领域

课题研究和艺术创作，以及包含美丽乡村建设、特色小镇建设在内的社会项目。以研究和实践更好地引导教师潜心教书育人，成为学生健康成长的指导者和引路人。二是尝试搭建环境设计专业中原文化创新交流活动平台。辅导员和其他教职员工要利用此平台进行系统的中原文化学习，学习中原文化，有利于辅导员有思路、有方法地展开学生工作，在与学生接触过程中，做到辅导有方向，交流有水平。三是加强学校各部门之间关于教育教学各环节的沟通，探索制定环境设计专业课程思政相关教学评价标准和学生评价体系。

第五章　高校课程思政教师队伍建设

第一节　高校课程思政教师现状分析

教师是落实高校"立德树人"根本任务的生力军，是推进"课程思政"教育改革的执行者，但很多高校在课程思政教学队伍建设上并不完善，其缺陷突出体现为以下几点。

一、教师"课程思政"意识不强

教师是育人的主体，在传授知识、能力培养和价值引领方面发挥着重要作用，其是否具有育人意识对课程思政工作的落实有着极大的能动性，决定着课程思政目标能否落实。近些年，一些高校全面开展课程思政教育教学改革，并进行了一定的课程思政探索，"全员育人"这一理念已深入人心。教师认可"教书育人"的职责，但是思想政治教育却没有落实到每一门课程中来，教师的"课程思政"意识并不强。教师和学生对课程思政缺乏了解认为这主要是思想政治理论课教师以及班主任、辅导员等学工管理人员的事，没有必要在所有课程中融入思想政治教育元素。他们将个人置身事外，忽视教师自身应该承担的育人职责，课程育人的意识缺乏，与"当代国家提倡的教育理念存在明显差距。这种认识上的偏差，对教师的发展不利，给课堂教学育人主渠道作用的发挥带来了挑战。

二、教师层面"课程思政"教学理念落后

高校推进"课程思政"建设需要各类课程教师在授课的过程中，能够主动更新自己的政治理念，不仅要教授好教学目标里所规定的专业课知识，还需要主动承担起育人的职责，尽可能挖掘课程中的育人功能。然而，许多课程教师在"课程思政"实施的过程中依然存在教学理念落后的现象。

第一，部分课程教师在实施"课程思政"的时候没有回归教学的本质，无法将专业课教学与价值引导相互融合；第二，部分课程教师在实施"课程思政"的时候没有时刻渗透育人的理念，他们总是认为只要做到自己的本职工作就好，而不是以一个"教育家"的风范来要求自己，没有将课程思政融入课程教学的全过程，也没有在教学的过程中关注学生的心理健康；第三，部分课程教师在实施"课程思政"的过程中没有做到"因势利导"地整合好其他课程的思想政治教学内容，这就使得"课程思政"的构建与实施达不到预期的育人效果。

三、教师"课程思政"能力欠缺

一是教师对思政理论的理解和把握能力不足。"课程思政"的一个重要能力就是要能把马克思主义理论和中国特色的哲学社会科学理论贯穿专业教学的全过程，这是以思政课为圆心画好育人"同心圆"的关键。只有教师对马克思主义及其中国化的理论有透彻的理解，才能给学生传递正确的价值观和方法论。然而，大多数教师在课堂教学中做不到有效地将思政理论融入专业知识教学中。二是教师的人文知识积累及运用能力不足。"课程思政"的有效推进，不仅对教师的政治素养和政治理论理

解力有要求，还对教师个人所掌握的人文知识及有效运用有要求。有了丰厚的人文知识储备和娴熟的运用能力，教师自然能将知识传授、价值引领和学生能力培养紧密结合起来。然而，很多高校教师在专业方面的知识储备比较全面，但人文知识储备欠缺的现象普遍存在，工科院校教师更是如此。三是教师的思政元素挖掘能力不足。思想政治教育元素的挖掘在教师的课程思政能力中占据重要位置，其决定着课程思政目标的实施是否准确有效。在高校各类教师中，除思想政治理论课教师熟知相关理论、拥有较多思想政治教育资源外，其他教师并不具备很强的思想政治教育元素挖掘能力。这是由于其他教师有自己熟悉的学科体系和知识结构，对思想政治教育了解不够、认识不多，而且教师入职前并不会受到考察、入职后也没有培训，其对课程思政的理解仅凭自己的感觉，因而难以挖掘思政元素，不愿意花费时间与精力将其应用于教学过程中。四是教师缺乏运用正确方法与载体的能力。课程思政的呈现方法与载体可以是多种多样的，示范、熏陶、情境、体验等都是可尝试的方式，第一课堂、第二课堂以及第三课堂都是可开展的载体。不论采取何种方式，最重要的是要把握学生的思想动态、成长发展特点、兴趣爱好等，贴近实际、贴近生活、贴近现实，以达到开展课程思政的目的。当前教师主要以第一课堂讲授的方式开展课程思政，较少带领学生走入社会开展学习，难以调动起学生的积极性。此外，当前少数高校教师在教学改革中出现不适应的现象，教师自身在理想信念、道德情操、学术修养等方面也面临挑战，具体表现为：理想缺失，信念模糊，急功近利，心态浮躁，从而导致教师在教学上敷衍，在育人上失职，在学术上失范，甚至在道德上败坏。这些教师与习近平总书记提出的"四有"好老师标准相差甚远，不可能站在学生的角度去考虑"满足学生成长发展需求和期待"等问题，更不可能"守好一段渠、种好责任田"，这种状况亟须得到改变。

第二节　教师课程思政建设意识和能力提升

教师是课堂教学的第一责任人，"课程思政"改革能否成功，教师是关键。

一、高校教师是推进"课程思政"建设的关键

"课程思政"是思想政治工作的重要途径，而教师是课堂教学的第一责任人，直接关系到课堂教学效果和教学质量，直接关系到育人的成效。实施"课程思政"改革，体现育人的价值导向，需要每一位教师的积极参与和有效落实。因而，推进教育教学改革创新，增强广大教师"课程思政"的意识，提高育德的责任与能力，是所有课程"同向同行、协同育人"的重要保障。教师要站在落实立德树人根本任务的高度，自觉担负起教师的职责和使命，将培养德智体美劳全面发展的社会主义建设者和接班人作为"课程思政"的重要途径和基本价值取向；进一步转变观念，强化"课程思政"意识，不断加强自身建设，加强教学内容改革，创新育人方法，努力建构能够适应"课程思政"的知识体系、合适的教学内容和科学的授课方法。

二、教师课程思政建设意识和能力提升路径

"课程思政"是高校思想政治教育的重要载体，也是实现立德树人根本任务的有效途径。"教师承担着传播知识、传播思想、传播真理的历史使命，肩负着塑造灵魂、塑造生命、塑造人的时代重任，是教育发展的第一资源，是国家富强、民族振兴、人民幸福的重要基石。"① 进入新时代，面对各种挑战，高校教师要加强自身"课程思政"能力建设，强化价值引领，肩负起立德树人的历史重任。

---

① 裴秀芳，杨亚楠. 关于中小学教师幸福感的调查研究：以山西省为例［J］. 中国教师，2019（12）：12-16.

（一）强化"课程思政"育人意识

一名优秀的教师，不应只是教授课业知识和能力的"授业者"，还应该成为传播品德和价值的"传道者"。科学的教育理念是一个教师核心素质的重要组成部分，教师自身的教育理念对其日常教育教学行为起到重要的支配作用。高校教育工作者在面对世界形势巨变之时，在实现中华民族伟大复兴的中国梦的伟大征途中，要牢记立德树人的初心，牢记培养合格接班人的使命，用知重负重、攻坚克难、不断创新的教育行动诠释新时代教育工作者的使命和担当，为培养中华民族伟大复兴合格人才贡献才华和智慧。所以，作为教师，一是要增强教师育人自觉和责任担当。课程思政改革的成效一定程度上取决于教师的思想认识水平和改革能力。推动课程思政建设，要增强教师的育人自觉。要坚持教育者先受教育，让教师更好地成为学生成长路上的指导者和引路人。要在教师思想、道德、学识、能力等方面全面落实价值引领和育人导向，将育人导向贯穿教师成长与发展的全过程，将育人导向贯穿教师教书、科研、实践、文化、管理、服务、组织等工作，切实增强教师的政治立场、使命担当和育人自觉。二是要发挥思政课与其他各类课程在育人上的协同效应。探索"课程思政"是加强和改进大学生思想政治教育的重要举措，是落实"三全"育人的重要渠道，必须坚持社会主义办学方向，强化社会主义大学的育人导向。我国社会正处于重要的转型期，各类矛盾交织、价值多元碰撞、社会环境复杂，大学生思想政治工作难度加大，仅仅依靠思政课对大学生进行思想政治教育远远不够，价值引领明显不足，迫切需要发挥各个学科优势，彰显各门课程的特色，实现全体教师、全课程、全课堂、全方位育人。"课程思政"理念的终极价值在于育人为本、以德为先、促进学生的全面发展。在"课程思政"教育教学改革过程中，只有进一步强化"课程思政"这一理念，让"立德树人"成为每位教师的神圣使命和岗位责任，牢记"育人"本质，把握学生需求，充分发掘所教课程蕴含的思政元素，使得思政课与其他各类课程在育人上形成协同效应，让学生在潜移默化中深受教育与浸染，把价值引领、能力培养和知识传授贯穿于日常课堂教学。

（二）增强"课程思政"内容融合的能力

任何一门专业课程都蕴含着丰富的、待开发的"课程思政"元素，都暗含启迪人们智慧、激发爱国热情、拥有社会正义感、负有社会责任感、具有文化自信、充满人文精神等价值范式的思政元素。"课程思政"的价值就在于充分发掘每一门课程潜在的思想政治元素。一般来说，专业课程教师和学生的关系更为密切、对学生的个人发展影响作用也更大，这就需要专业课教师在传道、授业、解惑过程中，掌握思想政治教育的特征、规律和话语，将思想政治教育核心原则和要求内化于专业课的设计与教学活动中，将专业课程中所蕴含的思想政治教育功能开发出来。专业课教师将家国情怀、社会责任、道德规范、法治政治意识、思维品质、科学精神、创新能力、人文精神等要素融入课堂教学，需要注重教育路径设计，强化思政元素与日常教学内容之间的融合。以哲学社会科学课程为例，专业课教师必须明确哲学社会科学学科在不同程度上均具有意识形态属性，将教学目标定位于使学生在专业学习中提高对问题的鉴别与分析能力，在教学中注重对学生进行正确的价值观引导，在运用理论分析社会问题时，要有意识地用马克思主义的立场、观点和方法，分析事物的前因后果、内在联系、发展规律，注重在潜移默化中融入思想政治教育。

落实立德树人的根本任务，培养德智体美劳全面发展的社会主义建设者和接班人，必须夯实"铸魂"工程，筑牢"信仰、价值与精神"之基，重点培养学生的政治认同和文化认同。政治认同体现在对国家基本制度的认可，对社会发展道路的拥护，对国家方针政策的支持上；文化认同体现在对中华优秀传统文化的自信与自觉上。同时，要帮助学生运用马克思主义的立场观点和方法分析教学中的现实问题，回应学生在日常课堂教学中的现实需求，引导和培养学生正确的辩证思维、历史思维和实践思维，提升学生思想政治素质和能力。

（三）创新"课程思政"教学方法的能力

强化"课程思政"问题导向，结合课程实际，创新教学方法、丰富课程内涵、优化教学设计。做好大学生思想政治教育要遵循思想政治工作规律，遵循教书育人规律，遵循学生成长规律。其一，教师开展思想政治教育要树立以学生为中心的理念，要充分了解学生的内在需要和思想动态，贴近社会的客观实际和学生的思想实际，以此产生教与学双方的心理共振，进而取得良好的教学效果。把握学生需求，找准学术突破口，创新教学载体，不单向灌输，不强加观点，从学生感兴趣的例子出发，把握恰当、自然渗透的原则，转换表达方式，寓教于课、寓教于乐，让学生融入课堂，既紧扣时代发展又回应学生关切。其二，有的教师在讲授专业课程时忽视了要增强学生的价值判断能力、价值选择能力、价值塑造能力，所以，各门课程教师都要结合课程特点适时嵌入思政元素。课程思政教学改革不是简单地"贴标签"，而是要遵循"盐溶于汤"的原则，把握好"度"，把握其他各类课程在思政教育中的"隐性"特点。教师要选择学生乐于接受的话语方式，创设平等和谐的教育氛围，充分调动学生的积极性、主动性与参与性。运用好恰当的话语方式，往往会取得事半功倍的效果。高校要针对专业课教师开展富有针对性、示范性的"课程思政"教学指导，形成常态化的集体备课制度、教学激励制度，并将教材话语转变为教学话语，提升教学的吸引力和感染力。三是要汲取现代教育方式的创新理念，采用课堂的最新教学形式，鼓励翻转式、交互式、体验式的教学方式，结合新媒体、新技术，尝试通过翻转课堂、知行大课堂、特色社会实践等方式，改变传统思政课题的灌输模式和说教模式，让学生成为课题教育的主持人、主讲人，充分发挥学生的积极性。推进"课程思政"建设的最理想的境界是让教师在不知不觉中实施教育，学生在不知不觉中深受教育。如南京航空航天大学的 80 后"网红"教师徐川用他"百炼钢化为绕指柔"的讲课艺术，"用故事讲道理"的讲课技术赢得了学生和社会的广泛欢迎。

第三节　加强师德师风建设，提升教师综合素质

随着改革开放的全面推进和不断深化，我国社会主义现代化建设进程持续推进，国家发展和建设对于高素质人才的需求更加迫切。为国家培养德智体美劳全面发展的社会主义建设者和接班人，要求教师"打铁自身硬"，不断增强本领，提高自身综合素质，做"全能型"教师。

一、加强高校教师的师德师风建设

习近平总书记在全国高校思想政治工作会议上强调："高校教师要坚持教育者先受教育，加强师德师风建设，以德立身、以德立学、以德施教。"高校在日常教学管理中不但要对教师进行岗位技能培训，提升教师的科研能力和教学水平，更要加强高校教师的师德师风建设。所谓师德师风建设，人们从字面上就可以清楚地了解其含义，"师德"就是要求高校教师要具备最基本的道德素养，爱岗敬业、钻研学术、教书育人，"师风"就是要求高校教师要端正行为作风，以身作则、加强学习、关爱学生。

首先，高校教师要树立爱岗敬业、乐于奉献的职业精神，教师的本职工作向来就是教书育人，新时代高校教师更要紧跟时代步伐，坚持育人为本、德育为先的教育方针，不断加强学习，提高自身的综合素质和各项能力，提升思想政治素养，坚守职业道德，强化业务能力，提高育人水平，坚持立德树人。在传授学生专业知识和技能的同时，加强思想政治教育，不但要使学生在大学生涯中获得丰富的知识和技能，更要引

导学生树立正确的世界观、人生观和价值观，成为各方位全面发展的高素质顶尖人才。

其次，高校教师加强师德师风建设，其中很重要的一点就是教师要处理好师生关系，与学生建立良好的师生关系，这是教师顺利开展教学活动，进行课程思政建设的重要保障。教师与学生要成为"亦师亦友"的关系，彼此信任、相互理解、相互包容，教师要融入学生群体，只有站在学生的角度，理解学生所思所想，充分理解、尊重和关爱学生，才能真正参与学生的成长过程。

最后，通过教学过程当中课程思政的实施，充分践行立德树人教育理念，以身作则、关爱学生，做学生的良师益友，成为学生学习生涯的领路人。在日常教学过程中要营造良好的德育环境和学习氛围，让德育贯穿课堂教学的全过程，高校教师真正实现"身正为范，以德育人"。

二、推动教师树立终身学习的学习观

纵观人类文明的发展史，人们可以清楚地了解到，虽然每个人的生命是有限而短暂的，但经历了无数人的不断探索和努力学习，整个世界才得以发展得如此迅猛。现如今的世界正处于知识经济时代，这是一个注重知识、文化和科学技术的时代，在这个时代，知识就是力量。为了能够不断获取知识，增强本领，树立终身学习的观念并践行终身学习的理念至关重要。学习不仅是一种行为，更是一种能力，对于新时代的高校教师来说，终身学习更为重要，发展高校课程思政，教师群体要树立终身学习的意识，并在教学生涯中始终践行终身学习的理念。

首先，高校教师要树立终身学习的观念，不断进行自我评价和教学反思，只有明确了授课过程当中存在哪些不足，自身还缺乏哪些知识，才能够激发教师求知的动力，促使教师主动进行学习和探索，强化专业知识和技能，并不断提升自身的政治素养，才能够更好地进行课程思政的教学和建设活动。

其次，终身学习的学习观要求高校教师不断更新自身的知识库，通过定期反思和整理自身具备的知识和专业技能，不断为自己树立新的学习目标。合理采纳他人的建议，培养高尚的情操和爱好。在日常工作和学习中进行广泛的探索和科研，优化自己的知识结构，以开放的胸怀吸纳各种有助于自身成长并且有助于课程思政发展建设的知识和技能。

最后，高校教师不但要做到终身学习，更要做到学以致用。教学知识来源于生活实践，最终更要回归教学实践。教师如果不将自己学习获得的知识和技能应用到实际教学当中，那永远只能"纸上谈兵"。高校教师只有做到理论联系实际，与时俱进，将自己在学习过程中积累的经验、习得的技能和丰富的知识充分运用到课程思政教学当中，才能不辱教师的职责和使命，不断推动课程思政的建设和发展，实现高校"立德树人"的根本任务。

三、培养教师的创新意识和创新能力

历史的车轮滚滚向前，时代潮流浩浩荡荡。纵观人类发展的历史，唯有创新才是推动人类社会不断向前发展的重要力量，也唯有创新才是民族进步的灵魂，是一个国家兴旺发达的不竭动力。当今世界正经历百年未有之大变局，世界正经历大调整和大变革，各种政治危机、经济危机和生态危机等问题层出不穷，给世界各国的发展带来了巨大的挑战。想要在危机和挑战的夹缝中求得生存，想要在资源、环境和人口的巨大压力下，不断发展中国特色社会主义，实现社会主义现代化，就要坚持自主创新，形成国家发展的不竭动力。国家实现自主创新，提高创新能力，最重要的一步棋就是要加强创新型人才的培养。明代政治家钱琦在《钱公良测语》中所云："治人者必先自治、责人者必先自责、成人者必须自成。"作为高校育人的主体，高校教师要先实现自身创新意识和创新能力的培养，而后才能够通过课堂教学不断培养学生的创新和实践能力。

首先，高校要从制度层面进行培养机制的建设。通过定期邀请国内

外知名专家学者来校讲座，帮助高校教师拓宽视野，了解教育前沿信息，不断扩充教师知识储量，进行专业知识和思政知识的合理架构；通过对高校教师课程思政科研成果进行考核和奖励，提升教师创作热情，强化教师创新意识；通过对高校新引进的青年教师进行创新培养，使其充分了解学科发展方向、学科热点问题，帮助青年教师申报立项，进行科研创新。

其次，教师自身要勇于突破教学常规的束缚，敢于接受新事物，敢于进行教学方法、教学手段、教学模式和教学内容的创新。不拘泥于课本教材，但又能在不脱离课本的基础上，进行适当的拓展和延伸，因材施教；时刻关注高校课程思政发展建设的最新动态，认真剖析教育前沿知识和成果，结合自己的见解，将其转变为自己的知识，充分融入课程思政教学当中。总之，培养教师的创新意识和创新能力就是要让教师具备勇于探索的精神，不断开拓创新，打破常规，树立自己别具一格的教学风格，以创造性思维引导和启迪学生，在传授知识的同时，培养学生的创新能力和实践能力，引导学生树立正确的人生观和价值观，实现高校课程思政立德树人的根本任务。

第四节　打造教书育人、为人师表的协同育人师资队伍

全方位打造"四有"好老师队伍，建设一支由思政课教师、专业课教师、通识课教师和其他具有较高理论素养的专家学者组成的教学团队，共同担负起为党育人、为国育才的历史使命，培养社会主义事业合格建设者和可靠接班人。

一、加强思政课教师队伍建设

上好思想政治理论课关键在教师。做好思想政治理论课教学工作，

关键需要有一支专兼结合、数量充足，对马克思主义真学、真懂、真信、真用的教师队伍。对于思政课教师，除此之外，还必须具备"五有"，即：要有理想信念、有道德情操、有国家情怀、有仁爱之心、有丰富修养。高校要切实强化队伍意识，大力提升教师素质。第一，要大力加强专职队伍建设。对专职教师，各高校在提升教师学历的基础上，需要强化日常教育和管理，充分发挥党支部、教研室的作用，开展好"三会一课"和日常教研活动，定期邀请教学名师、专家学者来校作培训交流；根据中央要求，定期组织教师开展实践研修和社会实践。积极开展读马克思主义经典著作活动，定期组织教师研读《共产党宣言》《习近平谈治国理政》等经典著作。强化教学监管，坚持教学督导、领导听课、同行评课、学生评教制度，不断提高教师教学技能、教学质量和教学水平；强化纪律约束，思政课教师是学生的信仰之师、品德之师、行为之师，全体思政课教师必须坚守理想信念，守住政治高线、法律红线和道德底线。第二，要大力加强兼职教师队伍。只要上讲台，就要教书育人、为人师表。高校要严格程序，坚持标准，严格试讲，选拔一批既有较高政策理论水平，又有学生教育经验和一定教学能力的地方党政干部、英模人物、社会活动家、心理健康教育专家等担任思政课兼职教师，不断扩大思政课教师的数量、提升思政课教师的素质和能力。

二、加强专业课教师队伍建设

积极营造一支政治强、素质高的教师队伍，是课程思政取得成效的基础和关键。广大专业课、专业基础课教师是教书育人的主体，也是课堂教学的第一责任人。高校课程思政建设要靠每一位教师去实施，他们的能力和素质直接关系到课程思政的质量和效果。各学校通过采取教师岗前培训、日常教育培训、课程思政专题培训等多项措施，加强专业课教师的专业能力和师德师风的培养，切实增强教师的育人意识以及课程思政意识。从近几年的课程思政实践来看，做好课程思政，教师不仅要有课程思政的育人意识，更要有课程思政的育人技能。为此，高校在强化教师教书育人意识的基础上，要求教师的授课既要有为完成课程教学目标必讲的主课，又要有针对教育对象思想困惑的教育课，既要有能体现自己专业水平的看家本领课，又要有结合最新国内外重大事件的时事热点课，以此来培养一支德艺双馨的课程思政教师队伍，使教师不仅能"授业"，而且还能"传好道"和"解好惑"。

三、加强思政课和专业课教师之间的交流协作

实现专业课教师与思政课教师协同育人，是高校思想政治教育工作的内在要求。在思想政治理论课教学中，思政课教师要积极主动与二级学院联系，将各学院的专业实训与思政课的教学结合起来，做到与专业教师共同研究育人目标，共同设计教学内容，共同设计教学方法，实现协同育人。这就需要思政课教师不仅要有针对性地、多角度地对学生进行全方位的了解，还要与专业教师共同交流协商，实现教教共长。此外，为切实保证思政课程与课程思政协同育人，高校要积极为思政课教师和专业课教师打造教学成长方案，例如，开展"思政课程与课程思政聚合行动"，以此促进思政课教师与专业课教师之间的合作交流与共同提升，大力增强专业课教师的育人意识，提升课程思政的自觉性与主动性。此外，高校还要成立一支思政课教师组成的课程思政专家团队，负责指导各个学院开展课程思政、对全校专业课教师进行培训、与专业教师共同挖掘思政元素、共同设计教学内容和教学方法，真正解决专业课老师不会课程思政、不敢课程思政、不能课程思政的问题。

第六章　高校课程思政与思政课程协同育人研究

中国特色社会主义进入新时代，高校思想政治教育也面临新的挑战和新的任务要求。高校思想政治教育系统要素繁多，包括工作主体、对象、载体、环境等，提高思政教育的实效性，离不开不同要素之间的相互配合和彼此协调。所谓相互配合和彼此协调，主要是指在共同推进高校思政教育时，各要素不能彼此孤立脱节，而要根据实际工作需要有机衔接，相互作用，一旦其中某一要素出现协同断裂，将会极大地影响协同效果。因此，推动思政课程与课程思政同向同行，创新高校思政课程与课程思政协同育人模式，建立健全思政课程与课程思政协同育人机制，是当前高校亟待解决的现实问题。

第一节　课程思政与思政课程协同育人的理论研究

一、教学目标协同

目标协同是指最终追求的价值目标相同。在协同育人的不同实践阶段，是允许个体目标存在差异的。但共同目标仍然应作为主导方向发挥规范、矫正、激励等作用，指导协同育人机制前行。目标协同的构建是协同育人机制存在的最终价值。教育目标可以依据重要程度划分为主要目标和次要目标，可以按照实现时间划分为长期、中期与短期目标，可以按照目标所针对的对象划分为群体目标和个体目标。因此，必须加强教育目标内部各个子目标的协同，使每一个具体的目标设定都与总目标一致。

在我国高等教育体系中，思政教育最主要的表现形式就是思想政治理论课教育教学，专业教育则表现为各类专业课教学。从课程目标来看，思政教育主要针对的是德育教育，而专业教育主要针对的是技能的培养。两种教育各有适应的范围，并不能相互代替。事实上，不论是思政课教学，还是专业课教学，各高校均建立了一整套包括课程设置、教学管理和质量考核在内的完善的教育系统，二者各自为政，长期处于分离状态。但从教育理念和培养目标来看，两者都肩负着教书育人、立德树人的重任，都承担着既教给学生知识、技能，又教会学生做人的重任，都服务于培养社会主义建设者和接班人这一目标。

目前，我国已有不少高校开始实行课程思政教学改革并取得不错的成绩，但是有一点人们始终不能忽视的就是思政课程与课程思政之间存在着本质联系，即两者方向一致，目标相同，因此应该把二者结合起来，形成协同效应，提升课程思政的有效性，提升高校思政教育的育人效果。高校构建思政课程与课程思政的协同育人机制，需要覆盖尽可能多的教师、尽可能多的课程，在课程思政认识上达成一致，自觉把思政元素融入各自的课程中去。课程思政的全课程渗透应当成为高校课程思政发展的目标，应让高校的所有专业课、思政课、其他公共课都协同在一起，有机统一所有课程教学的知识与价值，真正做到思政教育的显性与隐性结合。

二、教育主体协同

思想政治教育主体是指"有目的、有意识地组织和开展思想政治教育实践活动的群体或者个人，即思想政治教育的组织者、发动者、承担者和实施者"。一般认为，思想政治教育主体要素主要有三个：一是思想政治教育主体，包括学校、家庭、社会等多方面参与要素构成的教育主体；二是思想政治教育对象，主要是指高校学生；三是思想政治教育实践活动，主要是指思想政治理论课以外的实践活动。这三者之间是一种平等互利的关系，而思想政治教育的主体协同，是指这些主体通过协同合作，形成教育合力，最终实现同步育人的效果，推进高校思政课程和课程思政协同育人机制的构建。教育主体协同的构建就是指各育人主体，在遵循思想政治协同教育的规律下，进行整合协同。

三、教学内容协同

教学内容协同主要是指受教育者的思想政治教育价值的内在统一，具体体现在适应社会发展的意识形态、具有科学的价值理念和民族凝聚力的培育上。教学内容主要有德育教育、思想政治理论教育、心理健康教育等。教师在传授理论知识的同时，要注重价值观念的影响并且注重教育实践活动的实效性。

教育内容协同可以从政治素养教育协同、专业课教育协同等方面进行。政治素养的培育，是思想政治教育中最重要的内容，主要包括思想政治素养教育、思想品德教育、校情与校史教育等。其中思想政治理论课教师、辅导员扮演了主要的角色。政治素养教育协同是指政治素养教育内容不同主题板块的链接协同、教育主体的合作联动系统协同、载体平台的优势互补协同、资源共享等。例如，思想政治理论课教师定期集体备课、统一教学参考教案、利用新媒体实行线上线下混合教学、思政课虚拟仿真试验、思政课骨干教师开展"四史"讲座、思政课教师和辅导员共同开展思政课校内校外、课内课外的实践教学活动等。专业课教育协同包括专业教育实施、学风引导、考风培养以及精英典型教育等。另外，根据协同理论，高校在充分发挥思想政治教育和心理健康教育各自传统育人优势的基础上，也可以积极挖掘两者协同育人的优势，相互结合，取长补短。构建切实可行的、全方位、立体式的思想政治教育与心理健康教育协同育人的机制，切实提高教育的科学性、针对性和有效性。

四、教学方法协同

随着时代的发展进步，教育内容的不断更新，教育对象的需求变化，高校思想政治教育的方法也在不断更新变化。一般来说，高校教师普遍使用的方法主要有四种：一是基本方法，包括实践教育法、评价法、理论教育法。二是一般方法，包括典型教育法、激励与感染教育法、疏导教育法、自我教育方法及比较教育方法。三是特殊方法，包括冲突缓解法、预防教育法以及思想转化法。四是综合方法，在新时代背景下，隐性教育法和网络教育法也加入思想政治教育方法的队列。教育方法协同要具有针对性和整合性。既要合理取舍，又要合理借鉴，还要创新探索，最终制定一套适合思政课程和课程思政协同育人机制的教学方法。

五、教育渠道协同

2020 年 4 月，教育部等八部门联合发布了《关于加快构建高校思想政治工作体系的意见》，明确提出全面推进所有学科课程思政建设，构建全面覆盖、类型丰富、层次递进、相互支撑的课程体系，重点建设一批公共基础课程。2020 年 5 月，教育部印发了《高等学校课程思政建设指导纲要》，提出全面推进课程思政建设，要紧紧抓住教师队伍"主力军"、课程建设"主战场"、课堂教学"主渠道"，让所有高校、所有教师、所有课程都承担好育人责任，守好一段渠、种好责任田，使各类课程与思政课程同向同行，将显性教育和隐性教育相统一，形成协同效应，构建全员全程全方位育人大格局。

从以上这些文件内容中不难发现，课程思政建设就是要实现所有课程的协同育人，充分挖掘所有课程的显性思想政治教育内容和隐性思想政治教育内容，以思想政治理论课为主导，实现所有课程都充分发挥思想政治教育功能的大思政教育目标。这里的课程包括思政课和非思政课所有课程，所以，课程协同包括思政课程与课程思政的协同，也包括思政课程内部所有思政课程的协同和所有非思政课程的协同。也就是说，所有课程都要参与进来，所有课程都要与其他课程协同育人。

六、教育环境协同

一是校园育人环境系统的协同，校园文化建设是高校思想政治教育的重要途径和有效载体，其根本宗旨是优化育人环境，通过校园文化建设，促进大学生全面发展。首先，学校思想政治教育工作领导小组应对校园文化进行总体规划，建设兼具思想性与娱乐性、开拓性与继承性的校园文化。其次，加强校风、教风和学风建设。最后，充分利用学术活动、科技活动、体育娱乐活动等实践活动，在大学生的学习和生活中融入思想政治教育。二是网络育人环境系统的协同，网络成为大学生知识获取和信息咨询的重要渠道，是高校思想政治教育工作的新载体。网络丰富的信息资源极大地满足了大学生学习生活和娱乐的需求，使其增加了接受多种教育的机会，最大限度地共享信息资源。因此，学校应建设具有思想性、知识性、趣味性和服务性的新媒体平台，用于传播思想政治教育先进思想，更全面地为大学生服务。

第二节　课程思政与思政课程协同育人的基本要求

近年来，各高校积极推进课程思政建设，在加强组织领导、健全体制机制、提升教师课程思政意识和能力、完善激励约束措施等方面做了大量工作，取得了初步成效。习近平总书记在全国高校思想政治工作会议上强调："要坚持把立德树人作为中心环节，把思想政治工作贯穿教育教学全过程，实现全程育人、全方位育人"，"思想政治理论课要坚持在改进中加强，提升思想政治教育亲和力和针对性，满足学生成长发展需求和期待"，"其他各门课要守好一段渠、种好责任田，使各类课程与思想政治理论课同向同行，形成协同效应"。创新高校思政课程与课程思政协同育人模式，建立健全思政课程与课程思政协同育人机制，是当前高校亟待解决的一个重要问题。

一、做好顶层规划，构建科学体系

课程思政与思政课程协同育人是由诸多相互制约、相互促进的要素构成的有机统一体，涉及学校各门课程、每位教师、每个学院和众多职能部门，如何健全体制机制，整合资源，统筹推进，是协同育人的关键。《高等学校课程思政建设指导纲要》指出，要紧紧抓住教师队伍"主力军"、课程建设"主战场"、课堂教学"主渠道"，让所有高校、所有教师、所有课程都承担好育人责任，守好一段渠、种好责任田。因此，在教师队伍建设方面，要注重对马克思主义理论的全面了解和系统学习。在教学内容和方法上，要做到统一和持续优化。课程思政与思政课程协同育人既需要政策支持，也需要科学有效的考核评价及激励约束机制。受协同育人内容的丰富性、方法的多样性、环境的复杂性及成效的抽象性的制约，高校还需要建立健全科学有效的考核评价机制，把课程思政与思政课程建设成效纳入学科评估、教学评估、专业认证、教学成果奖评审、职称评聘、绩效工资发放中，并有效落实政策。

二、坚持问题导向，积极开展实践

各高校要坚持问题导向，深入做好实践探索，重点解决思政课建设和课程思政建设"两张皮"问题：各自为战，各吹各的号、各唱各的调，没有形成两者协同育人效应；解决教师育人意识不强，育人效果不好问题：思想政治理论课教师育人不联系专业，专业课教师只讲专业忽视育人；解决教师课程思政能力不高、方法生硬问题：教师不会挖掘课程思政元素，不能润物无声地把思政资源融入教学；解决学校顶层设计滞后，建设管理缺失问题：学校没有就协同育人做出部署和要求，二级单位没有就此创新落实。

为此，高校要坚持问题导向，积极开展实践探索，力求破解难点，解决堵点，打造亮点。一是做到协同育人理念上的"变"，解决教师思想固化的问题。摒弃重教书、轻育人，重智育、轻德育的传统观念和做法。在协同育人体系构建中，既强化思政课的主渠道、主阵地作用，又强化各门课程的育人作用；既强化教师教好书，又强化教师育好人；既强化对教师的教学管理，又强化教师的育人效果，以激发教师教书育人、为人师表的积极性，进而实现思政课程与课程思政协同育人的有效性。二是实现协同育人内容上的"融"，解决教育内容脱节的问题。修订学校人才培养方案和课程教学大纲，明确各门课程的育人目标和要求，把思想政治教育融入每门课程教学，实现价值引领、知识传授和能力培养的有机融合，构建思政课程和课程思政协同育人的内容体系。组织师资培训和专题研讨，提升教师思政课程与课程思政教学能力；开展课程思政试点建设、评选示范课程，开展专项教改课题研究立项，全面推进协同育人。三是促进协同育人途径上的"合"，解决教育孤岛效应的问题。改变以往课程建设和思想政治教育单打独斗、两张皮的局面，通过制定落实思政课程和课程思政建设的实施意见，强化思政课教师和专业课教师两支队伍建设，深化课程教学改革，实现显性教育和隐性教育相结合、价值性和知识性相结合、理论性和实践性相结合，做到思政课程与课程思政相互促进、相互补充、有机融合、同向同行，形成协同效应。四是落实协同育人行动上的"实"，解决教育效果不佳的问题。健全学校课程思政与思政课程协同育人体系的顶层设计，印发课程思政建设实施方案等；加强组织领导，成立以党委书记、校长任组长的学校课程思政建设领导小组，形成党委行政统一领导，教务部门综合协调，各二级学院积极发挥主体作用，广大教师积极参与的体制机制。成立学校课程思政教学研究中心、课程思政教学指导委员会和思政课程教学指导委员会，负责开展相关教学研究和教学指导；加强教学管理、教学评价和各项保障，确保协同育人取得扎扎实实的效果。

第三节　课程思政与思政课程协同育人的实践研究

一、创建两位一体、显隐结合的协同育人课程

高校的课程教学是对大学生进行思想政治教育的主要载体和手段。一是思想政治理论课，这是教育的主渠道、主阵地；二是专业课和专业基础课等，这些课都要守好一段渠、种好责任田。为此，需要构建思政课程与专业课程相结合的"两位一体"的课程体系，形成"整体教育场域"，实现立德树人根本任务。

（一）大力加强高校思想政治理论课建设，发挥思政课程的显性教育作用

中央高度重视思想政治理论课建设，连续下发多个纲领性文件、召开多个专题会议进行安排部署。高校要深入实施《普通高校思想政治理论课建设体系创新计划》，把思想政治理论课纳入学校发展规划，将其作为学校人才培养的核心课程和重点课程，加大建设力度，不断提高思想政治理论课的建设质量和水平。

1.强化责任意识，做到重点建设

学校党委一定要强化"四个意识"，站在为党育人、为国育才的高

度，充分认识和理解到，高校思想政治理论课既是一门课程，又具有鲜明的意识形态属性。思政课是坚持社会主义办学方向的重要阵地，是对大学生进行思想政治教育的灵魂课程，是帮助学生树立正确"三观"的重要课程，是高校培养社会主义事业建设者和接班人的主渠道、主阵地。如果一门专业课程建设不好尚且可以理解，因为它传授给学生的是理论知识和专业技能，理论知识和专业技能是信息时代学生通过自学大都可以掌握的；但如果思想政治理论课建设不好，是无论如何不可原谅的，因为它赋予学生的是价值观念和理想信念，而价值观念和理想信念学生是不会自发形成的。如果不能建设好思想政治理论课，有效达成课程教学目标，是党委的失职、渎职。为此，在学校人才培养体系和课程建设中，学校要关注思想政治理论课、支持思想政治理论课建设。各学校党委要持之以恒，常抓不懈，坚持把思政课摆在突出位置。根据上级要求，学校党委会、校长办公会每学期要定期专题研究思政课建设。此外，各学校要优先保证思政课建设发展，在师资队伍、经费投入、公共资源使用和发展规划等工作中对其优先考虑安排，切实保障思政课在高校中的重点建设位置。

2.强化创新意识，提高教学质量

（1）大力加强教学内容改革。坚持把讲课程理论知识与讲社会实际结合起来，坚持把讲课程教学内容与讲学生内心的思想实际问题结合起来，根据时代发展和学生实际，每学期开学前，组织召开师生座谈会、交流会，让学生和教师共同设计、规划教学内容和教学形式，把思政课的课本内容，与新时代理论发展和学生思想困惑结合起来，让枯燥的课本理论变为鲜活、生动的课堂现实教学内容。

（2）大力加强教学手段的改革。时代的发展为高校思想政治理论课教学提供了丰富的教学载体和手段，各高校要统筹做好教师理论教学、社会实践教学和在线网络教学建设，积极拓展思政课教育教学的渠道，形成课堂教学与网络教学、校内课堂与校外课堂、实践教学与理论教学相互融合、相互支撑的多彩教学载体和形式。积极开设思政课教学网站和思政课微信公众号，探索实施思想政治理论课慕课教学和翻转课堂，成立大学生理论社团等，有效实现思政课教学手段的现代化和教育形式的多样化。

（3）大力加强教学方法的改革。教学方法是在教学活动中师生双方为共同完成教学活动内容、实现教学任务和教学目标采取的行为方式的总称。良好的教学方法是激发学生学习兴趣、激发学生学习积极性、提高教学质量的重要手段。鉴于学生对思政课学习积极性主动性不高的现实情况，思政课教学要积极探索、勇于创新，打破单一的灌输式、说教式教学模式，按照能有效坚定学生理想信念、提升学生思想道德素养，有利于加强学生家国情怀、奋斗精神和创新意识的培养要求，把学生放在教育的主体地位，采取演讲式、案例式、小组讨论、同伴教学、小组设计、角色扮演、启发式等多种丰富多彩、行之有效的教学方法，激发和调动大学生学习思政课的兴趣，不断提高思政课吸引力和感染力、针对性和实效性。

3.强化品牌意识，打造特色亮点

加强高校思想政治理论课建设是一项系统工程，既要总揽全局、大处着眼、整体推进，又要落实落细、小处着手、打造特色。例如，思政课实践教学是教育部一直强调的一项重要工作，这也是提高思政课育人成效的重要方面。部分高校在这方面进行了有益探索，取得了初步成效。其具体做法是：制定课程教学大纲、编印课程实践教学教材、多方联系建立校外实践教学基地、积极开辟思政课实践教学的新载体，大力拓展实践教学的形式，结合时代发展和学生实际积极开展内容丰富的实践教学活动，受到学生的普遍欢迎和好评。

（二）提升课程思政认识，切实重视高校课程思政建设

1.从高度看，开展课程思政是贯彻落实习近平总书记指示精神的具体之行

习近平总书记在全国高校思想政治工作会议上强调，"其他各门课都

要守好一段渠、种好责任田"。在高校各类课程中，不仅思政课有育人的功能，而且各门课程，包括专业课、专业基础课、实践实训课等，都是育人的载体，都有丰富的育人元素，都有育人的功能。各类课程教学都要做好育人设计，使各类课程在学校教学中与思政课教学同向而行、协同作战。在学校思想政治理论课教师座谈会上，习近平总书记又指出要做到"八个相统一"，要求学校教育把显性教育和隐性教育结合起来，挖掘各门课程中的思政元素，实现三全育人。这是对推进思政课程与课程思政有机结合的再次强调。通过对习近平总书记重要讲话精神的深入学习和思考，人们深刻认识到，课程思政不仅是一种教育理念，也是一种育人模式，它需要每位教师在教学中系统挖掘课程中的思想政治教育元素和功能，精心进行教学设计，并利用一定的教学方法和手段把它有机地融入教学中，在实现对学生进行知识传授和能力培养的同时，对学生也开展了思想政治教育。在讲授专业知识的同时，教师要把做人做事的基本道理、把社会主义核心价值观的要求、把实现中华民族伟大复兴的理想和责任融入教学之中。这不仅是高校构建德智体美劳全面发展的教育体系和高水平人才培养体系的内在要求，也是完善高校三全育人的有力抓手。

2. 从深度看，开展课程思政是应对当前意识形态复杂斗争的固本之计

当前，意识形态领域的斗争复杂多变，严重威胁着我国的国家安全。高校作为意识形态工作的前沿阵地，面对的意识形态工作的风险点也逐步增多，站在实现"两个一百年"奋斗目标的政治高度，围绕高校的职责使命——培养什么样的人、为谁培养人、怎么样培养人，人们必须给出一个明确的答案。对"培养什么样的人"和"为谁培养人"的问题，人们都十分清楚，那就是培养中国特色社会主义事业合格建设者和可靠接班人。高校培养出的学生既然是"中国制造"，就不能仅有"中国脸"的面孔，更要有"中国心"的内涵、还要有"中国情"的情怀和"中国味"

的特色。但是，对"怎样培养人"，虽然人们喊得比较响，也比较多，也一直在思考、探索和实践，例如，开展学校、家庭和社会的"三结合教育"、全员、全过程和全方位的"三全育人"等，但事实上却没有真正解决好育人效果问题。本书认为，课程思政是实现育人的一个重要而有效的载体。如果说思政课程在意识形态的价值引领方面起到的是显性教育作用，那么课程思政起到的就是润物无声的隐性教育作用。而这种润物无声、春风化雨、画龙点睛的教育，往往是思政课教师居高临下的灌输和长篇大论的说教所不能比拟和达到的。

3. 从亮度看，开展课程思政是破解当前高校思想政治教育难题的创新之举

当前，相当多的高校依然存在重智育、轻德育，重知识、轻道德的问题，教师教学以讲知识、教技能为主，思想政治教育与其他专业课程教育不同程度的存在"两张皮"与"平行线"的问题，思想政治教育与专业课教学各吹各的号、各唱各的调，缺乏统筹协调和同频共振，可谓是大多数专业教师在忙"教书"，少数思想政治工作者在忙"育人"，而且相当一部分专业课教师认为思想政治教育只是思政课教师的职责，与自己无关。事实上，高校思想政治工作者长期以来也面临着"出力、出工、不出活"的局面。客观而言，课程思政建设是一项长期性、系统性的工程，开展课程思政更需要"上下"同步齐动。"上"到战略精心谋划，"下"到一线落地生根，各地教育部门和高校要切实加强对课程思政建设的领导，形成党委统一领导、党政齐抓共管、教务部门牵头抓总、相关部门协同联动、院系落实推进的工作格局，本书认为，课程思政是思政课主渠道向课程全频道的延伸，也是思政课主干课向所有基础课专业课的拓展。高校立德树人绝对不是靠少数几门思政课程和少数几十位思政课教师能做好的。高校所有课程都具有育人的功能，所有教师都具有育人的职责。离开课程思政，做好高校育人工作，无异于舍本逐末，效果也会事倍功半。

4.从广度看，开展课程思政是迎合全球化发展的应然之策

当今时代是一个大发展、大变革、大调整的时代，经济社会改革不断深化，利益格局深刻调整。从经济层面来看，经济全球化的大趋势深入人心，但与此同时，复杂的国际形势纵横交织在一起，政治之中有经济，经济之中有文化。对于相关专业的学生而言，如何了解真实的情况，又如何透过现象看本质？这不仅是思政课教师要做的事，更需要与之相关的专业课教师从专业的角度来回答。如国际贸易，电子信息、材料工程、机械制造、生物医药、电子商务等专业在经贸摩擦领域都有涉及，这些专业课程的教师就需要结合自身学科专业特点，引导学生在学好专业知识、掌握专业本领的同时，培养学生"睁眼看世界"的国际视野和战略思维，从而拓展学生多方面的素质和能力，促进学生全面成长成才。

（三）把握课程思政的基础与关键，切实把课程思政抓出成效，发挥课程思政的隐性教育作用

1.加强课程建设——课程思政的基础是课程

课程建设有其自身的规律和要求，高校在推进课程建设时，要遵循高等教育规律、学生成长规律，不断加强课程建设的规范管理。推进课程思政，就是要求高校设置的每门课程、每个课堂都发挥育人作用，从而实现立德树人的根本任务。没有好的课程建设，课程思政功能就会成为无源之水、无本之木。课程是教学内容的重要载体，开展思想政治教育必然不能脱离课程教学本身。"守好一段渠，种好责任田"，就是要充分利用好课堂教学，进一步完善课程设置管理等方面的规章制度，实现课堂教学、实践实训、辅导答疑、作业批改、考试考核、教学评价等方面和环节相互配合和衔接的有效机制，充分发挥课程的教育功能，使各类课程与思政课相得益彰、协同育人。课程思政既要促进人的自我发展，又要为社会培养建设者和接班人，实现工具理性和价值理性的有机统一。众所周知，各门课程的设置在学校人才培养体系中有不同的作用。开展

课程思政，需要在做好专业和课程建设的基础上，在教育教学中实现理论和知识传授、能力和技术培养、价值塑造和道德培养相协同、相促进。需要注意的是，课程思政不是把思政课的内容简单照搬到其他课程中，也不是其他课程思政化或"去专业化"，而是课程教学过程蕴含着对学生道德情操和价值观念的培育和塑造。也只有这样，才能让各类课程与思政课形成协同效应的目标和要求落到实处。

2. 做好思政工作——课程思政的灵魂是思政

没有正确的政治观点，就等于没有灵魂。没有好的思政教育功能，课程教学就会失去灵魂。但在各高校的教学实践中常常存在思想和认识上的误区，不少教师认为，专业课教师是负责课程理论知识传授和实践技能培养的，思政教育是学生辅导员、班主任和思政课教师的事情。这也是长期以来思政课教师与专业课教师讲课产生"两张皮"的重要原因。课程思政建设主要也是针对这个长期存在的问题提出的。实践表明，高校不管什么课程，都具备全方位的"大熔炉"功能，不仅要重视知识的传授，更要注重价值的引领，学科教学最终应回归"育人"的本真目的，同步实现知识传授、能力培养与思想政治教育的育人目标。在这个过程中，课程思政既不能"花拳绣腿"，也不能"喧宾夺主"，需要科学的教学方法和高超的教学艺术。思想政治工作犹如人精神上的"盐"，是每个人成长过程中的灵魂塑造工具和精神调养源泉，是为受教育者全面发展提供的"精神大餐"中不可或缺的"调味剂"和"营养品"。高校教师做好课程思政犹如厨师在食物上放盐，必须把握好精度、火候和时机。

3. 提升学生素质——课程思政的主体是学生

学校一切教育教学活动的根本目的在于培养出高素质的人才。因此，课程思政改革的效果如何，必须以学生的获得感培养质量作为考核指标。高校教学必须尊重学生主体地位。没有学生，高校的教师和管理人员就失去存在的价值。学校要遵循学生的成长要求，结合当代学生的群体特点开展课程教学。新一代大学生已经进入高校，他们生活在一个政治多极化、经济市场化、文化多元化的年代，与以前的学生相比有明显的特点和不同。来自东部地区和中西部地区的学生在思想观念和行为方式上不一样，来自城市和农村的学生在思想观念和行为方式上也不一样。所以，为保证课程思政实施效果，每一所高校要在把握全局的基础上，立足自身的办学条件，针对各自发展实际特别是人才培养目标定位，组织力量科学设计教学内容，选择教学方法，制定能促进学校教学质量提升的教学评价体系和评价标准。

二、设置德育为先、全面发展的协同育人教育内容

（一）思想政治理论课内容

1.马克思主义基本原理

马克思主义基本原理是主要讲授反映马克思主义世界观和方法论的最基本的原理，帮助学生深刻领会、准确把握马克思主义的根本性质和整体特征，学习掌握贯穿其中的马克思主义立场、观点和方法，提升运用马克思主义基本原理分析世界的能力，增强对人类社会发展规律、特别是中国特色社会主义发展规律的认识和把握，树立共产主义远大理想和中国特色社会主义共同理想。

2.毛泽东思想和中国特色社会主义理论体系概论

毛泽东思想和中国特色社会主义理论体系概论主要讲授中国共产党把马克思主义基本原理同中国具体实际相结合所产生的马克思主义中国化的两大理论成果，帮助学生理解毛泽东思想、邓小平理论、"三个代表"重要思想、科学发展观、习近平新时代中国特色社会主义思想，引导学生深刻理解"中国共产党为什么能、马克思主义为什么行、中国特色社会主义为什么好"，坚定"四个自信"。

3.中国近现代史纲要

中国近现代史纲要主要讲授中国近代以来争取民族独立、人民解放

和实现国家富强、人民幸福的历史，帮助学生了解党史、国史、国情，深刻领会历史和人民选择马克思主义、选择中国共产党、选择社会主义道路、选择改革开放的必然性。

4.思想道德与法治

思想道德与法治主要讲授马克思主义的人生观、价值观、道德观、法治观，社会主义核心价值观与社会主义法治建设的关系，帮助学生筑牢理想信念之基，培育和践行社会主义核心价值观，传承中华传统美德，弘扬中国精神，尊重和维护宪法法律权威，提升思想道德素质和法治素养。高等职业学校结合自身特点，注重加强对学生的职业道德教育。

5."形势与政策"

主要讲授党的理论创新的最新成果、新时代坚持和发展中国特色社会主义的生动实践、马克思主义的形势观与政策观、党的路线方针政策、基本国情、国内外形势及其热点难点问题，帮助学生准确理解当代中国马克思主义，深刻领会党和国家事业取得的历史性成就、面临的历史性机遇和挑战，引导大学生正确认识世界和中国发展大势，正确认识时代责任和历史使命。

（二）课程思政的内容

学校每门课程都蕴含着丰富而深刻的思想政治教育内容，教师在备课、上课、实践指导、辅导答疑、课程考核等环节，必须注重所教课程中的思政内容和元素的学习、挖掘和提炼，并有机融入课程教学和考核中。课程思政的内容必须与思政课程教学内容同向同行，才能相互促进和巩固。课程思政以思政课为政治引导和价值引领，思政课以课程思政为支撑，使课程思政与思政课程之间蕴藏的思政内容互相补充、相互印证，在此基础上进行优化整合，形成完整的思想政治教育内容体系。一是修订学校人才培养方案和各门课程教学大纲，明确每门课程的思想政治教育目标、内容和要求，在教学内容中体现课程思政教学要求。二是深入挖掘课程的思政元素、搞好教学设计并有机融入课程教学。

教育部印发的《高等学校课程思政建设指导纲要》指出，专业课程是课程思政建设的基本载体。要深入梳理专业课教学内容，结合不同课程特点、思维方法和价值理念，深入挖掘课程思政元素，有机融入课程教学，达到润物无声的育人效果。对文学、历史学、哲学类专业课程，要在课程教学中帮助学生掌握马克思主义世界观和方法论，从历史与现实、理论与实践等维度深刻理解习近平新时代中国特色社会主义思想。要结合专业知识教育引导学生深刻理解社会主义核心价值观，自觉弘扬中华优秀传统文化、革命文化、社会主义先进文化；对经济学、管理学、法学类专业课程，要在课程教学中坚持以马克思主义为指导，加快构建中国特色哲学社会科学学科体系、学术体系、话语体系。要帮助学生了解相关专业和行业领域的国家战略、法律法规和相关政策，引导学生深入社会实践、关注现实问题，培育学生经世济民、诚信服务、德法兼修的职业素养；对教育学类专业课程，要在课程教学中注重加强师德师风教育，突出课堂育德、典型树德、规则立德，引导学生树立学为人师、行为世范的职业理想，培育爱国守法、规范从教的职业操守，培养学生传道情怀、授业底蕴、解惑能力，把对家国的爱、对教育的爱、对学生的爱融为一体，自觉以德立身、以德立学、以德施教，争做有理想信念、有道德情操、有扎实学识、有仁爱之心的"四有"好老师，坚定不移走中国特色社会主义教育发展道路；体育类课程要树立健康第一的教育理念，注重爱国主义教育和传统文化教育，培养学生顽强拼搏、奋斗有我的信念，激发学生提升全民族身体素质的责任感；对理学、工学类专业课程，要在课程教学中把马克思主义立场、观点和方法的教育与科学精神的培养结合起来，提高学生正确认识问题、分析问题和解决问题的能力，理学类专业课程，要注重科学思维方法的训练和科学伦理的教育，培养学生探索未知、追求真理、勇攀科学高峰的责任感和使命感；对工学类专业课程，要注重强化学生工程伦理教育，培养学生精益求精的大国工匠精神，激发学生科技报国的家国情怀和使命担当；对农学类专业课程，要在课程教学中加强生态文明教育，引导学生树立和践行绿水青山就是金山银山的理念，要注重培养学生的"大国三农"情怀，引导学生以强农兴农为己任，"懂农业、爱农村、爱农民"，树立把论文写在祖国大地上的意识和信念，增强学生服务农业农村现代化、服务乡村全面振兴的使命感和责任感，培养知农爱农创新人才；对医学类专业课程，要在课程教学中注重加强医德医风教育，着力培养学生"敬佑生命、救死扶伤、甘于奉献、大爱无疆"的医者精神，注重加强医者仁心教育，在培养学生精湛医术的同时，教育引导学生始终把人民群众生命安全和身体健康放在首位，尊重患者，善于沟通，提升学生综合素养和人文修养，提升学生依法应对重大突发公共卫生事件能力，做党和人民信赖的好医生；对艺术学类专业课程，要在课程教学中教育引导学生立足时代、扎根人民、深入生活，树立正确的艺术观和创作观。要坚持以美育人、以美化人，积极弘扬中华美育精神，引导学生自觉传承和弘扬中华优秀传统文化，全面提高学生的审美和人文素养，增强文化自信。这些要求不仅是做好专业教学的应有之义，也是做好课程思政教学的重点内容。

总之，课程思政建设内容要紧紧围绕坚定学生理想信念，以爱党、爱国、爱社会主义、爱人民、爱集体为主线，围绕政治认同、家国情怀、文化素养、宪法法治意识、道德修养等重点优化课程思政内容供给，系统进行中国特色社会主义和中国梦教育、社会主义核心价值观教育、法治教育、劳动教育、心理健康教育、中华优秀传统文化教育，全面提高大学生的思想政治素质，让大学生成为德才兼备、全面发展、勇担民族复兴大任的时代新人。

三、构建统一领导、各司其职的协同育人组织领导体系

（一）明晰领导体制，确立"脑"的定位

一是高校党委书记要把加强思政课程和课程思政建设作为自己工作的主要工作职责。高校的建设发展，离不开党的全面领导。中华人民共和国成立以来，我国教育的发展成就充分证明，党的领导是教育改革事业发展的重要经验。进入新时代，高校必须坚守为党育人、为国育才的初心和使命，全面贯彻党的教育方针，切实担负起立德树人的根本任务。对于高校思政课程和课程思政，为保障各项建设顺利进行，各学校要开创党委统一领导、党政齐抓共管、相关部门各负其责的工作局面。学校党委应切实担负起高校建设发展的责任。特别是思政课程与课程思政协同育人机制建设的责任主体，高校的党委书记应自觉担负起第一责任人的责任，亲自调研、亲自谋划、亲自部署、亲自督导，切实树牢抓好思政课程和课程思政建设是本职、不抓是失职、出了问题是渎职的意识。

二是高校校长要把加强思政课程和课程思政建设作为自己的主业。中央明确规定，高校实行党委领导下的校长负责制，校长要在党委领导下，认真贯彻党的教育方针，全面负责学校的教学、科研、行政管理等工作。在高校工作中，校长作为一校之长，不管是加强师资队伍建设，创新人才培养机制，提高人才培养质量，组织开展教学活动、科学研究以及推进文化传承创新和国际交流合作，还是进行大学生思想政治、道德品质、心理素质、创新创业教育，开展课程思政等，都是其重要职责。高校课程思政建设，包括学校社会主义核心价值观教育、道德品质教育、辩证唯物主义教育、社会实践等教育内容，贯穿课堂教学、实践教学、网络教学等方方面面，体现在高校学科体系、师资体系、教材体系之中。高校育人工作都要围绕立德树人这个目标来设计，这样才能构建起德智体美劳全面培养的教育教学体系。作为校长，要切实负起思政课程和课

程思政建设的政治和业务责任，切实把课程思政抓紧抓实、抓出成效。

（二）健全运行机制，调动"校"的能力

一是教务处要发挥牵头作用。学校教务处在开展思政课程和课程思政建设中担负着极为重要的职责，起着重要的引领作用。教务处在人才培养方案制定和实施中要不断深化"三全育人"改革，推进思想政治教育有机融入课堂教学、专业实训、社会实践、辅导答疑、作业批改各环节，把思想政治教育贯通于学科专业建设、教育教学管理之中。特别是在学校的课程建设、教材建设、教学实施和质量监控及评价体系建设中，必须把对大学生的价值引领作为一个重要指标加以考虑；在对各位教师教学过程的监管和考评中，把对大学生的思想政治教育情况作为一个重要的考评点。另外，学校教务处在学校专业人才培养方案、教学计划、教学大纲的制定和修改中要充分考虑对大学生的知识传授、理论掌握、能力培养和思想政治素质的提升；在学校开展的重点课程建设、试点专业建设、精品在线开放课程建设中，设置课程思想政治教育指标，并赋予一定的分值；在所有课程的评价标准的制定中必须设置思想政治教育效果的测评点等。

二是二级学院要发挥主导作用。课程思政不是某一门或少数几门课程的任务，而是涉及全校各类各门课程。思政课程和课程思政教育教学改革，既需要教师更新教育思想，也需要教师在教学中优化教学内容，还需要教务部门强化教学管理等。所以，学校需要建立起统一领导、上下贯通、左右协调的内部机制。特别是随着我国教育事业的不断发展，高等教育规模不断扩大，一些学校为了提升管理效率和教学质量，大胆改革，实行校院两级管理，而且赋予了二级学院高校人、财、物方面更多的自主权，特别是在学科专业建设、人才培养方案制定、队伍建设、课程改革、职称评聘、教学管理等方面，各高校都做到了充分放权。有些高校几年前也提出并实行了由"校办院"到"院办校"的转变。因此，高校思政课程和课程思政的建设，理应成为高校二级学院工作的一项重要内容，自觉担负起在课程建设中的具体责任。思政课程和课程思政建设如果仅靠学校党委行政或教务部门去推动，这种隔山打牛的管理方式显然不符合教育管理规律。实践证明，只有充分发挥各二级学院的主体作用和积极主动性，才能将思政课程和课程思政协同育人理念和各项举措真正落到实处、取得切实成效。

三是教研室要发挥关键作用。教研室是二级学院直接进行教学工作的基层细胞，是学校教学计划最直接的实施组织，在二级院系和教师之间担负着桥梁和纽带的作用，既要做好各项指示的上传下达，又要做好各项计划的组织执行。同样，教研室也是高校贯彻党的教育方针，落实立德树人、完成各项教学任务、开展教研活动、推进教学改革、促进教师教学发展、提高教学质量的基本教学单位。教研室承担着学科专业建设、课程建设、教材建设、教学组织、教学研究与改革、教师教学发展等各项责任与任务，是落实教学工作的关键。可以说，思政课程和课程思政的方方面面，从建设规划到评估监督，从教学团队的组建到精品课程的打造，从教师之间的集体备课到听课观摩的交流研讨，教研室从头到尾贯穿始终，发挥着不可替代的关键作用。

四、采取形式多样、行之有效的协同育人方法

（一）加强教育培训和督促教师加强教育理论学习，注重各类教师课程思政教学技能和水平的提升

教师作为对学生进行各种引导的主要力量，必须明确专业课程的育人要素和责任，以身作则，为人表率，科学融合专业课程与思政教学，将相关的教学落到实处。这就对教师自身的能力和素质提出了更高的要求。首先，教师应不断提升自身的文化素养，提高思想认知，尤其要对我国传统优秀文化和历史发展有深刻的认识，从各个方面挖掘思想政治

教育资源，引导学生积极学习先进的思想政治文化，以达到融合育人的理想效果。其次，高校应对教师进行全方位考核。例如，考核教师在专业课程教学中的思政元素与德育意识的融入情况，同时鼓励教师参与相关的培训与教学研讨，进一步强化教师的使命感和责任感，将思政育人与专业课程教学真正落实到位。

课程思政全面融入教学过程，融入课堂内外，融入第一、第二课堂。课程思政融入课堂教学，落实到课程目标设计、教学大纲修订、教材编审选用、教案课件编写各方面，贯穿课堂授课、教学研讨、实验实训、课程考核各环节。创新课堂教学模式，以学生为中心，推进现代信息技术在课程思政教学中的应用，激发学生学习兴趣，引导学生深入思考；鼓励教师采用案例式、互动式、探究式教学方法；大力推进智慧教室建设，构建线上线下相结合的教学模式。

（二）强化校内课堂、拓展社会课堂、注重网络课堂；加强理论教学，深化实践教学，构建全方位、多层次的协同育人载体和形式

加强理论教学。积极发挥思想政治理论课主渠道作用，提高大学生对思政课的获得感。一是深化教学内容的改革，体现时代性。坚持讲理论与讲实际相结合，讲课程内容与讲学生深层次的思想问题相结合，把统一、固化的课程教材体系，变为丰富、鲜活的课堂教学内容，把课本的知识和理论要点有机转化为学生的素质和信仰。二是深化教学方法的改革，体现实效性。坚持学生主体、教师主导，教师讲授与学生参与相结合，采取启发式、案例式、演讲辩论式等多种灵活多样的教学方法，引导大学生把学习理论与关心社会、完善自我结合起来，有效提高课程教学吸引力和实效性。三是深化教学手段的改革，体现多样性。积极拓展思想理论课教育渠道，统筹课堂教学、实践教学、网络教学建设，充分发挥课堂教学的主渠道作用和实践教学、网络教学的有效补充作用，形成理论教学与实践教学、课堂教学与网络教学相互支撑的教学模式。

重视社会课堂。社会本身就是一个鲜活的大课堂，学生只有走进这个课堂才能做到理论联系实际，才能有效加深对知识的掌握和理论的理解。高校学生学习有一个重要的特点，那就是每年都有寒暑假和节假日，这为高校开展实践教学提供了条件和机会。因此，教师要充分利用这个难得的机会，在高校马克思主义学院的统筹规划下，协同学生所在的学院、教务部门、学生管理部门、群团部门等共同参与，确定具体实践内容，明确实践教学目标，做好合理分组，并制定安全防范措施，让学生在社会这个大舞台、大课堂中受教育、长才干、丰富完善自我。强化第二课堂育人实效，充分挖掘区域优质育人资源，形成第一课堂和第二课堂合力育人；有效利用各类红色基因场馆、基地等进行案例分析、实地考察、访谈探究等，积极引导学生自主参与、体验感悟。深入开展"青年红色筑梦之旅""雷锋服务月"等社会实践、志愿服务、实习实训和创新创业活动等，不断拓展课程思政教学新途径。

拓展网络课堂。信息技术，特别是互联网的快速发展使网络成为当今世界最新的一个信息传播媒介，互联网也已经成为高校大学生不可或缺的一种现代化信息获取和发布工具。据一份统计资料显示，大学生上网率为100%，而且平均每日上网时间大于5个小时。所以，教师要充分利用这个课堂，指导学生利用网络搜集所学课程内容的背景资料，或相关重大时政事件，或有影响的企事业单位发展情况，结合所学过的理论，就某一个方面撰写研究报告、发表正面言论；此外，学校还要充分发挥互联网在高校校园文化建设中的重要作用，根据专业特点和学生兴趣，组织学生建设院部和班级的思政类教育网站、博客、微博、微信及思政教育类APP客户端等；开展网上调查、开设主题博客、创建课程聊天室，利用网络搞调研、制作微视频等，传播社会正能量，弘扬主旋律。

（三）强化思政课教师和专业课教师之间的交流合作，做到优势互补、同向同行，形成协同效应

在课程思政教学团队建设方面，可组建一支由试点课程专业教师与思政课教师"手牵手"的共建教学团队，采取教师自愿结对和组织指定相结合的方式，要求每名试点教师要至少与一名思政课教师结对，让思政课教师作为课程思政的共建人。共建人的主要任务是对试点课程教师在课程思政教学中给予指导和帮助。这样做能有效解决课程思政中遇到的懂专业的教师不懂思政，懂思政的教师不懂专业的问题。

所有教师应坚持正确的政治方向，坚持教书和育人相统一，坚持言传和身教相统一，坚持潜心问道和关注社会相统一，坚持学术自由和学术规范相统一，坚守"学术研究无禁区，课堂讲授有纪律"的规矩，不在课堂上传播违反中华人民共和国宪法，违背党的路线、方针、政策的内容或言论，使课堂成为弘扬主旋律、传播正能量的主阵地。

五、构建理念先进、科学规范的协同育人管理体系

（一）在规划层面，做好课程思政的顶层设计

课程思政是一条创新之路，没有现成的方法可供遵循。要做好课程思政的规划，既要领会吃透上级的文件精神，又要学习借鉴先进高校的经验做法，在此基础上结合高校自身的特点特色逐渐摸索。就高校而言，要广泛学习调研，组织开展专题研讨，在此基础上制定关于推进课程思政建设的意见，就课程思政的内涵理念、指导思想、总体目标、基本原则、主要任务、保障措施等提出思路。作为一项系统工程，课程思政涉及教务处、二级学院、教师和学生等方面，贯穿教学建设、教学管理、课程考核各个环节，教师要把课程讲活、把体系讲通、把内容讲透、把故事讲好，通过顶层设计，真正实现思政课程与课程思政协同育人。

（二）在内涵层面，深入发掘专业课中的思政元素和育人资源

实施思政课程和课程思政协同育人的一个关键之处，就是要根据教育部印发的《高校思想政治工作质量提升工程实施纲要》等文件要求，通过深入挖掘通识与专业课育人资源，注重对学生思想政治教育与人文素质的培养。高校各门课程不管是思政课还是专业课，都蕴含着极为丰富的思想政治教育元素，都能发挥对大学生进行思想政治教育的作用。在课程教学中，教师要积极将思想政治教育与知识传授、能力培养相融合，加强理想信念教育、大力弘扬社会主义核心价值观，培养创新意识和实践能力，弘扬主旋律，传播正能量。高校每位教师在教学中要将思想政治教育贯穿于备课、授课、实践指导、作业批改的全过程，贯穿于教育教学的各环节。需要注意的是，为帮助教师做好课程思政教学工作，学校应在具体的制度设计层面，为教师明确课程思政的教学目标、挖掘课程思政元素、选取课程思政教学内容、设计课程思政教学方法和手段提供必要的指南和遵循，让教师少走弯路，避免做无用功。

（三）在推进层面，完善课程思政教学改革的试点先行

每所高校校情不尽相同，学生情况也不尽相同，课程思政对于每个学校也不可能相同。因此，对于课程思政，既要大胆假设，又要小心求证，试点工作就是其中重要的环节，它既是前期取得经验的验证，又为后期探索创新、积累经验提供遵循。以南阳理工学院为例，2018 年学校开展了课程思政教学改革试点建设，全校共有 120 多名教师报名参加课程思政教学改革试点建设。经学校严格评审，遴选了 59 名思想政治素质好、教学水平高、有一定工作基础且建设目标明确和思路清晰的教师参与试点建设。学校对入选的试点建设课程予以每门 5000 元的资金支持。学校要求每门立项试点课程要做好课程育人的课程教学规划和课堂教学

设计，明确课程思政教学目标，创新教育教学和课程考核方式，健全课堂教学管理，不断完善教育教学规范。

（四）在监管层面，强化思政课程与课程思政协同育人的考核评价与激励约束

为进一步完善提高课程思政的建设质量，高校要将课程思政理念充分融入学校人才培养方案，纳入课程矩阵，建立课程思政教学质量监控和教学效果评价体系。各学校要在课程建设、课程教学、教学评价体系中，将课程思政的思想政治教育目标作为一项重要内容；在教学管理和质量评价中，将大学生的思想政治教育效果作为一个重要监测指标；认真落实集体备课、领导听课、教学督导、学生评教等各项制度，在课程评价的制定中要设置专门的课程思政观测点。各高校还要把课程思政教学情况作为教师年度考核、出国进修、评优奖励、职称评聘的一项重要内容，把各二级学院推进课程思政建设情况纳入学校目标管理考评，定期、不定期组织考核，及时通报督促。

六、健全系统完备、落实有力的协同育人各项保障体系

（一）完善组织保障

强化顶层设计，完善制度建设，健全工作机构，构建党委统一领导、党政齐抓共管、相关部门各负其责的领导体制和工作机制，统筹推进课程思政建设工作。组织保障是维持高校课程思政与思政课程协同育人，正常运行的基本手段之一。通过坚持党委的统一领导、设立协同育人专门机构等，增强各育人主体之间的联系，从而保障育人机制的正常运行。党委的统一领导，能够正确地把握协同育人机制运行的大方向。专门机构实行一贯式统筹管理，能在全局的高度对育人机制进行科学的管理。高校内部、校际和高校外部三个层面制定协同育人的方法、目标及内容。

学生处、教务处、校团委、组织部及宣传部、马克思主义学院等思想政治教育职能部门，除负责学生事务及管理工作之外，还要负责组织学生开展实践活动。这些部门应通力合作，构建协同育人信息交流平台，使高校之间，高校、家庭、各社会机构等处于平行互通的状态，使校际校外协同育人功能得以真正发挥。

（二）落实经费保障

设立课程思政建设专项经费，用于课程建设、师资培训、改革研讨和成果展示等活动，进一步凝练成果，扩大成果的展示面和辐射效应。通过项目立项的形式对课程思政建设项目给予一定经费资助，并根据年度考核结果实施动态管理。同时鼓励各教学院（部）为课程思政建设工作提供经费支持。

高校课程思政和思政课程协同育人工作的开展需要一系列物质保障。无论是办公场地的各类配置、教育教学活动、宣传文化活动所需的各类设备，还是开展座谈、培训研讨活动的场地配置，都离不开办公桌椅、电脑、打印机等物质保障。相关的新媒体平台也是物质保障。教育保障是协同育人工作正常开展的必要条件，是高校课程思政和思政课协同育人机制正常运行的基础。经费保障主要包括对教师的学习进修、能力培养、社会考察、表彰奖励、课程实践调查、聘请专家学者参与教学活动等的支持和保障。学校要加大专项经费的保障力度，将其用于教学培训、暑期备课、学术交流和实践教学等。学校经费还可用于学生思想政治教育的各项实践活动中，如大学生军训、社会调研、志愿服务等活动。充足的物质经费保障能激发教师的工作热情，使他们能够安心工作，各司其职，保证团队的稳定性，促进高校课程思政和思政课程协同育人任务的有序顺畅完成。

（三）强化制度保障

制度是工作系统中为了工作目标与任务的实现所制定的所有工作人员须共同遵守的约定与规范。从制度规范的制定者角度划分，可以分为国家层面出台的法规政策、主管部门制定的制度规范及地方、单位和高校依据上级文件要求制定的规章条例。从制度规范与约束的对象角度划分，可以分为工作制度、评估制度、奖惩制度、管理制度等。从制度规范的内容结构角度划分，可以分为专门性和综合性制度规范。协同育人制度规范具有长期性、固定性、强制性和预见性的特征。制度规范不仅可以约束教育主客体的行为，还可以提高他们的工作效率，使高校课程思政与思政课程协同育人有据可循、有章可循。

在教学实践中高校要严格落实二级学院主体责任，建立课程思政工作评价体系，将二级学院课程思政建设推进情况纳入各教学院（部）党政负责人年终述职考核评议及目标责任管理与绩效考核。把教师参与课程思政教学建设情况和课程思政效果作为教师考核评价、岗位聘用、评优奖励、选拔晋级的重要内容。

（四）优化环境保障

环境对高校师生的道德意识有感染和熏陶的作用。对高校师生的道德行为具有塑造打磨的作用。环境的好坏直接影响教育主体工作时的态度及教育实践活动的效果。高校要加强校园环境建设，形成良好的育人环境。学校物质环境主要包括学校的建筑、设施等，学校文化环境特指学校的精神环境和文化氛围，主要包括长期办学形成的历史文化积淀和被全体师生所认可和可践行的价值观念、生活观念等意识形态。它是一所学校的灵魂，是一所大学活力、创新力、凝聚力的全方位展现。高校要展现最美的校园文化环境，营造适宜的校园文化氛围，重点梳理学校的发展历史，宣扬在发展过程中展现出来的人物事迹和重大事件等。让这些特色校园标志给学生以精神寄托，激发他们以校为荣的自豪感，增强他们建设校园的历史使命感。学校要依托校园景观和礼仪风尚，提高学生的审美能力。校园里一颗历史悠久的大树、一株有特色的植物、一坛学生动手修剪的花圃，都可以带来无尽的美。校园里的人们穿衣戴帽是否干净整齐，说话是否文明，上课是否认真，处处体现着审美，由此而形成的良好风尚，自然会影响校园学子，影响协同育人的成效。

第七章 高校课程思政建设质量评价体系及激励机制

第一节 课程思政建设质量评价体系构建

课程思政质量评价是管理链条的一个重要环节，因而高校要着力构建质量评价体系。首先，质量评价是深化课程思政建设的必要举措。课程思政质量评价就是从课程育人目标出发，根据一定原则和标准，对课程思政开展情况进行检测，找出反映其质量和水平的资料和数据，从而对课程思政做出合理判断的实践活动。对课程思政建设进行质量评价，有利于推进课程思政建设的规范化和科学化，有利于增强教师开展课程思政建设的积极性、主动性和创造性，有利于形成深化课程思政建设的良好氛围，形成强大育人合力。其次，质量评价是课程思政建设评价的重点。课程思政质量评价是对课程思政建设是否已经开展，推进工作是否规范，落实部署要求是否到位等工作情况的综合评价。对照课程思政建设实施方案和部署要求开展质量评价，可以根据过程反馈，更有效地推进课程思政建设。

课程思政质量评价也有其自身的规律，开展课程思政质量评价应遵循基本的原则，构建科学合理的指标体系，按照恰当的方法进行，并要对评价结果进行反馈，最终促进课程思政的持续高效开展。

一、课程思政质量评价的基本原则

所谓原则，是指经过长期检验所整理出来的合理化现象，是说话或行事所依据的法则或标准。课程思政质量评价基本原则是在对课程思政的质量进行评价时所遵循的基本法则或准则。课程思政质量评价在遵循教学规律和学生发展规律的同时，应该遵循基本的原则，以确保质量评价的公开、公平、公正。在进行质量评价时，由于评价内容不同，所遵循的原则也有所区别。因为课程思政本身是一个复杂的系统工程，所以从不同的视角来看，课程思政质量评价的原则也应有所不同。具体来说，在实际操作中，应该遵循以下基本原则。

（一）客观性原则

客观性原则是课程思政质量评价应遵循的首要原则。任何评价，只要是有人参与，就存在主观性。课程思政质量评价当然是在一定的评价体系和具体的评价指标的对应下进行的评价，但无论是指标体系的建立，还是评价的具体操作，都是由人来完成的。为保证质量评价结果的公正性、科学性，就必须从客观出发，遵循客观性原则，力求评价过程的公正、公开、公平，评价结果的有效、准确、科学。客观性原则具体体现为以下几点。

1.公开性

公开彰显透明，只有让质量评价"晾晒"在阳光下，才能让课程思政质量评价的功能最大化。公开性原则要求做到：第一，评价指标公开。评价指标一般是经过课程思政的实施主体和评价客体之间多次综合后形成的较为完备的体系，它本身具有较强的科学性和客观性。指标公开可以为课程思政实施者提供风向标，同时为评价者提供操作指南，从而使评价者和被评价者达成一致。第二，过程公开。过程公开是指在整个评价的实施过程中，要让被评价者知晓是在什么阶段、什么时间进行的评价。因为课程思政并不是能够立竿见影的，它是一个润物细无声的过程，同时是一个循序渐进的过程。因此，在不同的阶段质量评价的结果可能差别较大，质量评价应该覆盖课程思政实施的全过程，做到过程公开，这种做法一定程度上打消了课程思政实施者的顾虑，也有利于课程思政的持续开展。第三，结果公开。一方面，结果公开可以使被评价者了解自己的优点和缺点、长处和短处，从而使评价成绩好的人再接再厉，继续保持先进，也可以使评价不好的人心悦诚服，奋起上进。另一方面，结果公开还有助于防止评价中可能出现的偏见以及种种误差，以保证评价的公平与合理。

2. 知行合一

知是指良知，行是指人的实践，知与行的合一，既不是以知来吞并行，认为知便是行，也不是以行来吞并知，认为行便是知。知行合一是从评价内容的视角考虑的。就教师而言，立德树人绝不能只停留在口头上，止步于思想环节，而要落实到行动上。教师要言行一致，绝不能口是心非。就学生而言，既要评价学生的道德判断能力，即学生运用已有的道德认识，对自己或别人的行为进行判断和推论的能力，是否因课程思政而得以发展，更要考查学生是否将道德观念转化为自觉的道德行为。亚里士多德认为，伦理学的目标不是为了学习理论知识，而是为了获得实践智慧，因为我们不是为了了解德行，而是为使自己有德行。[①] 知行合一就是要考察人们是否将社会主义核心价值观内化为精神追求，外化为自觉行动，就是要防止"两面人"，就是要以知促行、以行求知，实现道德判断和道德行为的良性互动。

---

① 成桂英，王继平. 教师"课程思政"绩效考核的原则和关注点［J］. 思想理论教育，2019（1）：79-83.

（二）立体性原则

所谓立体性原则，就是对课程思政的质量评价不能只看某一方面，或者只评价实施过程中的某一个阶段，而应该全面系统地、全景式地、多元化地评价其实施效果。

1. 政治方向正确、旗帜鲜明

这是课程思政质量评价的根本原则，具有"一票否决"的决定性作用。高校是知识与文化集中、各种思潮汇聚和激荡的地方，是意识形态斗争这个"没有硝烟战争"的前沿阵地。这个阵地如果马克思主义不去占领，非马克思主义、反马克思主义的东西就必然去占领，因此意识形态建设是高校思想政治工作的核心和灵魂。政治方向正确、旗帜鲜明，就是要高举马克思主义旗帜，推动马克思主义中国化的最新理论成果——习近平新时代中国特色社会主义思想深入人心，坚持弘扬和践行社会主义核心价值观，能明辨是非、澄清模糊认识，态度鲜明地自觉反对和抵制错误思潮，决不能成为西方资本主义意识形态的"吹鼓手"，坚决杜绝一切削弱歪曲、否定党的领导和我国社会主义制度的言行，坚决杜绝违背党和国家大政方针、违背宪法法律、危害国家安全、破坏民族团结的言行。专业课程，特别是理工类课程由于其专业本身的特点，不少原理公式都来自西方，在这样的课程中就更应该开展课程思政。例如，经济学专业中的"西方经济学"课程，教师如果没有正确的价值观引领，或者说课程思政不能坚持正确的政治方向，极易带偏学生。

2. 多元化评价

课程思政质量评价应是多元的，而且它与原来专业课课程质量评价是一体的，不过是将价值引领与知识传授、能力培养一并列入专业课教学评价。课程思政多元评价主体包括教务处、督导、同行学生、企业与社会，而且评价主体不同，评价重点不同，例如，教务处要在专业人才培养方案、课程质量标准、课程教学大纲、课程考试大纲、教案等重要教学文件中，重点审核"知识传授、能力提升、价值引领"同步提升的考察点；督导听课评价在原有侧重知识与技能传授的考核基础上，进一步加强师德师风的考核和社会主义核心价值观引领的考核，教师互评着重考评教师在教学过程中是否体现了思政元素，是否将专业课应讲授的职业道德融入了知识与技能教学中；企业与社会评价是对育人成果的评价，着重通过对学生思想政治素质、职业道德与职业操守、吃苦耐劳与精益求精精神的考察，检验学生是否为企业与社会所需；学生评教着重于"育人效果"的反馈，学生的了解、理解、消化、融合等环节是否都包含思政教育元素，是否将职业道德教育融入学生成长，学生喜欢不喜欢这样的课程思政，这样的课程思政有没有对学生起到价值引领的作用。只有这样多元化评价，课程思政才会有所发展。

（三）过程性原则

事物是过程的统一体。过程性评价的"过程"是相对于"结果"而言的，具有导向性，关注教学过程中学生智能发展的过程性结果，如解决现实问题的能力等，及时地对学生的学习质量水平做出判断，肯定成绩，找出问题，是过程性评价的一个重要内容。过程性评价的功能主要不是体现在评价结果的某个等级或者评语上，更不是要区分与比较学生之间的态度和行为表现。从教学评价标准所依据的参照系来看，过程性评价属于个体内差异评价，即一种把每个评价对象的过去与现在进行比较，或者把个体的有关侧面相互进行比较，从而得到评价结论的教学评价的类型。评价的功能主要在于及时地反映学生学习中的情况，促使学生对学习的过程进行积极的反思和总结，而不是最终给学生下一个结论。

《纲要》指出："将课程思政融入课堂教学建设全过程。"因此课程思政质量评价也必然是全过程的。课程思政全过程评价是指在专业人才培养方案、课程质量标准、课程教学大纲、课程考试大纲、教案、教学实施到教学评价等重要教学文件中，评价是否将思想政治教育摆在前面，是否将思想政治教育元素作为教材讲义必要章节、课堂讲授重要内容和学生考核关键知识贯穿始终。课程思政全过程评价还包括实习、实训。课程思政全过程评价是指评价课堂教学各环节是否细化了课程思政目标、是否深入挖掘了课程思政内涵、教学内容是否蕴含了思想政治教育元素，包括作业、考试，只有这样全过程评价，专业课课程思想建设才会落到实处。过程性原则兼顾过程和结果、重在过程。从根本上讲，教师课程思政质量评价，关键要看课程思政对学生和教师的积极影响。

就学生方面而言，要看课程思政是否提高了学生的思想政治素质；是否教育引导学生形成了正确的世界观、人生观、价值观；是否教育引导学生正确认识世界和中国发展大势、正确认识时代责任和历史使命、正确认识远大抱负和脚踏实地；学生是否树立了正确的信仰，形成了健康的专业伦理以及良好的行为习惯。但判断课程思政对学生的积极影响，其困难在于人们很难将一门课程的"思政"质量分离出来，课程思政质量不可分离的一个原因是思想政治教育的复合性和叠加效应。例如，假如在某门课程中融入了思想政治教育元素，人们看到学生在思想政治和道德品质方面发生了积极的变化，但人们很难说这种变化就是这门课教育的贡献，因为在这门课程育人的同时，其他很多课程、其他方面的很多因素也在影响着学生。课程思政质量不可忽视抵消效应，某门课程已经在思想政治教育方面做了努力且事实上产生了积极效果，但这些效果被课堂之外的其他消极因素所抵消。在这种情况下，学生未出现积极变化，不应该归咎于这堂课的教师。课程思政质量的不可分离性，使得质量评价需要特别注重课程思政的过程，需要特别注重教师在课程思政方面的目标是否明确具体、在教学中做了什么和怎么做的。当然，质量评价也要结合结果来进行，因为只重过程而不看效果，容易助长形式主义，甚至因此会滋生教师对课程思政的反感情绪。

（四）发展性原则

任何事物都是发展的。发展性评价是指通过系统地搜集和分析评价信息，对评价者和评价对象双方的教育活动进行价值判断，实现评价者和评价对象共同商定发展目标的过程，旨在促进被评价者不断地发展。

第一，育人与自育兼顾。育人与自育兼顾是从课程思政应该实现的功能的视角提出的。提到课程思政，绝大多数人会立刻想到它培养和教育引导学生的功能，而往往会忽视课程思政对教师本人的自我教育、自我完善功能。造成这种片面认识的主要原因在于，人们内心常常隐含着这样一个假设：教师作为施教者，他们的思想政治素养、理论水平、道德修养等已经达到了足以教育引导学生的高度，似乎不再需要进一步提升了。实际上，这个隐含的假设是错误的，因为教师是在长期的教育引导学生的过程中，逐渐提升和完善自我的，逐渐从"教书匠"修炼为"大先生"的。因此，课程思政必然具有"育人"和"自育"两大功能。一方面，课程思政是专业课教师通过相关课程的教学来培养教育学生的过程；另一方面，它也是教师自我教育的过程。《纲要》明确指出，要将课程育人作为教师思想政治工作的重要环节。从这个视角看，教师进行课程思政质量评价，自然应该体现其教育学生和自我教育两方面的功能。换言之，评价不仅要关注课程思政对学生产生的积极影响，而且也要关注对实施课程思政的教师本人的影响。鉴于当前人们普遍对课程思政自育功能的忽视或轻视，鉴于教师本人也是高校思想政治工作的重要对象，在遵循育人自育兼顾原则时，应该充分重视对自育效果的考核，考核课程思政给教师本人带来的积极变化，关注教师的政治立场、教师自身思想政治素养和职业道德水平的提高，关注教师是否做到了知行合一、言传身教。

第二，"思政"和"专业"相长。它是从课程思政实施的视角提出的，包括两点要求：一是专业课教学中"思政"内容不得缺失，这是最基本的要求，因为如果连"思政"内容都没有，更何谈相长。二是不能出现"两张皮"现象。如何将党的理论创新成果与各学科专业理论知识有机融合，是决定课程思政成败的关键。课程思政要起到育人作用，就要避免生搬硬套、东拉西扯，否则会弄巧成拙、适得其反。习近平总书记在全国高校思想政治工作会议上强调："好的思想政治工作应该像盐，但不能光吃盐，最好的方式是将盐溶解到各种食物中自然而然吸收。"这也告诉我们，只有符合"思政""专业"相长原则的要求，才能达到"随风潜入夜，润物细无声"的育人功效。

（五）一致性原则

所谓一致性原则，就是指在进行质量评价时，考察课程思政是否做到了在价值引领和育人导向上保持目标和方向的一致、显性教育与隐性教育相结合、育德意识和育德能力相统一、专业课与思政课有机融合、专业课教师与思政课教师协同联动。

第一，高校专业类课程必须始终与思政课在价值引领和育人导向上保持目标和方向的一致。长期以来，高校专业类课程与思政课在价值引领和育人导向上不同程度地存在着各自为政的"两张皮"现象，甚至出现价值冲突的问题。不少专业课程为了与国际接轨，要么完全使用国外原版教材，从概念、内容、方法、范式、观点等方面自觉或不自觉地受到西方的影响；要么过于偏重专业的知识传授与技能培训，忽视了价值引领和育人导向这一教学的核心要素。以至于造成了思政课在高校的"孤岛化"困境。一方面，这种情况反映了改革开放40年来，利益多样化、价值多元化、教育国际化、观念开放化对我国社会产生了深刻冲击，使得主流意识形态对青年人的影响力大大减弱；另一方面，也折射出高校对大学生价值观教育的滞后甚至缺失。事实上，在今天的"互联网+"时代，知识的获取越来越容易，但知识选择、价值判断和为谁服务的问题，却变得越来越突出。因此，强调专业教育与思政教育保持目标和方向的一致，强调将知识传授、技能培养与价值引领和育人导向相结合、相统一，正是当前高校推进课程思政的一个核心主旨。

第二，专业教师要注重显性教育与隐性教育相结合、育德意识和育德能力相统一。显性教育与隐性教育是高校思想政治教育的两种基本模式，体现了教师"立德树人"的途径和方式。思政课是高校思想政治教育的主渠道，具有鲜明的显性教育色彩，其特征是教学目的和教学内容主要以正面、直接的宣讲为主，以塑造和提高大学生的思想政治觉悟和道德素质为根本目的，以使大学生的情感、意志和行为符合国家的要求和规范。而专业类课程多具隐性教育的属性，其教学目的和教学内容主要以隐蔽、间接的传播为主，使受教育者在没有意识到自己在受教育的情况下，不知不觉地接受教育，并转化为自己的思想品质、道德行为，从而达到潜移默化的教育效果。可见，显性教育与隐性教育各具特色、功能互异，既相互独立，又相互联系，互为补充，互为渗透。思政课为专业课提供了价值导向，确保了人才培养的方向性；专业课为思政课提供了知识依据，突显了人才培养的科学性。因此，在推进专业课程思政，即专业思政时，应注重显性教育与隐性教育的有机结合。事关政治认同、国家意识、历史文化、社会发展等大是大非问题，必须旗帜鲜明，与党中央保持一致。涉及专业概念、学术理论、学术观点、学科文化等学术问题，也要理性分析客观评价。对于课程思政，人们要牢固树立这样一种观点：任课教师并不是安排专门的授课时段进行与教学内容无关的道德说教与政策宣讲，而是明确教学目标，创新授课方式，积极主动地挖掘学科文化中的育人资源，做到科学性与价值性、知识性与思想性的辩证统一。

第三，构建专业课与思政课有机融合、专业课教师与思政课教师协同联动的运行机制。开展课程思政的目的，是要着力建立思政课"价值引领"、综合素养课"以文化人"、专业课"润物无声"的课程思政教学体系，着力建立全程、全员、全方位育人的新平台和新机制，着力建立形成学校各部门、各专业教师参与思想政治教育的常态化和制度化。这是一项复杂的系统工程，是合力育人的"大思政"概念和格局，它牵扯到学校的方方面面和诸多部门，需要学校上下凝聚共识、破除惯性、统筹协调、相互配合才能顺利有效地实现，这就要求学校必须进行顶层设计。对此，教育部党组在《高校思想政治工作质量提升工程实施纲要》中明确要求："加强党对高校思想政治工作的领导，落实主体责任，建立党委统一领导、部门分工负责、全员协同参与的责任体系。加强督导考核，严肃追责问责，把'软指标'变成'硬约束'。"

二、课程思政质量评价的基本方法

课程思政是一个复杂的系统。因此，往往根据质量评价所要得到的结果采取不同的评价方法。

（一）定性定量法

任何事物既有性质属性，同时又具有数量属性，是质和量的有机统一体。因此，课程思政质量评价也就有了定性评价和定量评价之分。定性评价是对评价资料作"质"的分析，是运用分析和综合、比较与分类、归纳和演绎等逻辑分析的方法，对评价所获得的数据、资料进行思维加工。定量评价是采用数学的方法，搜集和处理数据资料，对评价对象做出定量结果的价值判断。

第一，定性评价。在思想政治教育的定性考评上，就学生而言，应当主要看学生是否树立了正确的世界观、人生观、价值观，是否正确认识到青年一代的时代责任和历史使命，是否形成了正确的信仰和良好的道德品行，是否能够运用正确的道德观念进行行为判断。就教师而言，应当主要考量"课程思政"建设是否给教师本人带来积极变化，教师的政治立场、自身思想政治素质和职业道德水平是否得到提高。此外，在对教师的考评上还应当注意课程思政建设给学生在思想政治和道德品行方面带来的积极变化，不能将其简单地归结于某一门或者某几门课程所做的贡献，因为课程思政建设是一个整体协同的建设而不是某一门或者某几门课程的事情，所以在对教师的考评上应更重视过程的考评，即任课教师在课程思政具体实施过程中是否做到"智育"与"德育"有机融合、所授课程的思政元素是否挖掘充分、思政元素是否与时俱进等。课程思政质量评价的定性评价可以分为优、良、中、差，直截了当地确定课程思政实施效果的等级，有利于反馈结果，也有利于课程思政实施的各方对照目标持续推进和提高。

第二，定量评价。所谓定量评价，就是要确定评价指标的具体占比。因为人才培养是一个系统工程，学生的全面发展应该是德智体美劳全面发展，因此课程思政质量评价就必须兼顾智育、体育、美育和劳育，应充分地体现德智体美劳在课程思政评价体系中的价值占比。因为高校教育教学的目的是立德树人，把学生培养成德智体美劳全面发展的社会主义建设者和接班人。所以在考核评价体系上也应当体现出德育、智育、体育、美育、劳育应有的地位。教育教学的对象是学生，考核评价的对象也主要是学生，在对学生进行考评时要通过自我评价、班级同学评价、任课教师评价、辅导员评价、班主任评价等多角度全面了解学生在德、智、体、美、劳等方面的具体表现情况，并合理突出德育、智育、体育、美育、劳育在课程思政评价中的占比，综合考量学生是否能够做到知行合一，把德育理念贯穿于平时的学习和生活中。

第三，定性定量结合评价。课程思政是一个复杂的统一体，质量评价自然也是一个多角度、多层次的系统。由于需要得到的结果不同，往往评价的视角不同，采取的方法也不同。由于课程思政涉及教师、学生、学校、社会等多个方面，牵涉教学目标、教学过程、教学方法多个层面，覆盖思想引领、情感培育、行为规范、职业精神、公民人格多重角度，质量评价往往需要定性评价与定量评价结合。

（二）外评法

外评法是从课程思政本身之外对课程思政的质量进行评价，包括学生自评、学生互评、同行互评、督导评价和社会评价。

第一，学生自评。自我评价是指个体对自身的思想、观念、态度和行为等方面进行的判断与评价。课程思政学生自评就是学生根据课程思政实施前后的对比，结合思想政治教育沟通的内容，对自身的世界观、价值观、人生观，以及课程思政所要达到的思政素质做一个自我评价。学生自评可以体现学生的真实感受，也是一种最直接的评价方法。但学生自评往往会受主观意识的影响，需要对其评价结果辩证看待。人的发展形态是由片面发展到全面发展的，只有公正地做出自我评价，大学生才可以实现自我教育、自我完善和自我的全面发展。

第二，学生互评。学生互评是根据评价指标，相互评价在课程思政实施前后的思政素质的养成情况。学生互评可以是一对一的随机组合，也可以是小组评议。学生互评既可以是对本身课程思政素质的评价，也可以是对课程素质本身的评价。学生互评在一定程度上避免了主观因素的影响，但必须提供较为详细的评价标准。同时，学生互评要统一时间段，否则会影响质量评价的质量。学生互评一般在课程思政实施的中期和完成阶段进行。

第三，同行互评。同行互评也称同行评议，是目前我国科学系统评价事物使用的最普遍的方法之一。课程思政同行互评有广义和狭义之分。广义的同行互评可以理解为凡是实施了课程思政工作的同行之间对课程思政质量的相互评议；狭义的同行互评则是相同专业课程实施课程思政的同行之间的相互评议。同行互评主要从三个方面对课程思政质量进行评价：一是课程思政实施者对该课程思政元素的挖掘程度；二是课程思政实施者对思政元素的运用效果；三是对学生的影响实效。同行评议要力求客观公正，并要及时反馈。

第四，督导评价。督导评价是高校对教学质量评价的最常见的方式。督导都是由具有较高水准的专业人员构成，并且经验丰富，督导评价都是有客观评价指标的，也兼顾了定性评价和定量评价。督导评价专业性高，科学性强，可靠性强。课程思政质量评价的督导评价一般由该课程相关专业和思想政治教育专家组成督导组，按照事先制定的评价指标，对某课程或某教师实施的课程思政的效果进行评价，并指出其成功之处和需要改进的地方。督导评价权威性较高，评价结果也容易得到课程思政实施者的认同，可以有效推进课程思政。

第五，社会评价。社会评价是指课程思政的相关利益方对课程思政质量的评价，包括家长、用人单位等。社会评价范围广，标准难以把握，评价结果会因人而异。因此，课程思政社会评价宜粗不宜细，对评价结果也要辩证看待。不过，课程思政社会评价却是不能忽略的，因为高校培养的学生最终都要走向社会，最终都要通过社会的检验。课程思政质量的重要评价指标就是看高校培养的学生能否做到知行合一，社会评价是最能反映这一指标的，因此，课程思想质量评价必须包含社会评价。

（三）行为法

行为是指人们一切有目的的活动，它是由一系列简单动作构成的、在日常生活中所表现出来的一切动作的统称。人的行为不仅与个体的身心状态有关，而且与个体所处的周围环境有着密切的联系。课程思政质量评价的一个重要考核指标就是看课程思政对学生行为的影响，也就是说课程思政是否影响了学生的行为，或者说影响程度有多深。

第一，问卷调查法。问卷调查法也称问卷法，是调查者运用统一设计的问卷向被选取的调查对象了解情况或征询意见的调查方法。问卷调查是以书面提出问题的方式搜集资料的一种研究方法。课程思政质量评价的问卷调查法就是评价者先制定调查问卷，然后对课程思政实施的主体和客体开展问卷调查，再根据调查的结果分析课程思政的质量，最后给出评价结论。互联网时代，问卷调查往往借助网络开展，但最终要做好三点：一是要设计好调查问卷，二是要注意调查的覆盖面，三是要利用好结论。

第二，考试考核法。课程思政质量评价的考试考核法就是要将思政元素纳入考试考核范围。专业课课程思政大多采用的是润物细无声的模式，但这种模式很难做到让所有学生都受其影响，因而其效果也很难保证。在课程考试中设置一定量的蕴含思政元素的题，通过这些题来考核学生对本课程的思政元素的掌握程度，进而评价课程思政的质量不失为一种有效的方法。考试考核法的运用需要注意以下几点：一是考试的题量不宜过多，一定要控制在科学合理的比例之内；二是题目的设计要与专业课有机融合，不能过于直接，否则就会变成思政课考试题，就会失去其本身的意义；三是所有专业课程都应该融入并形成长效机制，通过持续影响来提升课程思政质量。

第三，行为考察法。思想政治教育与专业教育的协同推进，实现了知识传授、能力培养与价值引领有机统一。逐步引导学生培育和弘扬社会主义核心价值观，内化于心，外化于行，才能成为社会主义合格建设者和接班人，成为新时代的好公民。高校课程思政的最终落脚点在于立德树人，具体表现为教育引导大学生爱党、爱国、爱社会主义，增强四个意识、坚定四个自信；教育引导大学生将个人价值与国家需要相统一，将个人前途命运与国家发展前途相统一，将个人理想与民族复兴的中国梦相融合，成为德智体美劳全面发展的担当民族复兴大任的时代新人。课程思政质量评价行为考察法就是要通过对学生的具体行为表现的考察来评定课程思政的效果。行为考察法主要包括以下三个阶段的考察：一是在校阶段实施课程思政前后的日常行为对比考察；二是见习、实习等实践阶段的行为考察；三是毕业后进入社会的行为跟踪考察。考察的重点都是看实施课程思政后，学生是否将思政元素落实在实际行动中，是否做到了知行合一。

第二节　健全课程思政建设激励机制

一、构建课程思政激励机制

对高校教师的奖励要包含物质和精神两个方面，物质奖励就是包括增发教学奖金、提高工资比例以及实物奖品等，精神奖励则包括为优秀教师颁发荣誉奖章，授予优秀教师、先进个人或先进集体称号，宣传优秀教师的教学经验等。通过落实量化考核的奖励激励制度，能够充分提高高校教师发展课程思政教学的积极性和主动性，促进教师不断进行自我提升，通过课堂教学充分实现"立德树人"，切实提升高校课程思政教学质量，促进高校课程思政实现全方位的发展。健全课程思政建设激励机制，能够激发教师的潜能，激励教师的工作积极性，从而使教师主动投入课程育人建设中。因此，各高校要尽快建立教师激励机制，最大限度地激发教师的创造活力。

第一，制定合理的激励机制，需要多方领导进行讨论以及收集各教师的意见，最后综合考虑，制定出内容全面的、有关各类教师的考核评分细则。学科任课教师思政意识的培养在很大程度上依赖于外部客观的激励机制，高校只有制定合理的激励机制，才能更好地培养学科任课教师的德育意识。当然，激励机制的制定不能过于苛刻、难操作，否则在探索建设阶段容易打击教师的积极性，不能发挥出其应有的作用，但也不能太过于宽松，要富有弹性，既能鼓励各位教师参与到课程思政建设中来，又能激励各专业课教师积极探索适合各自学科的课程思政之路。

第二，设立课程思政建设成果奖。《纲要》指出："在教学成果奖、教材奖等各类成果的表彰奖励工作中，突出课程思政要求，加大对课程思政建设优秀成果的支持力度。"课程思政建设要靠教师的教学实施才能将理论变成现实，对于高校教师开展课程思政建设过程中取得的优异教学成果，各高校要根据实际情况设定相应的教学成果奖，并给予一定的奖励和成果宣传展示，激励其他教师纷纷投入该建设中。同时，高校要重视课程思政教材的开发，设立教材奖。教材是学科建设的重要组成部分，体现着教育教学的发展水平，在课程思政建设工作中占有重要地位。要鼓励广大教师投入教材开发、研究和编写工作中，尤其是鼓励有课程思政教学成果的教师参与到教材开发中，将马列经典、优秀传统文化、社会主义核心价值观、习近平新时代中国特色社会主义思想、宪法法治教育等内容融入专业课教材中。

第三，将教师参与课程思政建设的情况和效果纳入考核评价。课程思政建设质量很大程度取决于教师的实施，因此，教师在课程思政建设中占着举足轻重的地位。为了激励各任课教师提高自身思政素养，主动挖掘课程中的思政元素，加强对学生价值情感的正确引导，高校对各任课教师的课程评价标准应有所调整，要将有关课程思政建设的情况和效果纳入考核标准。一是提高任课教师授课效果在职务晋升评估中的比例，改变高校领导和教师重科研轻课程的心理；二是将教师教学方案的检查、听课评判、学生情感态度的转变等有关课程思政建设的内容作为职务晋升、工资绩效等方面的评估标准；三是评比优秀的课程思政工作者，评选典型的思政课程，对优秀工作者予以物质和精神的奖励，提升其自豪感的同时为其他专业课教师树立榜样模范，对于改革成功的优秀思政课程予以宣传和推广，在全校乃至全区形成示范引领作用。

二、落实量化考核激励机制

高校建立科学完善的考核评价体系，对高校教师的教学成果和科研成果等进行量化考核，是为了通过公正、客观的考核对教师的工作绩效给予一个科学合理的判定，从而为高校教师的职务晋升、获得奖励提供一份客观的依据。

落实量化考核的奖励激励机制，首先，要明确考核评价的最终目的是通过对高校教师进行奖励和激励，促进高校教师不断学习，提高其业务能力和水平，提升其工作绩效，促进高校课程思政教学质量的整体提升。其次，要明确考核评价的主体、对象和内容，考核评价的主体也就是高校学院领导、党务领导、教务人员、高校教师以及学生等人员，考核的对象是高校的所有教师，而考核的内容则包含了教师在一定时期内的教学成果和科研成果。最后，要制定科学合理的量化考核体系，确定考核评价的总分数，以及师德师风、教学成果、科研成果等各项指标在评价体系中各占的分数比例，通过教师自评和他人评价对教师的各项指标进行评分，综合各项指标得分，获得最终结果，根据评价结果对高校教师进行奖励。

三、融入双重激励机制

在进一步完善高校教师推进课程思政机制的相关保障同时，高校教师需要进一步发挥主观能动性。高校教师作为课程思政的主要实施者，不仅仅需要从教学评价当中了解课程思政实施的具体效果，自身也要具有开展课程思政教育的积极性。高校对于人才的培养也需要更加关注德育，以德育引领智育，才能够为社会输送优质的人才。因此，从学校的管理角度而言，需要推行科研教学双激励机制，加强科研激励制度创新，以科研教学的双重激励，提升高校教师对于课程思政的相关认识与具体实施能力。

一方面，相关高校在教学管理中，要树立起明确的课程思政的教学绩效评估，从学生角度出发，对教师的教学活动进行相应的绩效评估，通过绩效激励的形式，提升教师在日常教学过程中开展课程思政教学的主动性。同时，在教学管理中，需要对教师具体的课程思政实施效果开展相应的教学评估活动，以提升教师对于课程思政教学活动与过程的具体认识。

另一方面，学校层面要积极地扩展课程思政的相关科研与实践研究活动，通过将具体的教学管理活动应用在相关的科研活动当中，提升高校教师对于课程思政的研究深度，引导教师将日常课程教学与课程思政有机地结合在一起。对此，学校可以开展相应的校级课题与校级的课程思政教学比赛，以课题与竞赛的形式促使高校教师提升自身课程思政的教学能力，从而构建起能够广泛推进课程思政机制建设的制度保障。

第八章　高校课程思政建设的组织实施和条件保障

第一节　做好顶层设计，全面科学规划

习近平总书记指出，我们的高校是党领导的高校，是中国特色社会主义高校。扎根中国大地办大学，必须坚持社会主义办学方向，全面贯彻党的教育方针，坚持以马克思主义为指导，坚持党对高校的领导。课程思政改革着眼于新形势下提升高校思想政治教育的水平和层次，是贯彻全程育人、全方位育人方针的必然选择。课程思政建设是加强和改进高校思想政治工作的重要举措，事关高校教育教学改革的方向，必须发挥好党委的领导作用。

课程思政建设是一项系统工程，高校党委要强化核心领导，谋划顶层设计，牢固确立人才培养的中心地位，切实把课程思政建设放在重要的地位，对课程思政建设的各方面、各层次、各要素进行总体协调、统筹推进，切实保证办学方向的正确性，掌握思想政治工作主导权。要建立党委统一领导、党政齐抓共管、教务部门牵头抓总、相关部门联动、院系落实推进、自身特色鲜明的课程思政建设工作格局。

一、宏观层面：强化党委领导，加强顶层设计

习近平总书记强调，高校党委对学校工作实行全面领导，承担管党治党办学治校主体责任，把方向管大局，作决策保落实。党委在课程思政改革中的政治责任，体现在宏观把握和顶层设计上，体现在立德树人的效果上。高校党委要切实加强对课程思政建设的领导，结合实际研究制定各校课程思政建设工作方案，健全工作机制，强化督查检查。

建立课程思政领导管理机制，加强课程思政意识培养，确立以高校党委为领导核心的课程思政专项领导组织，进一步落实责任主体，确保课程思政是一次自上而下的教育改革。

（一）加强"课程思政"意识培养，明确党委主体责任

高校党委统领课程思政全局，是课程思政建设的责任主体。加强高校党委领导层对于"课程思政"重要性的认识，增强党委主体责任意识，有助于落实高校立德树人的根本任务。首先，高校党委领导层要提高思想认识水平，积极做课程思政理念的方向标，增强理论自信，提高理论自觉，把课程思政理念融入思想政治教育工作理念体系中。高校党委要在习近平新时代中国特色社会主义思想的指引下，认真学习党的十九大报告、全国高校思想政治工作会议重要讲话、全国教育大会重要讲话等，认真贯彻党和政府颁发的一系列教育文件，充分学习和领会全国高校思想政治工作的会议精神。要充分意识到各门课程都具有育人功能，各科教师都担负育人职责，要充分担负起领导组织责任，整合校内各项资源，构建全员参与、全课程协同发展的课程思政体系。其次，建设课程思政的主体工作是由承担教学工作的各科老师合力完成的，他们对课程思政这一新型教育模式的认识和把握也至关重要。各所高校可以通过培训、宣讲、示范公开课等多种形式，让老师了解什么是"课程思政"，为什么要推行"课程思政"，以及如何建设"课程思政"等核心内容，从而让大

家充分认识到教学过程中融入思想政治教育理念的重要性、必要性以及可行性，并引导老师在遵循教学规律、不偏离教学目标和课程特色的基础上，不断融入思想政治教育理念。

（二）确立党委领导下的分工责任制，强化党委的集中统一领导

成立"课程思政"的领导机构，承担制定全校性改革方案、调配改革所需资源、协调校内各级组织行动的职责。加强对"课程思政"教育改革的组织领导，明确在全员、全过程、全方位育人要求下"课程思政"的必然责任，通过层层抓落实的工作方式，保证改革的落地生根。学校党政所属的职能处室，应当在校党委的统一领导下，配合学院的课程思政改革，提供所需的政策支持和物力支持。院系党委（党总支）是组织实施学校改革方案的一线组织，担负着将改革意图落实到具体课程的职责。这一层级的党组织不仅要有严格执行校党委要求的能力，而且要根据本学院的专业特点和学术专长，确定具体课程的思想政治教育目标和任务，形成自己的特色。如复旦大学成立课程思政与教材建设领导小组，学校坚持党的全面领导，发挥制度优势构建"三线联动"创新机制，巩固党委领导下的校长负责制"中心线"，强化院系党的领导"中场线"，做实党支部建设"生命线"。"三线联动"实现了从学校大脑中枢到每位教师神经末梢的一体化联动，压紧压实教学单位课程思政建设的主体责任，激发了全体教师"为党育人为国育才"的主体活力，形成了课程育人合力。

二、中观层面：职能部门、二级学院党组织统筹协调，组织实施

对课程思政建设进行顶层设计后，组织实施是关键。高校职能部门和二级学院党组织应在党委领导下，发挥院校两级行政职能，加强组织统筹，调动人事部门、教务部门、教师工作部、党委宣传部、团委等相关职能部门和二级学院的积极性，形成合力，推动全体部门和教师积极参与到课程思政建设工作中来。

（一）职能部门统筹协调课程思政建设

高校课程思政改革是一个系统工程，每一个部门、每一个教职工都应守好责任田。除了党委的宏观把握与教师的一线实施，还需要职能部门、二级学院的执行，责任的落实，才能保证每一门课、每一节课都能收到好的效果和反馈。要建立由教务处牵头，教师工作部、党委宣传部、人事处、学生工作部（处）、团委等相关职能部门和二级学院各负其责的工作机制。首先，课程思政建设的基础在"课程"。教务处作为学校的教学管理部门，在推进课程思政建设中担负着重要的，甚至是引领性的作用。要将课程思政融入课堂教学全过程，积极推行教学改革，在教学评价、考核中明确课程思政的比例，设计课程思政教学规范和质量评估指标，将"课程思政"作为一个首要因素，作为课程设置、教学大纲核准和教案评价的重要内容，落实到课程目标设计、教学大纲修订、教材编审选用、教案课件编写各方面，贯穿课堂授课、教学研讨、实验实训、作业论文各环节，保障课程思政能顺利推行。其次，教师工作部和党委宣传部应在广大的一线教师中挖掘课程思政的先进典型进行宣传，号召所有教职工能以此为榜样，营造良好的氛围。人事处应提高教师职称评定的标准，对积极实施、开发课程思政的教师切实落实优先评定等激励机制。学工部、团委等部门不应仅仅局限于第二课堂，应联合教师，使思政课教师，辅导员参与到综合素养课（通识课）、专业课的教学实践中。总之，各相关职能部门要积极配合，加强交流沟通，坚持正确的理论指导，有效发挥行政职能，将课程思政建设纳入年度重点工作予以推进，各部门整合资源，为课程思政工作的实施、研究和创新提供技术支撑，确保各部门同向同行。

（二）二级学院党组织重点落实课程思政建设

二级学院党组织是课程思政建设的重要组织者和推动者。二级学院党组织应在校党委的统领下，与各职能部门通力合作，形成协同育人效应，党政负责人应主动承担起通过教育教学落实立德树人根本任务的责任，将课程思政建设纳入工作职责范围，纳入党政联席会研究重要议程，切实有效统筹推进。二级学院党组织要将课程思政建设纳入二级学院内涵建设中来，明确其在课程思政建设中的具体责任，并上升到提升办学水平和人才培养质量的高度来认识和把握。首先，结合"一院一特色"实际，找准课程思政的融入点，使课程思政建设有机融入学院整体的人才培养和课程教学大纲，形成院系特色。其次，明确专业是落实课程思政建设的重要平台，要充分挖掘和充实各专业蕴含的思想政治教育元素，结合专业特点，有机融入本专业的建设内容、方法和载体，贯穿人才培养方案、师资队伍建设、科研建设等各方面。此外，各专业要选准课程，精选教学内容和案例，加强集体备课，把课程和专业的思想政治教育元素有机融入教学大纲和课程教案。教材要规范化，教材建设要深入研究"教什么""怎样教"等育人的本质问题，要做到以"教材攻坚"丰富供给，把活的现实、活的理论融入教材，使教材有温度、有触感、有质量。

具体可以从以下几方面着手：第一，善于利用网络资源，加大对思政资源的统合力度。二级学院党组织和职能处室应利用网络资源的互动、移动、开放、大数据等特征，对思政教育的方式、内容进行大胆创新。思政课教师和学生应通过网络资源，及时对最新信息和数据进行互动辨析，提高对社会现实问题的认识和理解。第二，统筹各校的资源特色，打造精品思政教育。二级学院党组织和职能处室可以根据不同高校的专业特色和资源优势，借鉴其他高校思政精品课程的经验，打造属于本院的思政品牌课程。在打造精品课程的同时，使思政教育与通识教育、专业教育有机结合起来，形成协同效应，激发学生的求知欲。第三，完善培训考核制度，优化思政教师队伍。职能部门和二级学院党组织应培养吸收马克思主义理论的专业教师加入思政教师队伍。应着力加强思政教师队伍的机制建设，严格执行教师定期培训计划，使思政课教师能够得到系统化、常态化的培训。应从教学科研、社会实践等方面，科学制定针对教师队伍的考核机制。第四，注重校园文化建设，以文化人、以文育人。思政教育不仅是课堂教育，也是实践教育，不仅是思想政治教育，也是文化体育教育。多在校园开展形式多样、健康向上、格调高雅的校园文化活动，能让学生在实践中感受到社会主义核心价值观的存在和魅力。同时，二级学院党组织和职能处室之间应通力合作，上承思想、中拟方案、下督实施，着力打造优质教师队伍、改进教学方式内容、统筹各类优质资源、打造思政精品课程。

总之，高校各职能部门、二级学院要协力合作，从学科发展、师资培养、课程设置、激励机制等各层面着手，整合校内各项资源，切实保障课程思政建设的有序进行。

三、微观层面：党支部和党员教师具体操作，创新落实

作为一线的思政教育工作者，党员教师以及所在党支部应该更加充分地了解教学课堂效果、掌握学生思想动态，及时发现存在的问题。因此，对课程思政的细节改革，要充分发挥教师的主体作用，切实提高每一位教师参与课程思政建设的积极性和主动性。

教师党支部是课程思政建设的坚强战斗堡垒。党支部担负着直接教育党员、管理党员、监督党员和组织群众、宣传群众、凝聚群众、服务群众的职责。教师党支部要突出政治功能，以提升组织力为重点，将课程思政建设作为加强党支部政治建设的重要内容和载体，并作为主题内容列入"三会一课"等组织生活范畴，强化党支部对课程的思想价值引领功能的把关作用。党支部对如何将"课程思政"融入专业设计、课程建设、教材建设中都起到非常重要的指导作用，教师党支部基于对专业、

学科和课程的专业性知识的掌握，易于从专业与思想政治教育相结合的角度深入挖掘结合点，从而将课程思政建设落到实处。贯彻落实"课程思政"的根本在于教师党支部充分发挥战斗堡垒作用，将专业教育与德育教育、使命教育等深度融合，挖掘亮点，掌握动态，推动实施。

党员教师是课程思政建设的实施主体，是坚持立德树人，发挥榜样示范作用的楷模。在推进课程思政建设的过程中，教师作为直接实践者，自身素质和业务水平是影响课程思政建设的重要因素。党员教师要加强师德师风建设，要坚持"四个相统一"，努力做新时代"四有"好老师、"四个"引路人，要引导广大教师以德立身、以德立学、以德施教。教师要坚持言传与身教相统一，要以社会主义核心价值观为引领，不仅要言传，更要以身作则，修身立德，做出示范，成为学生做人的一面镜子、健康成长的指导者和引路人，实现教育与教学的有机统一；要把握课程思政建设的政治导向，紧紧围绕坚定学生理想信念，以爱党、爱国、爱社会主义、爱人民、爱集体为主线，坚持不懈用习近平新时代中国特色社会主义思想铸魂育人。

总之，课程思政建设是高校全程育人、全员育人的一项系统工程，需要持续开展、久久为功。每个学院党支部选取一门课程和一批教师进行示范建设，校党委和二级学院党组织进行针对性指导，以点带面，逐渐推进，形成成果可固化、经验可推广的"课程思政品牌"。高校各职能部门及各级党组织加强教书育人、管理育人、服务育人，在课程思政建设中，发挥党员教师的先锋模范作用，形成全员育人、全程育人、全方位育人的崭新局面。

第二节　加强组织领导，健全工作机制

一、统一领导，构建"由上至下"的管理机制

在全国高校思想政治工作会议上，习近平总书记指出："高校思想政治工作关系高校培养什么样的人，如何培养人以及为谁培养人的根本问题。""'立德树人'是所有教育工作者的神圣使命，在高校思想政治教育工作中要纳入高校各级党组织的主体责任之中，同时也要落实在教师教学过程与行政人员的实际工作中，使之成为各个部门、所有教职工的责任使命与担当。"① 为了真正做到"课程思政"与"思政课程"全方位协同育人，应当构建自上而下、完善的保障机制。在高校思想政治教育工作中，校党委把握主方向，通过充分发挥统一领导的作用，联合各类行政部门共同协调推进，院系负责贯彻落实思想政治教育的具体要求。这样将充分激发学校各级组织的积极性，帮助其明确自身的职权范围，通过协调关系，共同进行整个高校的"课程思政"与"思政课程"全方位协同育人保障机制的建设、管理和运作。

从意识形态上加强领导。高校党委对"课程思政"与"思政课程"协同育人的主观认识对于指导具体的实践落实具有重要的作用，能够把握住主要方向，所以，加强意识形态的领导主要从马克思主义理论对思想政治理论课和其他学科的作用两个方面出发。首先，在对思想政治理论课的认识定位中，始终坚持以马克思主义理论作为支撑理论，用马克思主义的相关理论知识增强"思政课程"的学理性，同时融入创新意识，结合时代的特征使得"思政课程"能够让学生在学习马克思主义理论的同时学会运用所学的规律认识社会。其次，相对于思想政治理论课，在其他学科中，高校党委依旧要强调发挥马克思主义理论的指导作用，增强其辐射作用，把握主心骨。高校党委作为"课程思政"与"思政课程"

---

① 孙汝兵. 广西高校课程思政育人机制研究［D］. 桂林：桂林理工大学，2020.

协同育人建设的责任主体，应当端正思想认识，坚持将立德树人作为高校思想政治工作的根本任务，杜绝把思想政治教育的工作任务全部交由"思政课程"独立完成。在对高校各项工作进行指导时，要坚持"课程思政"与"思政课程"全方位协同育人的正确认识，从意识形态层面加强领导，内化于心，外化于行。

建立有效的领导机制。建立"课程思政"与"思政课程"协同育人领导机制，确保"课程思政"与"思政课程"协同育人是一次自上而下的教育改革。应当明确校党委的责任主体地位，明确校党委的工作任务是做好顶层设计的工作，进行统筹规划，制定最有效的行动方案，从整体上为建立有效的领导机制奠定基础。同时应当反复强调"课程思政""思政课程"育人的专项工作是在以高校党委为领导核心的前提下进行的，始终把握这条核心主线。具体可以通过校党委领导发挥示范作用，通过校党委领导进行"课程思政"或者"思政课程"的实践所带来的影响力强化其集中统一领导的作用。

二、构建高校课程思政评价监督机制

人才培养效果是课程思政建设评价的首要标准，要建立健全多维度的课程思政建设成效考核评价体系和监督检查机制。课程思政评价机制，包括高校对课程、教师、学生三个环节的课程思政成效的评价。立足学校办学定位、基于人才培养特色、针对学生思想特点，有的放矢地制定评价标准，是保证课程思政实施效果的一个重要原则，具体需要从院系创新成果、教师课堂教学、大学生思想动态等方面进行客观反映。

（一）对院系课程思政建设状况的评价

首先，高校要形成对院系课程思政建设的评价体系，把课程思政建设成效作为院系教学绩效考核的重要内容，增加对课堂育人效果的评价比重。如严格把握教师的选聘以及教学培训制度，强化课程在政治方向和思想引领的作用，突出综合素养课程的育人价值，制定专业课程育人教学规范和评价标准，编制课程教学指南，推广试点经验，努力彰显综合素养课程和专业课程的育人价值。其次，要科学分析评价结果，组织专项小组进行课改成果检验，形成有效的评价材料，对院系进一步推进课程思政提出意见和建议。

（二）对教师课程思政教学能力的评价

建立健全有利于教师积极参与"课程思政"育人的考评制度，将教书育人确立在科学、可靠的制度安排之上。高校对教师课程思政教学能力的考核应包括以下内容：教师研究把握学生思想状况的能力、课程与教材设计开发能力、课程思政的教学与管理能力、课程思政的评价能力、反思与发展能力等。通过各种方式和途径对教师上述能力进行考核和评价，依据评价结果有针对性地督促、激励教师补短板、找差距。同时，注重把教师参与课程思政建设情况和教学效果作为教师考核评价、岗位聘用、评优奖励、选拔培训的重要内容。如湖北省高校加强教师思想政治教育和管理服务工作，建立健全师德建设长效机制和实施细则，严格落实"师德一票"否决制度，进一步完善教师评聘考核机制。再如南方医科大学在职称评聘、教师资格认定等工作中完善了学校职称评聘制度和标准，实行岗位动态管理；复旦大学以高校教师教学激励计划为主要抓手，落实育人的价值导向，针对专业课程的育人功能和教师的德育实效开展绩效评价，并以此作为是否继续给予支持及支持额度多少的重要依据。

（三）对课程思政影响大学生思政素养的考核评价

高校党委要把握课程思政建设的政治导向，紧紧围绕坚定学生理想信念，以爱党、爱国、爱社会主义、爱人民、爱集体为主线，坚持不懈用习近平新时代中国特色社会主义思想铸魂育人。课程思政的成效最终还是要落实到大学生这一群体上。课程思政有序开展，大学生通过课堂教学所产生的思想和行为变化，反映着课程思政的教学效果。因而，高校应在现有课程考核评价方式的基础上，增加课程思政对大学生思想政治素养影响的考核评价内容。一是通过课程考核进行评价。在课程考核内容中加入对相关思政元素的考核。例如，加入对专业课程中体现引导学生价值观方面的内容的考核，对培养学生专业素养等方面的内容的考核等。二是通过调查进行评价。采取问卷、访谈等调查方式，了解大学生思想动态以及课程思政对大学生价值引领的影响，掌握大学生在不同阶段的思想特点，进行统计类比，其结果可作为评价课程思政效果的重要依据之一。

三、建立健全课程思政建设激励机制

教师是办好思想政治理论课的关键，也是课程思政建设的主体，在思想政治教育环节中发挥着不可或缺的作用。因此，有效提升思政教师的能力至关重要。只有当教师真正掌握一门课程的学术内容以及教学方法，才能自然融入思政元素，有效提高课堂效果。而通过建立健全课程思政建设激励机制，在政策导向、体制机制、制度规范三个方面加以引导，能切实解决好教师在面对课程思政时所产生的"愿不愿""会不会""能不能"的问题，从而引导教师设计出更符合学生发展需要以及更符合社会思想政治教育工作需要的思政课程。

首先，要健全绩效评价机制。绩效评价是对教师教学能力的评价，也是激励教师的核心所在。客观且公正的绩效评价可以使教师了解自己的实际情况并做出相应调整与改善，实现教师能力的提升和素养的完善，让教师之间能够产生良性竞争关系，从而更有效地提升教师队伍的整体素质。同时，通过建立多元化的绩效激励机制，还可以有效激发教师参与思政教学改革的热情，最终实现课程思政质量的提高。

其次，要着眼于激励政策。激励政策是激励教师改进教学方式、提高教学水平的重要因素之一。完善且公平的激励机制，一方面可以有效

保持教师的积极性与创造性，另一方面还能推动思政建设工作顺利落实。这就需要给予老师更多的发展机会，从精神上和物质上给予老师肯定，最终全面推动思政建设工作的开展。

此外，要强调突出课程思政的要求，尤其在对各级课程研究成果、教学成果等的表彰奖励方面要着重关注，并大力支持课程思政方面的优秀成果，进而在整个社会上创造出开展课程思政教育与建设的良好环境。例如，建立多维度评价考核机制，以构建多维度、大范围的评价考核体系的方式，研究各学科思政教学的发展问题，对各院系课程思政教育实施的效果进行定期考核，把考核评估、人员聘任以及获奖评优工作和课程思政教育的改革工作紧密结合在一起，借此来增强各任课老师的积极性、提高各任课教师的责任心，共同推进课程思政教育工作。

四、加强课程思政建设组织实施和条件保障

想要使思政教育的理念、目标和方法贯穿教学全过程，就要切实加强组织实施和条件保障，构建起专业思政引领人才的新格局。

第一，切实加强对课程思政建设的组织领导。通过建立联动协调机制，加强顶层设计，针对不同高校、不同专业、不同课程的特点量体裁衣，既关注其统一性又注重其差异性，全面规划、以点带面，进一步完善"党委统一领导、党政齐抓共管、教务部门牵头抓总、相关部门协同联动、院系落实推进"的工作机制，以此来推动形成各单位各司其职、紧密配合、坚不可摧的组织保障。例如，浙江大学制定《深化思政课程和课程思政建设机制改革实施方案》，通过统筹规划目标思路、进度安排等相关方面，压实压紧各项责任，确保课程思政建设能够更加稳固。

第二，切实加强对课程思政建设的支持保障。各地各高校要自觉承担并落实主体责任，多措并举，为课程思政建设的顺利进行提供政策、经费、人员等方面的保障。

第三，切实加强对课程思政建设的示范引领。通过落实国家、省级、

高校三方多层次的示范体系，采用树标杆、抓典型等方式，大力推广课程思政建设的做法与先进经验，形成庞大的规模、塑造合理的范式、确立优越的体系，为推动课程思政建设提供新思路、新方案。

第三节　强化示范引领，注重典型带动

高校要推进课程思政建设，就必须科学把握课程思政的理论内涵，在建设过程中始终坚持以思政课程为引领，注重典型课程思政建设案例的带动，以相互协同为推手。如此，才能全面推进高校课程思政建设，共同构筑育人同心圆。

一、始终坚持以思政课程为引领

思政课程是系统讲授马克思主义理论、传播党的路线方针政策的课程，能够在高校课程思政建设过程中始终引领政治方向和价值取向，为高校课程思政建设把向定性，确保课程思政建设沿着正确方向推进，不断开拓新的建设局面。思政课程能够有效引领课程思政建设的政治方向。高校要贯彻党的教育方针、落实社会主义意识形态教育，就必须以思政课程内容对受教育者进行长期、反复地"灌输"教育，促使教育内容逐步深入受教育者的头脑中，从而确保学生在生活中坚持正确的政治方向。习近平总书记在全国高校思想政治工作会议上强调："办好我国高等教育，必须坚持党的领导，牢牢掌握党对高校工作的领导权，使高校成为坚持党的领导的坚强阵地。"办好中国大学的关键就在于坚持党的全面领导。以思政课程为主，以课程思政为辅，对大学生进行系统的马克思主义理论教育，引导大学生形成正确政治观念、养成正确政治行为。只有这样，高校教育才不会迷失方向，课程思政才不会丢失灵魂，才能培育出中国特色社会主义的合格建设者和接班人。思政课程能够有效引领课程思政建设的价值取向。教育之本，在于育人。高校课程思政建设培育什么样的人，不仅关乎个人成长成才，更关乎国家发展和民族未来。这就要求高校课程思政建设在纯粹的知识传授和能力培养的基础上，对受教育者进行价值教育。思政课程的教育内容能够在课程思政实施过程中引领学生思想价值发展。对正处在人生"拔节孕穗期"的青年大学生来说，这种价值取向的引领显得尤为必要。高校必须通过在其他课程中渗透思政课程的内容信息，引导学生在接受专业知识教育的同时内化思政内容信息，树立正确的"三观"，不断满足学生成长成才所需。进入新时代，教师必须遵循学生成长规律，充分了解学生发展特点，注重加强思政课程对课程思政的价值方向引领，以正确、科学、全面、系统的思政信息培育和引导学生，并将这些内容有机融入各门课程中去，不断提高高校课程思政的育人质量与水平。

二、注重典型课程思政建设成果的带动

教育部在 2021 年 3 月发布《关于开展课程思政示范项目建设工作的通知》，给当前高校课程思政示范项目建设工作提供了遵循，指明了方向。在国家"大思政"格局下，课程思政建设工作在各大高校开展得如火如荼，特别是继北京、上海两个地区有可供借鉴的经验和启示以后，大批量新型的课程思政建设推进形式逐渐涌现出来。但是，并不是每门课程都要生搬硬套地融入课程思政教学理念，课程特点不同，所蕴含的思政元素也不尽相同。当然，课程思政改革工作不是一时，也不是某一段时间的工作，而是一项长久的、可持续的工作。还需要人们久久为功，结合不同地区、不同高校、不同专业的实际情况，借鉴成功学校的可用经验，为我所用，在本校进行试点创新，以点带面，加强课程思政示范引领作用，营造全面推进课程思政建设的良好氛围。

一是打造课程思政精品课程。高校教师对课程思政建设的理解不尽相同，教书育人的水平也高低不一。首先，要选拔思想政治素质过硬、教学能力强素养高、有创新精神的教师，在不影响专业学科授课的前提

下，把思政元素巧妙地融入课程中，让这些教师队伍先行，进行课程思政精品课的研发。其次，在课程的选择上，要以学生为中心，根据学生的需求、兴趣，结合各院系的专业特点，科学选择课程，制订时间计划，大力支持建设一批课程思政精品课。例如，上海大学在全国率先开设的"大国方略"课程，被誉为"中国系列"课程的策源地，该校用 6 年的时间在 15 个院系推出了 15 门思政类选修课程，带动更多的专业教师深入探求"课程思政"元素的工作中。2019 年 3 月，上海大学打造了 10 门课程思政示范课程，2020 年又拓展为 16 门课程。精品课程形式多样，有微课展示，又有线上线下相结合的形式，给许多高校提供了课程思政精品课示范，各高校进而不断复制、推广，形成了适合本校的课程思政精品课模式。

二是多渠道开展"课程思政"系列活动。"课程思政"系列的讲座、讲堂、研讨会、主题实践等活动，作为大学生的第二课堂，更具有教学形式丰富多样、主讲内容灵活等特点，更容易激发学生的学习兴趣。这就需要高校根据不同专业的特点，在开展专业类活动的同时，延伸专业知识以外的技能培训，加强学生对专业领域内一些先进典型事迹的学习。高校也要定期召开"课程思政"研讨会，开展"课程思政"有关的主题实践活动。结合本地实情，依托本地资源，带领学生开展形式多样的课外活动教学，如参观红色教育基地、党性教育基地等。例如，阜阳师范大学美术学院把阜南县蒙洼地区的王家坝、老观、曹集、郜台四个乡镇作为其教师和学生进行写生创作的基地，并在王家坝闸管理处挂牌。此举结合阜南县蒙洼蓄洪区域特色自然资源、文化资源、红色教育资源，有助于传承淮河文化、宣传推广文化产业、加强学生的精神文化建设，对阜阳市本土文化繁荣产生积极影响，完美契合当前的乡村振兴战略。阜阳市各高校利用本地红色文化基地，积极组织学生开展课外教育活动，到王家坝党性教育基地参观学习，学习温家宝到阜南县王家坝镇视察时，提出的顾全大局、自强不息、同舟共济、科学治水的"王家坝精神"；到曹集镇革命烈士陵园参加祭扫活动，弘扬烈士精神，牢记初心和使命，引导学生在课外教学活动实践中，自觉树立正确价值观，自觉弘扬优秀传统文化，学习红色革命教育基地精神，从根本上厚植爱国主义情怀。

第四节　加强支持保障，形成建设合力

一、构建高校课程思政保障机制

课程思政建设的顺利开展需要有健全的保障机制，高校党委领导层要高度重视课程思政建设工作的开展，根据自身建设计划，统筹各类资源，围绕教育部印发的《高等学校课程思政建设指导纲要》总体部署，将"双一流"建设任务、"三全育人"综合改革、"一流专业""一流课程"建设等统筹起来，结合学校教育教学改革，出台相应的制度和举措，全面做好制度保障、平台保障和人才保障工作。

（一）制度保障

课程思政制度建设，目的在于规范和指导课程思政的实践运作。高校党委要结合学校特点，要做好制度保障，出台推进课程思政改革的实施意见与规划纲要，明确课程思政的顶层设计，从学校学院、教师、课程等方面细化课程思政改革的要求，从课程体系、教学目标、教学内容、教学评价等方面完善整体设计。通过课程思政专项制度建设，管理和规范课程思政的实行力度和工作部署，监督课程思政的实施进度和成效，切实保障课程思政建设的顺利进行。此外，课程思政建设要强化组织实施，落实落细建设计划，明确建设目标和建设标准，绘好"路线图"，确定"任务书"，列出"时间表"。例如，2019年复旦大学发布了《复旦大学课程思政攻坚行动计划实施方案》，对师范专业、整体医学、思政示范课程、教材建设、育人队伍、理论研究等六个方面的三年攻坚均形成了分年度计划，从质量和数量上提出了工作目标和具体指标。以示范课程建设为例，学校有计划、有步骤地扩大规模并实施质量验收，促进课程思政提质增效，各门课程育人功能不断完善。

（二）平台保障

课程思政需要搭建公共平台，充分调动参与者的积极性，发挥教师的主观能动性，汇聚优质资源，推动协同攻坚。一是搭建理论培训平台。通过组织专题报告会等方式，邀请相关领域的专家学者围绕课程思政是什么、建什么、怎么建等相关内容进行解读，不断深化广大教师对课程思政内涵的理解和认识，增强教师的育人意识和育人能力。二是搭建学科交叉研究平台。立足各学科的独特视域、理论和方法，深入挖掘专业课思政资源，完善课程思政教学体系，创新专业课程话语体系，形成一批代表性案例，打造一批有高度、有深度、有温度的"金课"。三是搭建工作交流平台。邀请校内外思政课教师、专业课教师及相关部门人员围绕课程思政建设定期交流，拓展思路，协调工作。四是搭建成果共享平台。依托新媒体技术，搭建课程思政"共商、共建、共享"网络平台，建立课程思政信息共享空间，开展优秀课程思政案例汇编、思政素材库建设、教师培训课程建设、课程思政评价标准制定等专项工作，形成一批可复制、可推广的课程思政教育教学改革成果。

（三）人力保障

课程思政建设需要全员的参与和努力，从校党委书记到每一位教师，个体的积极性和创造性都是潜在的人力资源。教师是提升课程思政教学质量的决定性要素，在师资队伍建设方面，学校急需培养一支高水平的思政教师队伍。目前，高校思政课教师承担着大量的教学任务，对课程思政建设的辐射带动作用有待发力。高校构建课程思政的人力保障，需要打造一支优质的课程思政教师队伍，充分把思政课教师的思政优势展现出来。同时发挥其他教师的积极性，推动专业课教师和思政课教师强强联合，共同推进课程思政。一是要建立思政课程与课程思政学习交流促进机制，统筹构建两支队伍在课程思政建设中的合作机制，推动实现专业课与思政课的双向贯通、相互促进，形成协同育人的联动效应。二是在课程思政建设中为专业课安排思政课教师作为专业课共建人，形成课程思政结对制度，共同深挖专业课程中蕴含的思政元素，将学科资源、学术资源转化为育人资源，实现思想政治教育与知识体系教育的有机统一。三是加强培训指导，经常组织课程思政教学沙龙等，分享建设经验与代表性案例，提升广大教师对于课程思政的认知和理解，将课程思政建设的成果及时转化为其他教师的课堂实践，拓展课程思政建设的路径。四是开展工作研究。经常组织教师展开专题学习、主题研讨等，推进课程思政学习研讨的常态化。通过开展教育教学研究、国内外比较研究、传统工作经验研究等，把握教学对象的特点，加强两支队伍课程内容的衔接，切实遵循教书育人规律、学生成长规律、思想政治工作规律开展育人工作。

二、合力推进高校课程思政建设

《中国百科大辞典》对"合力"的解释是：如果物体同时受到几个力的作用，它们对物体运动产生的效果跟另外一个力单独作用时相同，则这个力即为它们的合力。显而易见，这是从物理学领域对"合力"所作的解释。"合力"由"合"和"力"两个字组成，由于这两个字具有十分丰富的内涵，所以，随着时代的发展和科学研究的进步，"合力"这一概念逐渐在各个领域应用开来，同时也进入了社会科学领域。在分析历史发展进程时，恩格斯认为，由于人们的生活条件和社会阅历存在差异，每个个体的动机和目的有所不同，他们进行着不同的活动，因此，"这样就有无数互相交错的力量，有无数个力的平行四边形，由此就形成一个合力，即历史结果"①。本书以"课程思政"为切入点，所探讨的"育人合力"就是同时有多种力作用于育人系统，对"思想政治教育系统运动产生的效果相当于一个单独作用的力，那么这个力就是诸作用的合力"②。"合"就是思想政治教育资源的聚合，课程思政强调教师在课堂教学中秉持知识传授与价值引导相结合的理念，在传递知识时注重价值引领，挖掘自身所在学科、所学专业隐藏的思想政治教育资源，与思想政治理论课同向发力。"力"就是育人活动的实际影响，课程思政改革使专业课教师的课堂教学更有深度、温度和力度，极大地增强了育人影响力，使专业课教师成为促进新时代大学生成长成才的引路人。

课程思政为高等院校形成育人合力提供了新途径。育人合力的形成是各种要素综合作用的结果，总的来说，其形成要素可以分为合力主观要素与合力客观要素两大类。合力主观因素是指合力主体，"课程思政"的提出扩充了育人的队伍，为育人合力的形成提供了主观条件。对于育人主体来说，明确齐心协力完成育人任务的动机、思想是育人合力形成的基础。一定的行为是在一定的思想下发生的，所以，只有"齐心"，才能"协力"。除此之外，育人主体还需具备形成育人合力的能力和素质，如果不具有做好育人工作的基本技能，那么，育人合力的形成也只能是纸上谈兵。"课程思政"改革有利于促进育人主体，尤其是除思想政治理论课教师之外的专业课教师，对育人工作形成正确的认知，端正育人动机，明确价值观对于个人以及国家发展的重要意义，从而形成多种主体同向发声、发力，共奏新时代育人工作新乐章的局面。合力客观因素包括合力目标与合力机制两方面。立德树人是课程思政建设的目标，合力主体在立德树人目标的驱动下开展育人活动。合力机制是将各种育人力量统一起来的一种组织方式。在课程思政建设中，承担价值观教育任务

① 马克思，恩格斯. 马克思恩格斯选集（第四卷）[M]. 中共中央马克思恩格斯列宁斯大林著作编译局，译. 北京：人民出版社，2012.
② 刘社欣. 思想政治教育合力研究 [M]. 北京：人民出版社，2013.

的主体与接受价值观教育的对象都具有主观能动性，一定的组织方式和工作形式是育人工作得以形成合力的保障。这种合力的形成，既需要育人主体采取有效的教学方法对受教育者进行价值观的渗透和塑造，也需要一些科学的管理手段与多种载体的有力配合。课程思政是一种隐性的教育方式，专职教师和其他教职员工通过线上与线下、课内与课外，以"润物细无声"的方式将蕴含思想政治教育元素的知识和理念传递给新时代大学生，使合力机制与合力目标有机地统一起来，进而达到有效地促进高校育人合力形成的目的。

（一）国家层面

在国家层面主要是政策引领。首先，2020 年 5 月，教育部印发《高等学校课程思政建设指导纲要》（后简称《纲要》）。《纲要》提出了思政课的五点内容要求，即新时代中国特色社会主义思想、社会主义核心价值观、中华优秀传统文化、全面依法治国新理念新思想新战略、职业理想和职业道德。同年 12 月，教育部在江苏南京召开高校课程思政建设工作调研推进会，交流研讨高校课程思政建设指导纲要落实情况，深入推进高校课程思政高质量建设。

其次，2021 年 3 月，教育部启动课程思政示范项目建设工作，本次示范项目确定了 699 门示范课程、699 个教师团队以及 30 个教学研究示范中心。这些示范课程在各自学校起引领和示范作用，带动和辐射更多的课程思政建设。

再次，2022 年 7 月，教育部等十部门联合印发了《全面推进"大思政课"建设的工作方案》，对具体的工作进行了宏观部署，改革创新主渠道教学，建设一批实践教学基地，建设共建共享、系统集成、全面覆盖的全国高校思政课教研系统，明确提出了深入推进大中小学思政课一体化建设，全国范围的大中小学的课程思政建设活动轰轰烈烈展开。

最后，国家层面应积极组织融合思政元素的创新教材编写工作。重

新时代高校课程思政建设研究

新编写教材虽然工程浩大，但是其好处显而易见，能够以最广的面和最快的速度推广思政课程建设。各高等教育出版社可以编辑出版更多与思想政治教育、中国传统文化教育等相关的教材和书籍，推出更多相关慕课、电子教案、课程思政素材库等优质资源。

（二）学校层面

1.学校党委牵头顶层设计

学校是教育活动的主要承载者、落实者，教师、课程、学科设置等教育元素都是由学校组织安排，因此，学校在课程思政建设中承担着中枢纽带的作用。要想使这个枢纽顺利运转，必须充分发挥学校党委的领导作用，由学校党委顶层设计、总体协调、统筹推进。学校党委的领导可以保证方向正确、决策权威、执行有力。部分高校成立了"学校思政课程与课程思政建设工作小组"，通常由校党委书记和校长亲自担任组长，实行一把手负责制。

2.建立教务部门牵头抓总、相关部门协同联动、院系推进落实的工作格局

课程思政建设是一项复杂的系统工程，不是一个部门、一个院系或一个老师就能完成的，必须集合全校的力量，多部门多人协同推进。教务部门须着力完善课程体系建设，培育精品思政示范课程，根据学校、学科、专业、课程特点，梳理和挖掘思政元素，精心设计个性化课程思政内容。教务部门还要充分利用好实践教学基地，组织教学实践集体活动，寓教于行。

3.强化教师队伍建设

教师队伍的思政觉悟决定了教师思政课程的宽度和深度。在教师绩效考核和职称评审中加大思政教育考量因素，切实从观念、理念上引导教师重视思政教育。积极向本校教师传达上级指示精神，并展开先进典型的评选活动，对优秀思政课程教师进行表彰，以调动他们的工作积极性。另外，组织教师参与本校和跨校的交流活动，互相参考，互相学习。

4.建设示范思政课程

由教务部门组织思政课教师与专业课教师集体备课，协调作业，共同创建精品示范课程，发挥示范引领作用，分阶段分步骤有序推进课程思政建设。学校应由点及面展开课程思政建设工作，切忌盲目上数量扩规模，重量不重质。思政课程是人心课程，只有深入学生内心，才能取得良好的效果。

（三）教师层面

1.加深思政教育理解

在中国几千年的文化传统中，老师一直都是受人尊敬的存在。"办好思想政治理论课关键在教师，关键在发挥教师的积极性、主动性、创造性。"[1]

教师是知识的传播者，具体课程的教授者，是践行课程思政的直接责任主体。教师应该从思想上、理论上深入学习有关课程思政的论述，努力提升自己的理论素养，加深对新时代中国特色社会主义思想、社会主义核心价值观、中华优秀文化等的理解，加深对国家实行思政教育的背景、目标、内容和意义的理解。

2.做好教学设计

教师应认真梳理课程内容和特色，把握好"课程思政"和"思政课程"的关系，与思政老师合作，认真思考思政元素以及思政元素的融入方式，有效开展课程思政。教师在进行课程思政教学设计的时候应当遵循价值引领性、协同性和系统性原则，把思政元素贯穿教学全过程。

3.注重个性化教育

教师要根据学科和课程特点选择个性化思政元素。例如，针对高职院校学生和工科学生，要培养学生的团结协作精神、工匠精神；针对理

---

[1]　刘在洲.课堂教学：育人的主渠道［J］.湖北社会科学，2017（10）：167-170.

科学生，要培养学生的奉献精神、科技强国意识；针对文科学生，要培养学生对中华优秀文化的认同感等。

4.重视学生反馈

教师授课时应重视学生的反映，及时评估课程效果，在出现偏差时及时调整，而不是为了完成思政任务进行机械式、填鸭式的教学。教师还应该注重身教胜于言传。袁隆平院士的"禾下乘凉梦"影响和激励了一代又一代的青年学子，这就是师德师风的力量。

（四）课程层面

课程是思政教育的载体和媒介。课程的各个知识点正是具体的思政元素的展现窗口，对思政元素的挖掘必须充分体现在各个知识点上。在教育部课程思政示范课程项目的引领下，机械设备安全技术课程、职业发展与就业创业指导课程、无机化学课程、生物化学与分子生物学课程、刑法学课程等越来越多的高质量的课程思政案例涌现出来。一些创新性成果也不断涌现，例如，有的研究者与时俱进，将课程思政与 VR（虚拟现实）技术相结合，给学生带来了沉浸式体验，更好地实现了课程思政的价值引领作用。

（五）学生层面

1.调动学生积极性，让学生成为课程思政的参与者、贡献者

学生是知识的接受者，也是思政教育的主要对象，在课程思政教学的过程中，忽视或者不重视学生的做法是错误的。教育的根本问题是培养什么人、怎样培养人、为谁培养人，所以最终的落实对象就是学生。学生的积极性需要被充分调动，互动式教学是调动学生积极性的有效途径。在互动式教学中，学生成为课程思政教学的积极参与者，学生的反馈可以提高思政课程的质量。在这个过程中，学生也成了思政课程的贡献者。

2.交流心得体会，总结提升

应鼓励每个学生在参与实践教学等思政课程后交流心得体会，对课程中体现的思政精神进行总结。交流活动可以采取小组讨论的现场互动形式，也可以采取书面报告的形式。无论何种形式，其目的都是要加深学生对思政教学元素的印象，巩固思政教育成果。

3.鼓励参加志愿活动

志愿活动是传递爱心，传递温暖，传递社会责任心的活动。根据中国志愿者网站统计，全国实名志愿者总数 2.29 亿人，志愿队伍 130 万个，志愿项目 965 万个，服务时间总数为 51.5 亿小时。一方有难，八方支援，在中国这个社会主义大家庭中，随时随地都能看到志愿者的身影。2008年，四川汶川发生特大地震，全国的志愿者从四面八方涌入汶川，上千万志愿者参与抗震救灾工作。2020 年初，一场突如其来的新冠病毒疫情袭击了湖北武汉，来自全国各地的医疗工作者和志愿者紧急驰援武汉，他们被称为“最美逆行者”，其中动人的故事数不胜数。鼓励学生参与志愿活动，可以增强学生的服务意识，可以让学生把在课堂上学到的思政元素更好地应用于实践，还可以提升学生的自豪感、荣誉感，真正地践行社会主义核心价值观。

（六）社会层面

社会各界也要积极参与各类教育机构的课程思政教育活动，切实履行社会主体的责任和义务。教育的目的是为社会各行各业提供高素质的人才，所有教育最后都要回归社会。相对于学校而言，社会的覆盖面更宽广，实际情况也更为复杂，能够更好地检验教育教学成果。当前，全国各地成立了多个科学精神专题实践教学基地，工业文化专题实践教学基地，美丽中国专题实践教学基地，抗击疫情专题实践教学基地，中华优秀传统文化、革命文化、社会主义先进文化专题实践教学基地，脱贫攻坚、乡村振兴专题实践教学基地，党史新中国史教育专题实践教学基地等"大思政课"实践教学基地。这些实践教学基地只是社会力量的一部分，起示范引领作用，更多的企事业单位，应具备国家大局意识，配合教育部门，积极参与课程思政的建设活动。

第九章　高校课程思政建设实践案例

第一节　课程思政先行案例

开展课程思政示范课程、教学名师和团队的认定工作，是贯彻落实习近平总书记关于教育的重要论述和全国教育大会精神，深入实施《高等学校课程思政建设指导纲要》，全面推进课程思政建设，提高课程育人实效、落实立德树人根本任务的具体举措。

一、中国人民大学课程思政先行案例——"财政学"

（一）课程挖掘的思政资源分析

"财政学"课程秉承人大几代财政学前辈的家国情怀以及学科的优良传统，依托首批"全国党建工作标杆院系"财政金融学院，全面贯彻习近平新时代中国特色社会主义思想。在政治过硬、专业突出的党员教师团队的积极参与下，根植中国实践，寻求理论创新，深度挖掘凝练专业课程中蕴含的思想政治教育资源。将党的创新理论成果和中国财政实践融入财政学"三全育人"课程建设中，实现思政教育与专业教育的有机融合。全

新时代高校课程思政建设研究

面提升课程思政教学效果，改进课堂与实践教学模式，实现"润物细无声"式的思政工作效果，与思政课形成协同效应，构建起"一个根本目标、两项核心任务、三大支撑体系"的财政学课程思政体系（图9-1）。

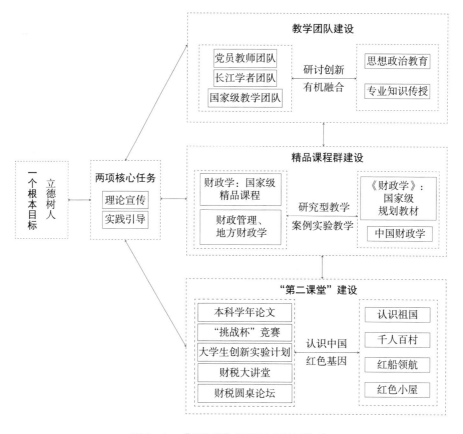

图9-1 "财政学"课程思政创新体系

1. 一个根本目标

本课程始终坚持立德树人根本目标，全面贯彻习近平新时代中国特色社会主义思想，建立中国特色财政学体系框架，强化对财政学学科发展的认识以及对中国财政实践的理解，将思想政治教育有机融入专业教学和人才培养的全过程，塑造能够服务中国新时期建设的"新财政人"。

2.两项核心任务

课程以理论宣传和实践引导为核心任务。第一，传承红色基因，厚植爱国主义情怀，教育引导学生践行社会主义核心价值观，最终实现全面贯彻党的教育方针的根本目标，培养能够担当民族复兴大任的时代新人，培养德智体美劳全面发展的社会主义建设者和接班人。第二，立足中国实践，以马克思主义基本原理为指导，与时俱进，广泛吸收当今中外最新研究成果，深入宣传中国经济改革和财政改革的进程和内容及其蕴含的理论逻辑。

3.三大支撑体系

（1）传承红色基因的教学团队建设。高素质、高觉悟的教师团队是保证课程思政质量的根本所在。"财政学"教学团队是一支政治素质过硬、专业突出的由党员教师组成的队伍，团队中包括三位特聘教授、两位青年学者。团队建立常态化、规律化的集体备课机制，通过共同研究教学大纲、制作课件、组织课外实践活动，将思想政治教育有机融入专业教学和人才培养全过程。

（2）讲好"中国故事"的精品课程群建设。2003年，"财政学"被评为北京市精品课程，2008年被评为国家级精品课程，2017年开通"芸窗慕课"，2020年被评为国家级一流本科课程和北京市高校优质本科课程（重点），2021年入选中国人民大学第二批课程思政示范课程，并被学校推荐参评北京市课程思政示范课程。

一流教材建设。坚持立足中国实践、讲好中国故事、凝练中国理论，积极参与国家首批中国经济学教材——中国财政学教材建设。人大版《财政学》教材为全国第一本财政学教材，是高等学校财经类专业核心教材，普通高等教育"九五"国家级重点教材，教育部面向21世纪经济、管理类核心课程教材，普通高等教育"十五"和"十一五"国家级规划教材，"十二五"普通高等教育本科国家级规划教材，获首届全国教材建设一等奖。2021年，郭庆旺教授主编的《中国财政学》入选国家教材委员会首批中国经济学教材。

创新课堂教学模式。广泛采用"线上线下"融合教学、多媒体教学、案例教学、行为实验教学和研究式教学等多种灵活的教学方式，将思想政治教育与课程专业知识传授有机融合，全面提升课程思政教学效果。

（3）"寓思于行"的"第二课堂"建设。丰富多彩的"第二课堂"是课堂教学的有效延伸，亦是在实践中拓展思政教育广度的良好平台。本科学年论文、"挑战杯"竞赛论文、大学生创新实验计划、财税大讲堂、财税圆桌论坛、"税务先锋"志愿服务活动、"认识祖国"、"千人百村"、"红船领航"和"红色小屋"等实践教学活动，成为学生认识世界、了解国情的有效途径，有力促进青年学子增长知识见识、培养奋斗精神、增强综合素质。2021年，岳希明教授指导的本科学生毕业论文《医疗报销与居民就医行为——基于CHIP2018的实证分析》被评为北京市优秀本科生毕业论文，马光荣教授获得中国人民大学本科课外教学优秀奖。

（二）课程特色与创新

一是理论根基扎实，课程定位鲜明。以马克思主义基本原理为指导，有选择地借鉴西方经济学和财政学理论，紧密结合中国改革开放以来经济发展实际与财政运行来对理论进行阐释。处处体现为政府决策提供理论依据，为财税改革提供理论准备，为政策实施提供制度设计，为社会应用提供咨询服务，为国家培养高层次人才。

二是课程内容与时俱进。通过教材和讲课，广泛吸收当今中外最新的研究成果，及时反映中国经济改革和财政改革的进程和内容，特别是将党的十八大和十九大关于宏观经济改革与财政改革的新论断和习近平新时代中国特色社会主义思想引入教学中。

三是教学手段丰富。除传统的互动式、启发式、案例式等教学方法外，团队一直在探索和完善研究式教学方法。研究式教学方法可归结为"一读、二疑、三结合"："一读"是指每一章指定至少一篇经典文献进行研读。"二疑"是指培养学生在教师讲解一些具体问题时，用怀疑、质疑的态度听课，这既有助于提高学生思考问题的能力，又能使学生集中精力听课。"三结合"是指一结合计量经济学，就本课程学到的基本理论问题向同学建议可适用的定量方法，以进行实证检验；二结合"小创"和"大创"等课外科研和实践竞赛，帮助同学在本课程内容中挑选研究题材；三结合社会实践，就本课程的一些贴近现实的热点问题，在两个假期的社会实践中进行调查研究。

二、中国人民大学课程思政建设先行案例——"国际贸易概论"

（一）课程简介

"国际贸易概论"是专门研究国际贸易理论与实践，以及各国经济贸易关系的应用经济学课程，与一国的国内经济发展、对外经济联系密切相关，涉及各种关系的交错互动。

（二）教学设计与实践

习近平总书记在全国高校思想政治工作会议上的讲话中作出了"要用好课堂教学这个主渠道，思想政治理论课要坚持在改进中加强，提升思想政治教育亲和力和针对性，满足学生成长发展需求和期待，其他各门课都要守好一段渠、种好责任田，使各类课程与思想政治理论课同向同行，形成协同效应"的重要指示，成为专业课教师课程思政建设的重要指引。《高等学校课程思政建设指导纲要》《习近平新时代中国特色社会主义思想进课程教材指南》《关于深化新时代学校思想政治理论课改革创新的若干意见》的相继发布，更是成为推动课程思政建设的重要遵循。

当今世界正经历百年未有之大变局，国际政治经济格局发生着深刻调整，国内发展环境也经历着深刻变化。我国发展仍然处于重要战略机遇期，机遇和挑战之大都前所未有。为应对各种风险挑战，国家在《中共中央关于制定国民经济和社会发展第十四个五年规划和二〇三五年远景目标的建议》中提出"加快构建以国内大循环为主体、国内国际双循环相互促进的新发展格局"。

"国际贸易概论"是专门研究国际经济贸易理论与实践，各国间经济贸易交往与贸易利益分配，当代国际贸易的各种新现象、新问题的应用经济学课程。国家对外贸易的发展与国内经济水平、资源禀赋、产业实力、市场状况等密切相关，因而是与国内国际双循环直接相关的课程。因此，"国际贸易概论"课程思政的建设目标是：立足国内国际双循环，提升学生视野与担当。

"国际贸易概论"课程思政的整体教学设计，应尽量贴近学生需要，满足学生成长期待。重点讲授知识的基本要义与逻辑，尽量减少各种艰深的抽象推演。结合专业特色与课程特点，坚持用习近平新时代中国特色社会主义思想铸魂育人，紧密结合我国经济社会发展的现实需要，以政治认同、家国情怀、使命担当、职业道德、守法尽责与集体主义教育等为重点，增强学生的中国特色社会主义道路自信、理论自信、制度自信、文化自信，引领学生把爱国情、强国志、报国行自觉融入坚持和发展中国特色社会主义事业、全面建成社会主义现代化强国、实现中华民族伟大复兴的奋斗之中，切实落实立德树人根本任务，将价值塑造、知识传授和能力培养融为一体，努力培养担当民族复兴大任的时代新人，全面提高人才培养能力与质量。

接下来，笔者将从以下方面介绍"国际贸易概论"课程思政建设的教学设计与实践情况。

1. 课程思政的建设思路与框架

德才兼备才是有用之才。在专业教学中处理好育人与育才的关系，是各类专业课课程思政协同育人的主要任务。"国际贸易概论"课程思政的设计思路主要着眼于以下内容。

（1）科学设计课程思政的建设目标。主要分为三个方向：一是知识目标：准确系统地掌握课程的各种专业知识内容；二是能力目标：运用所学知识识别和判断国际贸易发展中的各种现象与问题，掌握正确解决问题的思路与方法；三是育人目标：落实立德树人根本任务，将价值塑造、知识传授和能力培养融为一体，引领学生把爱国情、强国志、报国行自觉融入坚持和发展中国特色社会主义事业、建设社会主义现代化强国、实现中华民族伟大复兴的奋斗之中，努力培养担当民族复兴大任的时代新人，全面提高人才培养能力与质量。

（2）优化拓展课程思政的内容供给。针对继续教育学生有工作、有实践、信息多、想法多的特点，在课程讲授的各环节，有意识引导学生将专业知识与现实问题相结合，尤其是密切追踪我国社会经济发展中的重大变革、国家的重要战略决策、国内国际关系的动态演变，丰富课程内容，优化课程体系。

（3）切实保障课程思政的教学效果。一是确保立德树人。教育的本质，不仅仅是知识传授和智慧赋能，更要"培根铸魂、启智润心"，厚植爱国主义情怀，培养学生投身社会发展建设的使命担当。二是确保能力提升。通过课程系统训练，不仅引导学生提升专业能力，借助所学认识社会，还引领学生获得洞察当今国际贸易发展变化中出现的新现象、新问题的能力，掌握与提升分析现实问题的有效方法。

2. 课程思政的建设方向和重点

坚持用习近平新时代中国特色社会主义思想铸魂育人，紧密结合我国经济社会发展的现实需要，以政治认同、家国情怀、使命担当、职业道德、行为规范、守法尽责与集体主义教育以及国家方针政策的理解与执行等为重点，拓宽学生视野，引导学生立德成人、立志成才。

3. 课程思政的建设模式与方法

（1）学院领导高度重视。根据教育部的规定，为实现全员、全程、全方位育人，学院领导在全院有关工作会议上提出课程思政建设的工作任务，鼓励支持教师申报课程思政示范课，并布置教师党支部专门对课程思政问题进行学习研讨。

（2）设置思政辅导员。学院始终强化师资队伍建设，充分发挥教师党员的先锋作用，号召专业课教师争当思政辅导员，通过专业课教师密切联系学生，寓价值观引导于知识传授和能力培养之中，帮助学生塑造正确的世界观、人生观、价值观。

4. 教学实践特色

（1）课程讲授强化使命担当。在"国际贸易概论"课程讲授中，引入各种有效的教学方法，如问题导向法、对比分析法、案例教学法、启发教学法、故事导入法等，针对课程的知识内容，深入挖掘课程思政元素，构建课程思政体系，强化使命担当，提升能力，开阔视野。

下面，笔者将以讲授"国家竞争优势理论"为例，分析其教学实践特色。

知识目标：掌握国家竞争优势理论的概念及内容。

能力目标：运用所学知识分析对外贸易中的现实问题。

育人目标：深刻理解国家构建国内国际双循环、高质量发展的重大战略意义，以及企业为什么要承担社会责任。

教学方案：

①问题导入：随着对外贸易的发展，我国贸易大国的地位稳固。贸易大国是不是贸易强国？如何使贸易大国成为贸易强国？这些都是需要进一步探寻的问题。

②理论讲授。通过对国家竞争优势理论内容的解释，引导学生充分理解国家、产业、企业之间的关系：国家竞争优势由产业竞争优势决定，产业竞争优势由众多企业竞争优势构成，企业竞争优势取决于是否具有创新机制，直接决定着产品是否具有核心竞争力，由此构成决定一国对外贸易优势的几个层面。进而启发学生思考：一是如何理解国家提出"构建以国内大循环为主体、国内国际双循环相互促进的新发展格局"的战

略意义？一国参与国际贸易的竞争优势是由国内产业、企业的竞争优势决定的，首先必须使国内大循环的整体水平提升，才能有更强的实力参与、推进更高水平的国际竞争，进而促使国内大循环向更高水平发展。二是如何理解国家提出高质量发展战略、强调中国经济要从高速增长阶段转向高质量发展阶段的重大意义？只有使我国经济高质量发展，企业提质增效，才能使出口产品质量提升，进而形成高水平的贸易优势，才能使贸易大国成为贸易强国。

③观念提升。构建国内国际双循环的高质量发展格局，需要每个企业的高质量发展，最基本的行为准则是不能为追求私人利益制售假冒伪劣产品，或造成环境污染。因为假冒伪劣不仅是对消费者的伤害，也是对资源的浪费。为此，企业必须承担社会责任。即将步入社会的学生更应具有社会责任意识，树立大局观念，并将其运用到企业（尤其小微企业）决策中，使企业遵守社会规范，使自己成为合格的社会公民。

（2）教学过程贯穿着家国情怀。"国际贸易概论"课程中很多理论源于西方著名学者，如亚当·斯密（Adam Smith）、大卫·李嘉图（David Ricardo）等。在讲述国际贸易理论时，不仅要详细解读理论的核心要义，更要有意识地引导学生关注各种理论形成的背景、理论演进，让学生知道，这些理论的创立者多数是在特定历史阶段为解决本国经济发展遇到的突出问题，而提出有利于本国经济发展的理论，国外学者也有为自己国家经济发展贡献智慧的爱国情怀。

但是，西方学者的理论毕竟源于特定历史背景，现实世界已发生翻天覆地的变化，完全照搬西方理论无法解决所有问题。这就要求中国人，尤其是新时代青年，拥有家国情怀，立志报效国家，以国家前途命运为己任，投身对我国经济发展各种纷繁复杂问题的实践或研究中，总结中国经验，提出中国方案，创新中国理论，开辟中国道路，不仅解决国内经济发展遇到的问题，也为其他国家的经济发展提供有益借鉴。

（三）课程成效与规划

根据高校课程思政"贯穿于课堂授课、教学研讨、实验实训、作业论文各环节"的要求，"国际贸易概论"课程思政建设非常注重学生能力的提升。针对继续教育学生的特点，为调动学生的参与积极性，"国际贸易概论"课程在作业设计方面加强了能力培养，也融入了课程思政内容。

具体做法是：每次在课堂讲授的最后环节，教师都随堂布置一项课后作业，将每次作业汇集起来，就是一篇完整的学期作业论文，题目由学生根据自己工作或个人关注选择。这种方式有以下好处。

第一，继续教育学生有工作经历，有学习能力，有不同的知识结构，对社会经济发展中的现实或热点问题，本来就有自己的兴趣，有一定分析判断能力。因此，通过布置作业的方式系统引导学生学以致用，可以调动学生的参与度，提升学生挖掘问题的能力与观察事物本质的水平。

第二，作业设计引入课程思政素材，要求学生在分析所选问题时引入习近平总书记有关"经济全球化"的论述，或引入国家有关方针政策等内容，有助于拓宽学生分析问题的视野。

第三，完善作业评价机制，规范学生作业的完成。一方面明确规定不允许学生抄袭，另一方面学生也不容易找到与作业要求完全一样的内容抄袭。考核评价机制的建设主要是从制度、规则方面限制学生抄袭，促使学生树立学术诚信的意识，为学生必须完成的学位论文写作构建必要的行为规范。

总之，上述环节的设计与实施，有助于开阔学生视野，提升学生的使命担当、家国情怀、职业操守及社会责任感。

第二节　课程思政设计案例

一、"生物化学"课程思政设计案例

（一）思政育人目标

第一，掌握科学研究的基本规律。通过对学科知识的系统学习，了解科研工作的基本规律，使学生能拥有发现问题的眼睛，思考问题的头脑，解决问题的双手。

第二，具备科研创新的能力。能够认知本学科的知识结构和研究规律，掌握学科的研究技术和方法。在此基础上，进行独立、创新性工作。

第三，培养学生的专业信念。深入研究历史，认识学科发展对自身美好生活的贡献和价值，培养学生对本学科的专注和热爱。通过对前辈工作的介绍，提升学生投入研究的信心。

（二）思路与措施

第一，课程思政以课程教学内容为载体，灵活融入思政内容。课程思政是教学内容的一部分，各任课教师应根据课程性质、结合课程内容，梳理主讲课程中所蕴含的思政元素和承载的思想政治教育功能，并有效融入课程教学中。

第二，课程思政融入方式多种多样。教师应根据学生的成长背景、学生的学习习惯和学习途径，借助不同方式进行教学和育人。例如，利用传统的多媒体课件、板书，配合智慧教学工具，利用线上学习资源等，灵活开展思政教学。

（三）思政元素设计

表9-1 思政元素融入"生物化学"课程教学的具体过程

序号	授课知识点	思政融入点	授课形式与教学方法	思政育人教学效果
1	DNA 双螺旋结构	剖析 DNA 双螺旋的研究历史，讲解科学家的艰辛研究历程	课堂 PPT 演示＋使用教具	体会科学家的坚持和热爱，注重团队合作
2	蛋白质的复性	讲解蛋白质复性的关键在于一级结构守护的信息，"要能守初心，方得担使命"	课堂 PPT 演示	认识科学论证过程的缜密性，培养严谨的思维习惯
3	蛋白质的结构模型	科学家鲍林（Pauling）获得诺贝尔化学奖和和平奖	课堂 PPT 演示＋讲解	认识科学研究的规律，体会科学研究的趣味以及科学家的社会责任
4	维生素的辅酶功能	讲解维生素的辅酶功能，维生素在人体内发挥着重要的作用，它们是许多酶的辅酶，参与人体内各种生物化学反应	讨论交流	基层工作也有很重要的意义和价值，团队合作的必要性和重要性
5	钠－钾 ATP 酶功能	讲解钠－钾 ATP 酶抑制剂的"见血封喉"功能，体会其科学价值	课堂 PPT 演示＋讲解	了解中国古代的科学成就，激发学生的爱国情感和成功的信心
6	细胞膜的物质运输	讲解"闭关不锁国"的物质运输规则	课堂 PPT 演示＋讲解	做人做事要有原则，有正确的价值观
7	激素的信号放大作用	讲解激素引发的信号传导，经放大可产生强烈生物学作用	课堂 PPT 演示＋讲解	团队合作、协作意识
8	GPCR 的七次跨膜结构域	介绍 GPCR 的七次跨膜结构域和功能的相关性，以及 G 蛋白结合的部位	课堂 PPT 演示＋讲解＋讨论	科研诚信和科研创新

二、"国际经济学"课程思政设计案例

（一）教学思路与创新

1.思路与措施

在进行国际经济学课程理论讲授过程中紧密联系国际经贸发展现实，注重引导学生认清国际经贸关系的本质，培养学生正确的人生观和价值观。通过课程学习，学生在正确的辩证和历史的唯物主义视角下系统了解国际经济学中的基本概念、基本知识和基本理论；熟练掌握国际经济学中的主要分析方法和基本模型；在掌握基本原理的基础上，能够对国际经济中的一些主要现象、历史演变和发展趋势有正确的总体认识和理解。要利用现有的西方国际经济学分析范式的框架，并紧密结合中国的具体国情和实际贸易情况，深入浅出地阐释各类国际贸易理论的原理和内在逻辑。按照教学大纲，将课程时间安排得合理紧凑，而且根据课程知识的难易程度合理分配讲授时间：对于偏难的知识点，运用多种方法如数理分析、定性逻辑分析等方法详细讲述，便于加深学生的印象；对于较容易的知识点，则采用略讲的方式，突出其中的重点即可。

本课程的教学可以使学生结合课程思政的视角对国际经济学的理论体系有一个整体的把握，并做到理论与实践相结合，提高学生的理论基础和应用能力，培养学生综合分析问题、解决问题的能力。特别是对那些日后将从事对外经济活动的学生，可以不同程度地提高他们的实践能力，为中国对外开放的进一步发展贡献力量。

2.创新点

将国际经济学理论中对发展中国家最有启发性的内容与发展中国家相联系，特别是与发展中大国——尤其是中国联系，深入讲解，可以激发学生的兴趣，从而使学生在理论学习中，明白其对中国的借鉴意义。

（二）思政元素设计

表9-2　思政元素融入"国际经济学"课程教学的具体过程

序号	授课知识点	思政融入点	授课形式与教学方法	思政育人教学效果
1	古典贸易理论与比较优势	从国际经济学的特点出发，明确指出国际经济学的科学性和民族性。在本课绪论部分的讲授中，特别强调，国际经济学作为经济学的一个分支学科有几个方面的特点，即理论的科学性和应用的民族性，以及与国家利益紧密相关的特征。一方面，国际经济学揭示了经济资源在国际上的分配是按照比较优势理论展开的；另一方面，一个国家是否按照比较优势理论去执行，包含着强烈的民族主义和国家利益的色彩，只有在双边或多边关系下，在各方都能获得利益的情况下，国家才考虑合作	讲授并结合历史案例	引导学生树立正确客观的国际经济关系认知方法和理念，培养爱国主义情怀
2	现代贸易理论中的规模经济与后发优势	在课程中，教师讲授国际贸易新理论和战略性贸易政策时特别强调，后起国家通过"干中学"实现产业发展的赶超，通过战略性进口政策、战略性出口政策逐步占领本国市场，进而走向国际市场。强调发展中国家的政府干预在经济发展和对外贸易中的特殊作用	案例讲授、小组讨论	将国际经济学理论中对发展中国家最有启发性的内容与发展中国家联系，特别是与中国相联系，并进行深入讲解，激发学生的兴趣，从而在理论的学习中，强调其对中国的借鉴意义

（续　表）

序号	授课知识点	思政融入点	授课形式与教学方法	思政育人教学效果
3	贸易政策的福利影响	在讲授国际贸易政策时，注重将贸易政策的一般影响与发展中国家的适度开放密切结合，使学生深刻地理解到，国际贸易本身尽管是开放合作的，但本国利益最大化才是各国贸易政策的根本目标。因此，最佳关税是各国维护自身利益的关键。发展中国家最佳关税的引进和贸易政策的精确性才是中国贸易政策制定的基本方向。其中的爱国主义和国家利益意识很自然地通过讲授国际经济学知识的方式传播给广大学生	讲授、案例、小组讨论	将国际经济学与现实紧密结合，使得学生深刻理解各国贸易政策的目标，学会从不同的角度思考问题。在引导学生思考的同时，关注中国现状，讲好"中国对策"
4	进口关税的福利影响	在讲授有关进口关税等国际贸易政策内容时，结合最近的贸易政策调整实例，引导学生利用所学知识分析贸易政策变动对不同国家的影响，使学生认识贸易政策调整的必要性	贸易战案例与知识点结合讲授	结合时事热点问题，培养学生思考和分析现实问题的能力，使学生认识当前国家面临的严峻形势，激发学生的爱国情怀，培养学生的责任意识
5	多边贸易体制与世界贸易发展	在讲授有关多边贸易体制的内容时，结合中国复关和入世谈判的曲折过程以及当前WTO争端解决机制陷入困境的现实，引导学生认识美国的霸权主义行径，了解中国坚持"发展才是硬道理"的现实必要性	案例讲授、小组讨论	曲折的中国故事激发了学生努力学习、报效祖国的爱国情怀，同时，中国在各世界组织与活动上积极的身影给学生留下深刻印象，让学生深刻理解了发展的重要性

（续　表）

序号	授课知识点	思政融入点	授课形式与教学方法	思政育人教学效果
6	发展中国家的对外政策	在客观分析发展中国家经济发展的基础上，联系中国实际，阐述中国的对外开放路径，将中国40多年改革开放的成功经验与发展中国家在世界银行引导下贸易自由化和经济市场化的经验教训加以对比，强调中国实践的特殊意义，特别是对发展道路的经验总结。这在很大程度上可以展示40多年改革开放的伟大成就，为经济发展提供"中国模式"	案例讲授、社会调研	将国际经济学理论与发展中国家历史进程紧密结合，尤其是与中国改革开放的进程和伟大成就结合，使学生深入学习相关理论的同时，认识中国特色社会主义道路
7	开放条件下的宏观经济政策	突出强调财政政策、货币政策和汇率政策在促进经济发展中的作用，强调一个发展中国家在开放经济条件下，汇率制度的选择和对外开放国家之间的政策影响着政策的效果。客观展示如何在对外开放的过程中，保持本国经济的稳定发展和增长。特别是结合中国实际，回顾我国财政政策、货币政策和汇率政策是如何调节经济的，从理论上将路径分析清楚。在此基础上，分析中国改革开放以来宏观经济政策的积极效果，人民币国际化进程及其利弊	案例讲授、小组讨论	结合中国实际谈论宏观经济政策，提高学生为中国现实需要服务的能力。通过"中国模式"体现出的优越性提高学生的民族自信和自豪感，鼓励学生努力奋斗
8	国际资本流动及其福利影响	在讲授国际资本流动时，结合中国改革开放40多年的经验，强调不同时期引进外资的特点、意义，引导学生树立历史唯物主义的观念，引导学生运用历史唯物主义的观点分析中国引进外资等问题	案例讲授、小组讨论	将国际经济学中的资本流动理论与国家相关实际政策和经验相结合，深入讲解，激发学生的兴趣，从而在理论的学习中，强调中国发展道路对其他发展中国家的借鉴意义，培养学生多角度思考问题的能力

（续　表）

序号	授课知识点	思政融入点	授课形式与教学方法	思政育人教学效果
9	劳动力要素的跨国流动	在进行劳动力自由流动的福利分析时，特别强调发展中国家接受国外教育的人群的流动规律是先大量流出，向发达国家学习，后回到自己的国家，发展本国经济，让学生明白，爱国主义不是空泛的说教，而是自己的实际行动，在潜移默化中培育学生的爱国情怀	案例讲授、小组讨论	大量知识青年学成归国的案例激发了学生的报国情怀，对劳动力回国的福利强调坚定了学生学成归国的信念，也为部分对未来感到迷茫的学生树立了人生目标

三、"国史研究"课程思政设计案例

（一）思政育人目标

育人目标是课程价值观的集中体现，决定着课程思政的建设方向，是"国史研究"课程的灵魂所在。课程思政的育人目标包括德育目标与智育目标两个方面。

1. 德育目标

一部新中国史就是一部中国共产党带领中国人民建立社会主义制度，为中国特色社会主义事业奋斗的历史。通过研究型课程学习，从理性、感性、学术、情感等层面进一步夯实学生拥护中国共产党领导和社会主义制度、立志为中国特色社会主义事业奋斗终身的理想信念。

2. 智育目标

智育是德育的载体。国史研究的课程内容设置"以我们正在做的事情为中心，从我国改革发展的实践中挖掘新材料、发现新问题、提出新观点、构建新理论"[①]，培养学生跨学科思维、学术前沿思维、实践思维和创新精神。

---

① 习近平. 把思想政治工作贯穿教育教学全过程 开创我国高等教育事业全面发展[N]. 人民日报，2012 -12-09（1）.

（二）思路与措施

历史学是史实、史论的统一。用史实讲思想，以史论讲政治，提高思政教育亲和力，增强说服力。以习近平总书记"视野要广，有知识视野、国际视野、历史视野，通过生动、深入、具体的纵横比较，把一些道理讲明白、讲清楚"[①]的要求为指导，以爱党爱国爱人民为主线，以政治认同、家国情怀为重点，优化国史课程的内容供给，将措施明确为四个方面。

1. 知识视野

将国史知识理论与相关政治学、社会学、经济学，特别是思政知识点有机融合。如国家治理体系和治理能力现代化的思政知识点通过历史学的史实、政治学的理论如盐化水般融合。

2. 国际视野

将同一时期的中国历史发展与其他国家和地区的当代历史发展进行比较，如同一时期起步的 1947 年后的印度、具有相似政治结构的 1985 年后的苏联（俄罗斯），以扎实的数据、史料进行国际比较，增加说服力。

3. 历史视野

"辨方位而正则"，既要深挖国史的细节，又要防止历史研究碎片化，适时跳出国史的范畴，在变迁的大历史视野和历史过程中把握、研究国史，家国情怀自然渗入。

4. 问题导向、时代导向的"双导向"

课程大纲设置为专题讲授，每一专题又紧密结合现在亟待解决的国家和社会问题，以及国史前沿研究成果和学术要求展开，如环境史专题、情感史专题、城市史专题等，在"双导向"中完成思政与专业知识的无缝对接。

---

① 郑华. "六个有"：新时代思想政治理论课教师提高素养的根本遵循 [J]. 长春教育学院学报，2019，35（38）：33-36.

（三）思政元素设计

表9-3　思政元素融入"国史研究"课程教学的具体过程

序号	授课知识点	思政融入点	授课形式与教学方法	思政育人教学效果
1	国史理论方法专题	历史唯物主义	文本分析：《路易·波拿巴的雾月十八日》	使学生明晰马克思主义理论在国史研究中的重要性
2	国史经济史专题	习近平新时代中国特色社会主义思想	史料研读：《中华人民共和国发展国民经济的第一个五年计划（1953—1957）》	使学生正确认识改革开放前和改革开放后两个历史时期的关系
3	国史政治史专题	十九届四中全会精神	案例讲解：以1949—1953年武汉市征税能力变化为例	通过历史研究使学生深刻理解国家治理能力和国家治理效能重要性
4	国别比较史专题	"四个自信"	课堂讲授：将1947年以来印度的现代国家建设与同一时期的中华人民共和国的现代国家建设进行比较	以翔实的史实比较提高学生的"中国特色社会主义道路自信、理论自信、制度自信、文化自信"
5	国史社会史专题	"以人民为中心"	小组讨论：阅读《中国经济年鉴》与《世界卫生组织妇幼健康成功因素报告》	使学生从新旧中国民生建设的巨大变迁史中领会"以人民为中心，把人民对美好生活的向往作为奋斗目标"的精神
6	国史城市史专题	"不忘初心、牢记使命"	史料研读：阅读1949—1954年《天津日报》中城市公园建设的60篇报道	以天津城市公园建设史为例，使学生深刻理解党带领人民干革命就是在为中国人民谋幸福
7	国史情感史专题	党的群众路线、群众观点、群众立场	口述访谈：80多岁的和平区老人回忆20世纪50年代干群感情的访谈资料	使学生理解"对群众有感情，带着感情做群众工作"是中国共产党开展工作的宝贵经验
8	国史改革开放史专题	"历史和人民选择了改革开放"	影像史料研习：播放典型的改革故事，包括亲历者、参与者、见证者等历史素材	从多元史料中领会习近平总书记关于"三大里程碑"的重要论断

第三节 课程思政实施案例

一、"大学物理"课程思政教学实践

（一）案例简介

表9-4 "大学物理"课程基本信息

课程基本信息			
课程名称	大学物理	课程总学时	112
相关教学内容	第12章 运动电荷的磁场 第7节 磁场中的运动电荷	教学内容时长	2学时
教学实践次数	2	课程教学对象	通信工程专业本科生
参考教材	《大学物理教程》陈兰莉	相关实验平台或演示实验	南阳理工学院大学物理实验室中心霍尔效应实验
学习重点	洛伦兹力（磁场对运动电荷的作用力） 带电粒子在匀强磁场中的运动 霍尔效应		
学习难点	计算带电粒子在匀强磁场中的运动轨迹 霍尔元件的应用和参数的计算		
知识体系			

（续 表）

课程基本信息	
教学目标	知识目标： ① 理解磁场对运动电荷的作用力，学会计算带电粒子在磁场运动时所受的洛伦兹力。 ② 理解金属和半导体中的霍尔效应的形成原因，了解霍尔效应的应用。 ③ 了解什么是量子霍尔效应，以及反常量子霍尔效应。 能力目标： ① 通过对霍尔效应的理解以及霍尔效应具体的应用，加深学生对科研基本方法的理解，激发学生对科学的热情。 ② 通过对反常霍尔效应发现过程的学习，培养学生的独立思考能力，鼓励学生挑战权威、勇于创新。 ③ 通过霍尔效应在金属和半导体中的应用，培养学生将所学知识应用于实际的能力，锻炼学生的科学思维能力。 情感目标： ① 采用多元化教学设计，激发学生对本课程的喜爱，引导学生自主学习，养成良好的学习习惯。 ② 通过相关科学史的讲述，培养学生正确的科学观和价值观，进而激发其对科研的兴趣，养成实事求是的科研态度。 ③ 了解华人科学家薛其坤院士和张首晟教授在霍尔效应相关方面的贡献，一方面激发学生的科研热情，另一方面让学生建立充分的民族自信、文化自信，激发其爱国热情

（二）案例设计

表9-5 "大学物理"课程思政教学设计

案例设计目标	在授课的过程中将宏观现象与微观机制联系起来，在潜移默化中将辩证唯物主义的思想传递给学生。在拓展应用方面，通过讲述几位科学家在技术攻关、科学研究方面的成就，激发学生刻苦钻研、敢于创新、报效祖国的热情
主要思政元素	辩证唯物主义，勤于思考，敢于创新，刻苦钻研，报效祖国
案例设计思路	本教学以教师在课堂讲述为主，辅以演示实验加深学生对知识的理解，学生需要课前准备、课后调研，充分调动课堂氛围和课后学生的积极主动性。以多媒体教学和实验演示为主要的手段，以教学目标为依据，融合视频、图片、动画多种素材，以生动鲜活的事例，帮助学生加深对课程内容的理解。同时提供课后自学资料，拓宽学生知识面，全面提高学生学习的深度和广度

（续　表）

典型课程 思政元素 的融入	1. 马克思辩证唯物主义 霍尔效应是微观带电粒子在磁场中所受的洛伦兹力的宏观表现，通过霍尔效应的学习帮助学生建立正确的世界观，学会用微观的眼光去看待宏观的物理现象。通过量子霍尔效应及量子反常霍尔效应的学习，让学生体会微观世界区别于宏观世界的最显著的特点——量子性，加深对物质客观性的认识 2. 思想道德品质及爱国教育 在学习霍尔效应时，向学生介绍量子反常霍尔效应的发现和薛其坤院士等当代物理学家在凝聚态物理方向方面所做的一些重要工作。物理学的研究成果是现代科学发展和工程技术的重要支柱，因此，在课程教学中结合知识应用潜移默化地融入社会主义核心价值观教育，有助于激发学生的爱国热情和投身科技的信念
案例教学 意义	整个课程内容紧紧围绕磁场中的运动电荷这一知识点，既有理论推导和讲解，又有实验演示和知识拓展，使学生对知识的学习不再感到枯燥，同时又将思政内容融入进去

（三）案例教学主要内容展示

表9-6　"大学物理"课程思政教学内容展示

教师活动	学生活动
 课程导入：PPT展示威尔逊云室实验视频，引入本节课讲述内容——磁场中的带电粒子	注意力转入课堂知识
展示课堂知识目标： ① 理解磁场对运动电荷的作用力，学会计算带电粒子在磁场运动时所受的洛伦兹力。 ② 理解金属和半导体中的霍尔效应的形成原因，了解霍尔效应的应用。 ③ 了解什么是量子霍尔效应，以及反常量子霍尔效应	在书中标记知识点，掌握课程节奏
课前测验：学习通上发布两道选择题，让同学们快速回答。统计答题情况，掌握班级学生预习效果	回答问题

（续　表）

教师活动	学生活动
$$f = qv \times B$$ 从安培定理出发，将电流转化为电荷的定向移动，安培力则为电路中运动电荷在磁场中受到的合力，根据公式推导出运动电荷所受洛仑兹力。 （思政元素：宏观与微观之间的联系） 从牛顿第二定律出发，讨论运动电荷在洛仑兹力作用下的运动。给出例题，计算运动电荷在磁场中的运动变化。 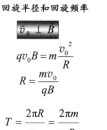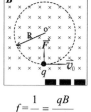 **回旋半径和回旋频率** $\overline{v}_0 \perp B$ $$qv_0 B = m\frac{v_0^2}{R}$$ $$R = \frac{mv_0}{qB}$$ $$T = \frac{2\pi R}{v_0} = \frac{2\pi m}{qB} \qquad f = \frac{1}{T} = \frac{qB}{2\pi m}$$ 图 9-1　运动电荷在磁场做圆周运动时的回旋半径和回旋频率 举例说明洛仑兹力在生产生活中的应用：回旋加速器，速度选择器，质谱仪等。重点介绍 2020 年全国劳动模范周振：周振三十年如一日，潜心研究、不断创新，积极探索质谱仪器行业。他从无到有，通过"政产学研用金"相结合的创新发展路径，建起了国内顶尖的质谱技术创新团队，建立了我国第一个质谱仪器正向研发平台，实现了我国高性能飞行时间质谱仪的国产化和产业化，使我国成为世界上少数几个掌握飞行时间质谱核心技术的国家之一，为我国高端科学仪器产业的创新发展做出突出贡献。 （思政元素：创新突破，刻苦钻研，报效祖国） 提出问题：放置于磁场中的导体，电子在其内部运动的过程中是否会受到洛仑兹力？其效果是什么？ 巧妙地导入霍尔效应的内容。	认真听课， 记录笔记， 推导，计算， 举手回答问题

（续　表）

教师活动	学生活动
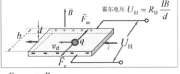 图9-2　霍尔电压与霍尔系数 引入金属导体简化的长方体模型，推导霍尔效应对应的附加横向电势差 $U_H = \frac{1}{nq}\frac{IB}{d}$，进而引出霍尔系数的定义 $R_H = \frac{1}{nq}$。 实验演示霍尔电压与电流之间的关系，让同学们根据实验结果计算出本次实验中霍尔元件的霍尔系数。  图9-3　课程组河南省线上一流课程微课截图 知识拓展：量子霍尔效应、分数量子霍尔效应、反常量子霍尔效应以及霍尔传感器。通过文字、图片、视频相结合的方式，介绍霍尔效应及反常量子霍尔效应的发现过程，着重介绍中国科学家薛其坤和张首晟在该领域的杰出贡献。（霍尔效应在电子器件中意义重大，通过介绍其发现之旅唤起学生兴趣，激发学生对科学的热情，通过中国科学家的贡献激发学生民族自豪感与爱国热情。） 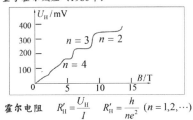 图9-4　量子霍尔效应	认真听课，记录笔记，推导，计算，举手回答问题

（续　表）

教师活动	学生活动
课后测试：例题计算，下课时上交	动手计算
课堂内容总结：回顾本节课知识，运用思维导图将知识联系起来，巩固本节课学习效果	认真倾听，抄写笔记
课后作业：要求每位同学调研一种霍尔传感器，并运用所学知识阐述其工作原理	调研，撰写报告

（四）案例教学方法

学习通是一款专为高效教学而设计的软件，开展"大学物理"课程思政教学，教师可以通过学习通发布任务、签到、提问、发布和批改作业、快速统计成绩等，以提高课堂效率，让学生和老师有更多的互动。此外，教师还可以采用 BOPPPS 教学模式开展教学。BOPPPS 教学模式与绝大多数教学模式一样，以追求实践性和可操作性为要，只有具有了较强的实践性和可操作性，方能使一线教师的课堂教学设计、开发和组织等环节更加条理化、合理化和易操作化，因此，在"大学物理"课程思政教学过程中，教师可以采用此教学模式提高课程思政教学质量。

（五）案例教学特色与实践成果

本案例以课堂知识为主，实验演示和知识拓展为辅，通过 BOPPPS 教学模式及时了解学生动态，充分调动学生参与学习的主动性和积极性，课堂互动频繁。从课后作业反馈看，学生对知识点掌握牢固。课堂中的思政元素也在潜移默化中影响着学生，坚定了学生追梦科研、报效祖国的决心，取得了良好的教学效果。

（六）案例教学的可推广性

本案例运用学习通教学软件和 BOPPPS 教学模式，操作简单，对教学条件要求低，不同课程内容需要的实验设备均可在大学物理实验室找到。在课程知识的讲解中，思政内容以严谨的学习态度、探索追求的精神等为主。教师通过选取与课程知识相关的案例，一方面激发了学生对学习和科研的兴趣，另一方面通过宣传正面的形象潜移默化地培养了学生的科研兴趣，提升了学生对国家民族的认同感。这种教学模式可复制性强，简单易推广。

二、"马克思主义基本原理概论"课程思政教学实践

马克思主义基本原理是马克思主义基本立场、基本观点和基本方法的有机统一。"马克思主义基本原理概论"是系统阐述马克思主义哲学、马克思主义政治经济学和科学社会主义基本原理的一门公共必修课程。这门课程具有高度的概括性和抽象性，需要具备丰富的知识才能理解和把握，同时还需要有较强的反思批判能力。课程本身还具有鲜明的意识形态性。课程的目的是帮助学生树立辩证唯物主义和历史唯物主义的自然观和历史观，掌握辩证思维的方法，学会运用马克思主义的立场、观点、方法分析和解决问题。

（一）课程教学要解决的问题和设计思路

在长期的教学实践中，笔者发现，要上好"马克思主义基本原理概论"课程，需要解决以下问题。

第一，在当代，社会主义面临资本主义的包围，马克思主义面临反马克思主义思潮的严峻挑战，如何在时代面临的问题中彰显马克思主义真理光辉，坚定学生的"四个自信"？

第二，马克思主义基本原理具有高度的概括性，面向大学一年级学生，如何将抽象的原理具体呈现在学生已经掌握的各种知识当中，避免给学生造成枯燥乏味的印象，并使学生热爱这门课程？

第三，如果说课程思政是要挖掘思政课程以外的各类各门课程的思政教育资源，体现各门各类课程的思想价值引领，那么，思政课程作为

思政教育的主渠道，本身就是思政教育的"专业课"，如何体现思政课程本身在课程思政中的专业性质，展现出课堂教学本身的逻辑严密性和说服力，避免给学生造成单纯说教的印象？

第四，"马克思主义基本原理概论"在各门思政课程当中以理论性和逻辑性见长，由众多概念和原理构成的理论体系就是学生要掌握的对象，如何在较短的 32 个课堂学时当中让学生快速掌握这些概念和原理？

围绕上述问题，"马克思主义基本原理概论"课程贯彻"以学生为中心"的教学理念，在教学中将各学科知识融为一体，构建为课程思政服务的"知识共同体"，在梳理学术史背景中追溯马克思主义原理形成的逻辑必然性，努力将"马克思主义基本原理概论"打造成课程思政中的"专业课"，用理论和逻辑本身的力量使学生相信马克思主义。

（二）课程思政实践教学探索

在课堂教学中旗帜鲜明，敢于亮剑，充分展现马克思主义的理论自信。针对国际和国内流行的反对马克思主义、反对社会主义的观点和思潮进行讨论和反驳。例如，怎么看待 20 世纪 80 年代末、90 年代初的苏联解体和东欧剧变？西方资产阶级学者提出"历史终结论"，认为资本主义社会制度是人类历史的终点。教师可以在课程中专门安排一个专题——"今天，我们还需要马克思吗？"从理论和事实两方面揭露这种观点的荒谬性，教师可以从分析 2008 年爆发的金融危机的根源和危害入手，指出马克思在《资本论》中所揭示的资本主义内在矛盾依然存在，资本主义必然灭亡、社会主义必然胜利的趋势没有改变。反过来，对于中国特色社会主义取得的伟大成就，特别是对中国在这场席卷全球的抗疫战争中取得的伟大胜利，教师则需要站在马克思主义的立场上大力赞扬和肯定，彰显马克思主义理论的真理性。

注意把教学内容与学生所学专业相结合，采用与学生所学专业相关的教学案例，构建课程思政"知识共同体"，提高课程的亲和力、吸引力。"马克思主义基本原理概论"课程面对的主要是理工科的大学生，他们比较熟悉现代自然科学的基本知识。为此，教师在课程中经常采用自然科学知识来阐明马克思主义基本原理。例如，在讨论哲学物质观时，为了阐明马克思主义哲学物质观的辩证性，教师引用了现代物理学革命中爱因斯坦和哥本哈根学派关于量子力学完备性的论战，指出这场延续30年的论战背后其实是物质观念之争，是爱因斯坦所代表的近代机械自然观与玻尔所代表的辩证唯物主义自然观之争。在阐述辩证唯物主义真理观时，为了证明实践是检验真理的唯一标准，引用了现代物理学中非常著名的"以太漂移实验"。为了将抽象的原理直观化，教师配合每部分内容，剪辑积累了 38 份视频资料，整理了具有挑战性、高阶性的思想难题案例。

适度翻转课堂，将教学内容专题化。教师将学生熟知的课程知识点发给学生，把全部课程重新组织成 6 个专题，省略难度不大的内容，把有限而宝贵的课堂教学时间用来培养学生的批判性思维。在课堂教学中重点阐释马克思主义基本原理和观点的逻辑必然性，真正体现思政课程教学在课程思政中的专业性质。马克思主义是从人类全部文明中产生的思想精华，不是随便宣布的僵硬的教条，不是灵光一闪的天才发现，通过把马克思主义放入人类思想史的历程当中，揭示在特定历史阶段人类所面临的时代问题，证明马克思主义是在解决人类面临的难题中产生的时代精神的精华。例如，揭示近代唯物主义经验论的逻辑困境，阐明以实践为基础的马克思主义的世界观产生的必然；展示近代资产阶级社会历史观的贡献和局限，证明马克思主义的历史观正是在克服近代社会历史观的缺陷中产生的。

运用线上教学平台，进行线上讨论和课堂测试，布置线上作业，重视平时考核，帮助学生夯实概念和理论基础。"马克思主义基本原理概论"课程的学习重点是概念和原理，难点也是概念和原理。如何帮助学生在较短的教学时间内掌握概念和原理，一直是困扰教师的难题。目前运用雨课堂线上平台，在课堂教学中每隔 20~25 分钟，或者在每个知识节点，发送一次课堂测试题目，根据学生回答问题的情况，及时了解学生理解概念和原理的薄弱环节，重点阐释学生理解的疑点和难点。每次在课后发布作业，总共 16 次课程，发布 16 次课后限时作业，根据学生完成作业的情况，给出学生平时成绩。目前，平时成绩占课程总成绩的 60%。通过反复学习和训练，帮助学生夯实马克思主义的理论基础。

三、"中国文化读译"课程思政教学实践

翻译课程的基本功能是培养大学生英语语言能力和跨文化双向交流能力，在翻译中要成功理解他国文化，需要先理解本国文化。深刻理解并弘扬中国文化，以充分的文化自信讲述本土故事，是每一位中国学生应具备的文化价值观。"中国文化读译"为英语专业选修课，课程目标是通过对中国传统和当代社会文化诸方面的学习和中英互译训练，学生能够了解今日中国风采和中华民族风貌，并能以流畅规范的英语对外翻译，弘扬中华文化，让世界了解今日中国。这一立足中国本土文化、提升学生文化自信的价值观与课程思政的理念不谋而合。"中国文化读译"课程力图呈现知识性、工具性、思辨性、人文性四位一体的特征，承担起"了解中国故事、传播中国声音、培养国际视野、建立文化自信"的"课程思政"功能。

（一）教学内容与设计

本课程共分为 4 大主题、12 个知识模块，涵盖哲学、文学、艺术、教育、科技、体育、服饰、饮食、建筑、旅游等中国文化诸多方面，课程第 1 周讲述中国文化概况，第 4 周举办读书汇报活动，第 8 周进行期中考试，第 12 周进行课程汇报，主体内容与主题活动穿插进行，共同构建课程教学体系。

教学设计：课程教学与思政教育齐头并进，每堂课力争融知识、能

力、素质和情怀培养为一体。以下是教学设计案例（表9-7）。

表9-7　中国文化概况课程设计

WTB1（中国文化概况）课程设计	
提取思政元素	National Symbols（国家象征）
阅读讲授（知识）	阅读文章 / 观看视频，对国家象征有基本理解，学会用英文介绍中国国旗、国徽、国歌
问题讨论（思辨）	如何理解中国国家象征的含义？
小组活动（能力）	搜集国家象征背后的历史故事或人物经历，A 同学用英文讲述，B 同学译为汉语，C 同学用英语评论 A 同学发言，D 同学将 C 同学评论译为汉语
主题升华（情怀）	通过了解、分享国家象征背后的故事，激发学生爱国热情
WTB1（中国艺术）课程设计	
提取思政元素	Traditional Chinese Arts（中国传统文化）
阅读讲授（知识）	阅读文章，要求学生将 Calligraphy and Painting（书法和绘画）、Traditional Operas（传统戏剧）、Folk Performing Arts（民间表演艺术）、Traditional Musical Instruments（传统乐器）四部分内容以思维导图的形式进行梳理，学会用英语介绍中国传统文化
问题讨论（思辨）	观看视频，进行视听翻译并回答：中国传统艺术为何获得国际关注？
小组活动（能力）	以小组为单位，每组用英语展示或介绍一项中国传统艺术（书法、剪纸、绘画、皮影、刺绣、瓷器、景泰蓝、二胡等），观众对发言内容进行交替传译
主题升华（情怀）	学生通过了解、展示中国传统艺术作品，获得强烈的文化认同感，建立文化自信

（二）课程教学实践

本课程努力通过多样化的教学手段激发学生对中国文化的兴趣，让学生在轻松愉快的学习氛围中获得知识、提高能力。除课堂讲授之外，教师还组织了以下课程思政实践活动。

1. 读书分享

通过引导学生阅读中国文学作品，感受美妙的中国文字，领悟优秀作家的家国情怀。在"中国文学"单元，教师要求每位学生写一篇英语作文，介绍一位喜爱的中国作家及其代表作，学生在读书分享会上先进行组内口头分享，然后每组推荐一位同学在全班分享。

2. 思维导图

思维导图是简单有效的思维工具，可以在短时间内辅助学生发散思维、思考问题、整理材料。在"传统节日"单元，教师要求学生以小组为单位介绍一个西方节日（万圣节、感恩节、圣诞节除外），借助网络资源和思维导图，在半小时内确定选题、查找资料、绘制导图，然后在班级展示。在"中国艺术"单元，学生基于讲授内容当堂绘制一幅思维导图。

3. 演讲辩论

课程希望为学生提供一个展示平台，让学生通过演讲传播中国好声音，通过辩论探寻事物的本质。在"中国文学"单元，教师组织学生围绕"青春文学是不是严肃文学"进行了一场精彩的辩论。在"中国教育"单元，正反两方就"中国是否应该继续实行高考制度"进行了辩论。

4. 才艺展示

通过展示中华才艺感受中国文化魅力，坚定文化自信。在"中国艺术"单元，学生通过展示书法、剪纸、民歌等作品，对中国文化有了更加直观和深刻的领悟，也以实际行动唤起学生对于传统文化的热爱和坚守。

5. 课程汇报

课程以语言输出能力为导向，在第 12 周安排一次课程汇报，要求学生选择本学期的任意中国文化主题，以小组为单位进行外景视频录制。学生可出镜，进行同期录音，也可在后期制作中进行配音。视频时长 5~7分钟，用英语针对选定主题进行层次分明、结构清晰的介绍，同时还要结合现场汇报连成一个有机整体。如学生选择前往北京一个名胜古迹进行场景录制，可在视频中对该景点的历史、文化、结构、作用等内容进行介绍，然后在现场以旅游节目对谈的形式进行呈现。

通过视频录制和课程汇报，学生对中国文化产生最直观的感受，民族自豪感和爱国情怀也会油然而生。在这一教学环节，学生的团队合作能力、语言表达能力、信息搜索能力都得到了充分锻炼，有些学生还掌握了视频制作新技能。在了解中国故事的基础上，学生真正做到了传播中国声音。在用英语讲述中国故事的过程中，学生的文化自信得到了极大提升。

参考文献

[1]　冯刚. 探索思想政治教育发展的内生动力 [M]. 北京：人民出版社，2017.

[2]　郝桂荣. 高校文化育人研究 [M]. 沈阳：辽宁大学出版社，2018.

[3]　林晶. 高校思想政治教育立体化模式构建研究 [M]. 北京：人民出版社，
　　2017.

[4]　刘建军. 马克思主义基本原理与当代中国思想政治教育专题研究 [M]. 北京：
　　中国人民大学出版社，2018.

[5]　鄢显俊. 论高校"课程思政"的"思政元素"、实践误区及教育评估 [J].
　　思想教育研究，2020（2）：88-92.

[6]　唐德海，李枭鹰，郭新伟. "课程思政"三问：本质、界域和实践 [J]. 现
　　代教育管理，2020（10）：52-58.

[7]　李蕉. 高校思政课课程评价的意蕴与困境 [J]. 高校马克思主义理论教育研
　　究，2020（1）：101-107.

[8]　陈明凡，郑翔瑜. 毛泽东关于批评和自我批评的思想及其当代启示 [J]. 思
　　想教育研究，2020（4）：101-105.

[9]　高德毅，宗爱东. 从思政课程到课程思政：从战略高度构建高校思想政治
　　教育课程体系 [J]. 中国高等教育，2017（1）：43-46.

[10] 计琳.德育:努力做好"如何培养人"这篇大文章[J].上海教育,2012(30):8-9.

[11] 焦苇,陈之腾,李立基.上海高校积极试点探索"课程思政"教育教学改革[J].上海教育,2017(19):8-9.

[12] 刘根旺.高校思想政治教育合力研究[D].大连:大连海事大学,2017.

[13] 蒙丽媛.从"思政课程"到"课程思政"做"三全育人"践行者[J].智库时代,2020(3):154-155.

[14] 秦双梅.网络载体下高校隐性思想政治教育存在的问题与对策研究[D].重庆:西南政法大学,2015.

[15] 仝兴华.学习贯彻党的十九大精神 落实立德树人根本任务[J].高校辅导员,2018(1):6-9.

[16] 王秀景.高校课程教学与思想政治教育同向同行机制研究[J].现代教育科学,2018(5):88-92.

[17] 于洪东,张志刚.思想政治教育专业硕士研究生课程设置的改革设想[J].学位与研究生教育,1995(2):24-26,12.

[18] 张华,张新惠,静行,等.课程思政背景下专业课教师与思政课教师和辅导员协同育人机制探索与实践[J].教育现代化,2019,6(97):101-103.

[19] 赵鹤玲.新时代高校"课程思政"建设的现状及对策分析[J].湖北师范大学学报(哲学社会科学版),2020,40(1):108-110.

[20] 赵继伟.关于"思政课程"与"课程思政"辩证关系的思考[J].思想政治课研究,2018(5):51-55.

[21] 赵岩,周伟.构建课程思政协同育人机制的思考探究[J].中国多媒体与网络教学学报(上旬刊),2020(4):80-81.

[22] 郑敬斌,孙雅文.思政课与其他课程同向同行的逻辑前提、现实梗阻与实践指向[J].高校辅导员,2019(4):29-33.

[23] 周荣方.以高校思政课"多堂联动"引领课程思政建设工作[J].科教导刊(上旬刊)，2020（4）：81–82.

[24] 宫维明."课程思政"的内在意涵与建设路径探析[J].思想政治课研究，2018（6）：66–69，91.

[25] 李润梅.思想政治教育专业硕士研究生课程体系建设研究[D].曲阜：曲阜师范大学，2013.

[26] 李旭芝.高校"课程思政"存在的问题及解决路径研究[D].石家庄：河北师范大学，2020.

[27] 李粤霞."课程思政"实施的理念与路径研究[D].广州：广东外语外贸大学，2020.

[28] 林泉伶."课程思政"：新时代高校思想政治教育新途径研究[D].南京：南京邮电大学，2019.

附录 A 教育部《高等学校课程思政建设指导纲要》文件

教育部关于印发《高等学校课程思政建设指导纲要》的通知

教高〔2020〕3 号

各省、自治区、直辖市教育厅（教委），新疆生产建设兵团教育局，有关部门（单位）教育司（局），部属各高等学校、部省合建各高等学校：

《高等学校课程思政建设指导纲要》已经教育部党组会议审议通过，现印发给你们，请结合实际认真贯彻执行。

教育部

2020 年 5 月 28 日

高等学校课程思政建设指导纲要

为深入贯彻落实习近平总书记关于教育的重要论述和全国教育大会精神，贯彻落实中共中央办公厅、国务院办公厅《关于深化新时代学校思想政治理论课改革创新的若干意见》，把思想政治教育贯穿人才培养体系，全面推进高校课程思政建设，发挥好每门课程的育人作用，提高高校人才培养质量，特制定本纲要。

一、全面推进课程思政建设是落实立德树人根本任务的战略举措

培养什么人、怎样培养人、为谁培养人是教育的根本问题，立德树人成效是检验高校一切工作的根本标准。落实立德树人根本任务，必须将价值塑造、知识传授和能力培养三者融为一体、不可割裂。全面推进课程思政建设，就是要寓价值观引导于知识传授和能力培养之中，帮助学生塑造正确的世界观、人生观、价值观，这是人才培养的应有之义，更是必备内容。这一战略举措，影响甚至决定着接班人问题，影响甚至决定着国家长治久安，影响甚至决定着民族复兴和国家崛起。要紧紧抓住教师队伍"主力军"、课程建设"主战场"、课堂教学"主渠道"，让所有高校、所有教师、所有课程都承担好育人责任，守好一段渠、种好责任田，使各类课程与思政课程同向同行，将显性教育和隐性教育相统一，形成协同效应，构建全员全程全方位育人大格局。

二、课程思政建设是全面提高人才培养质量的重要任务

高等学校人才培养是育人和育才相统一的过程。建设高水平人才培养体系，必须将思想政治工作体系贯通其中，必须抓好课程思政建设，解决好专业教育和思政教育"两张皮"问题。要牢固确立人才培养的中心地位，围绕构建高水平人才培养体系，不断完善课程思政工作体系、教学体系和内容体系。高校主要负责同志要直接抓人才培养工作，统筹做好各学科专业、各类课程的课程思政建设。要紧紧围绕国家和区域发展需求，结合学校发展定位和人才培养目标，构建全面覆盖、类型丰富、层次递进、相互支撑的课程思政体系。要切实把教育教学作为最基础最根本的工作，深入挖掘各类课程和教学方式中蕴含的思想政治教育资源，让学生通过学习，掌握事物发展规律，通晓天下道理，丰富学识，增长见识，塑造品格，努力成为德智体美劳全面发展的社会主义建设者和接班人。

三、明确课程思政建设目标要求和内容重点

课程思政建设工作要围绕全面提高人才培养能力这个核心点，在全国所有高校、所有学科专业全面推进，促使课程思政的理念形成广泛共识，广大教师开展课程思政建设的意识和能力全面提升，协同推进课程思政建设的体制机制基本健全，高校立德树人成效进一步提高。

课程思政建设内容要紧紧围绕坚定学生理想信念，以爱党、爱国、爱社会主义、爱人民、爱集体为主线，围绕政治认同、家国情怀、文化素养、宪法法治意识、道德修养等重点优化课程思政内容供给，系统进行中国特色社会主义和中国梦教育、社会主义核心价值观教育、法治教育、劳动教育、心理健康教育、中华优秀传统文化教育。

——推进习近平新时代中国特色社会主义思想进教材进课堂进头脑。坚持不懈用习近平新时代中国特色社会主义思想铸魂育人，引导学生了解世情国情党情民情，增强对党的创新理论的政治认同、思想认同、情感认同，坚定中国特色社会主义道路自信、理论自信、制度自信、文化自信。

——培育和践行社会主义核心价值观。教育引导学生把国家、社会、公民的价值要求融为一体，提高个人的爱国、敬业、诚信、友善修养，自觉把小我融入大我，不断追求国家的富强、民主、文明、和谐和社会的自由、平等、公正、法治，将社会主义核心价值观内化为精神追求、外化为自觉行动。

——加强中华优秀传统文化教育。大力弘扬以爱国主义为核心的民族精神和以改革创新为核心的时代精神，教育引导学生深刻理解中华优秀传统文化中讲仁爱、重民本、守诚信、崇正义、尚和合、求大同的思想精华和时代价值，教育引导学生传承中华文脉，富有中国心、饱含中国情、充满中国味。

——深入开展宪法法治教育。教育引导学生学思践悟习近平全面依

法治国新理念新思想新战略，牢固树立法治观念，坚定走中国特色社会主义法治道路的理想和信念，深化对法治理念、法治原则、重要法律概念的认知，提高运用法治思维和法治方式维护自身权利、参与社会公共事务、化解矛盾纠纷的意识和能力。

——深化职业理想和职业道德教育。教育引导学生深刻理解并自觉实践各行业的职业精神和职业规范，增强职业责任感，培养遵纪守法、爱岗敬业、无私奉献、诚实守信、公道办事、开拓创新的职业品格和行为习惯。

四、科学设计课程思政教学体系

高校要有针对性地修订人才培养方案，切实落实高等职业学校专业教学标准、本科专业类教学质量国家标准和一级学科、专业学位类别（领域）博士硕士学位基本要求，构建科学合理的课程思政教学体系。要坚持学生中心、产出导向、持续改进，不断提升学生的课程学习体验、学习效果，坚决防止"贴标签""两张皮"。

公共基础课程。要重点建设一批提高大学生思想道德修养、人文素质、科学精神、宪法法治意识、国家安全意识和认知能力的课程，注重在潜移默化中坚定学生理想信念、厚植爱国主义情怀、加强品德修养、增长知识见识、培养奋斗精神，提升学生综合素质。打造一批有特色的体育、美育类课程，帮助学生在体育锻炼中享受乐趣、增强体质、健全人格、锤炼意志，在美育教学中提升审美素养、陶冶情操、温润心灵、激发创造创新活力。

专业教育课程。要根据不同学科专业的特色和优势，深入研究不同专业的育人目标，深度挖掘提炼专业知识体系中所蕴含的思想价值和精神内涵，科学合理拓展专业课程的广度、深度和温度，从课程所涉专业、行业、国家、国际、文化、历史等角度，增加课程的知识性、人文性，提升引领性、时代性和开放性。

实践类课程。专业实验实践课程，要注重学思结合、知行统一，增强学生勇于探索的创新精神、善于解决问题的实践能力。创新创业教育课程，要注重让学生"敢闯会创"，在亲身参与中增强创新精神、创造意识和创业能力。社会实践类课程，要注重教育和引导学生弘扬劳动精神，将"读万卷书"与"行万里路"相结合，扎根中国大地了解国情民情，在实践中增长智慧才干，在艰苦奋斗中锤炼意志品质。

五、结合专业特点分类推进课程思政建设

专业课程是课程思政建设的基本载体。要深入梳理专业课教学内容，结合不同课程特点、思维方法和价值理念，深入挖掘课程思政元素，有机融入课程教学，达到润物无声的育人效果。

——文学、历史学、哲学类专业课程。要在课程教学中帮助学生掌握马克思主义世界观和方法论，从历史与现实、理论与实践等维度深刻理解习近平新时代中国特色社会主义思想。要结合专业知识教育引导学生深刻理解社会主义核心价值观，自觉弘扬中华优秀传统文化、革命文化、社会主义先进文化。

——经济学、管理学、法学类专业课程。要在课程教学中坚持以马克思主义为指导，加快构建中国特色哲学社会科学学科体系、学术体系、话语体系。要帮助学生了解相关专业和行业领域的国家战略、法律法规和相关政策，引导学生深入社会实践、关注现实问题，培育学生经世济民、诚信服务、德法兼修的职业素养。

——教育学类专业课程。要在课程教学中注重加强师德师风教育，突出课堂育德、典型树德、规则立德，引导学生树立学为人师、行为世范的职业理想，培育爱国守法、规范从教的职业操守，培养学生传道情怀、授业底蕴、解惑能力，把对家国的爱、对教育的爱、对学生的爱融为一体，自觉以德立身、以德立学、以德施教，争做有理想信念、有道德情操、有扎实学识、有仁爱之心的"四有"好老师，坚定不移走中国特色社会主义教育发展道路。体育类课程要树立健康第一的教育理念，

注重爱国主义教育和传统文化教育，培养学生顽强拼搏、奋斗有我的信念，激发学生提升全民族身体素质的责任感。

——理学、工学类专业课程。要在课程教学中把马克思主义立场观点方法的教育与科学精神的培养结合起来，提高学生正确认识问题、分析问题和解决问题的能力。理学类专业课程，要注重科学思维方法的训练和科学伦理的教育，培养学生探索未知、追求真理、勇攀科学高峰的责任感和使命感。工学类专业课程，要注重强化学生工程伦理教育，培养学生精益求精的大国工匠精神，激发学生科技报国的家国情怀和使命担当。

——农学类专业课程。要在课程教学中加强生态文明教育，引导学生树立和践行绿水青山就是金山银山的理念。要注重培养学生的"大国三农"情怀，引导学生以强农兴农为己任，"懂农业、爱农村、爱农民"，树立把论文写在祖国大地上的意识和信念，增强学生服务农业农村现代化、服务乡村全面振兴的使命感和责任感，培养知农爱农创新人才。

——医学类专业课程。要在课程教学中注重加强医德医风教育，着力培养学生"敬佑生命、救死扶伤、甘于奉献、大爱无疆"的医者精神，注重加强医者仁心教育，在培养精湛医术的同时，教育引导学生始终把人民群众生命安全和身体健康放在首位，尊重患者，善于沟通，提升综合素养和人文修养，提升依法应对重大突发公共卫生事件能力，做党和人民信赖的好医生。

——艺术学类专业课程。要在课程教学中教育引导学生立足时代、扎根人民、深入生活，树立正确的艺术观和创作观。要坚持以美育人、以美化人，积极弘扬中华美育精神，引导学生自觉传承和弘扬中华优秀传统文化，全面提高学生的审美和人文素养，增强文化自信。

高等职业学校要结合高职专业分类和课程设置情况，落实好分类推进相关要求。

六、将课程思政融入课堂教学建设全过程

高校课程思政要融入课堂教学建设，作为课程设置、教学大纲核准和教案评价的重要内容，落实到课程目标设计、教学大纲修订、教材编审选用、教案课件编写各方面，贯穿于课堂授课、教学研讨、实验实训、作业论文各环节。要讲好用好重点教材，推进教材内容进人才培养方案、进教案课件、进考试。要创新课堂教学模式，推进现代信息技术在课程思政教学中的应用，激发学生学习兴趣，引导学生深入思考。要健全高校课堂教学管理体系，改进课堂教学过程管理，提高课程思政内涵融入课堂教学的水平。要综合运用第一课堂和第二课堂，组织开展"中国政法实务大讲堂""新闻实务大讲堂"等系列讲堂活动，深入开展"青年红色筑梦之旅""百万师生大实践"等社会实践、志愿服务、实习实训活动，不断拓展课程思政建设方法和途径。

七、提升教师课程思政建设的意识和能力

全面推进课程思政建设，教师是关键。要推动广大教师进一步强化育人意识，找准育人角度，提升育人能力，确保课程思政建设落地落实、见功见效。要加强教师课程思政能力建设，建立健全优质资源共享机制，支持各地各高校搭建课程思政建设交流平台，分区域、分学科专业领域开展经常性的典型经验交流、现场教学观摩、教师教学培训等活动，充分利用现代信息技术手段，促进优质资源在各区域、层次、类型的高校间共享共用。依托高校教师网络培训中心、教师教学发展中心等，深入开展马克思主义政治经济学、马克思主义新闻观、中国特色社会主义法治理论、法律职业伦理、工程伦理、医学人文教育等专题培训。支持高校将课程思政纳入教师岗前培训、在岗培训和师德师风、教学能力专题培训等。充分发挥教研室、教学团队、课程组等基层教学组织作用，建立课程思政集体教研制度。鼓励支持思政课教师与专业课教师合作教学

教研，鼓励支持院士、"长江学者"、"杰青"、国家级教学名师等带头开展课程思政建设。

加强课程思政建设重点、难点、前瞻性问题的研究，在教育部哲学社会科学研究项目中积极支持课程思政类研究选题。充分发挥高校课程思政教学研究中心、思想政治工作创新发展中心、马克思主义学院和相关学科专业教学组织的作用，构建多层次课程思政建设研究体系。

八、建立健全课程思政建设质量评价体系和激励机制

人才培养效果是课程思政建设评价的首要标准。建立健全多维度的课程思政建设成效考核评价体系和监督检查机制，在各类考核评估评价工作和深化高校教育教学改革中落细落实。充分发挥各级各类教学指导委员会、学科评议组、专业学位教育指导委员会、行业职业教育教学指导委员会等专家组织作用，研究制定科学多元的课程思政评价标准。把课程思政建设成效作为"双一流"建设监测与成效评价、学科评估、本科教学评估、一流专业和一流课程建设、专业认证、"双高计划"评价、高校或院系教学绩效考核等的重要内容。把教师参与课程思政建设情况和教学效果作为教师考核评价、岗位聘用、评优奖励、选拔培训的重要内容。在教学成果奖、教材奖等各类成果的表彰奖励工作中，突出课程思政要求，加大对课程思政建设优秀成果的支持力度。

九、加强课程思政建设组织实施和条件保障

课程思政建设是一项系统工程，各地各高校要高度重视，加强顶层设计，全面规划，循序渐进，以点带面，不断提高教学效果。要尊重教育教学规律和人才培养规律，使其适应不同高校、不同专业、不同课程的特点，强化分类指导，确定统一性和差异性要求。要充分发挥教师的主体作用，切实提高每一位教师参与课程思政建设的积极性和主动性。

加强组织领导。教育部成立课程思政建设工作协调小组，统筹研究重大政策，指导地方、高校开展工作；组建高校课程思政建设专家咨询委员会，提供专家咨询意见。各地教育部门和高校要切实加强对课程思政建设的领导，结合实际研究制定各地、各校课程思政建设工作方案，健全工作机制，强化督查检查。各高校要建立党委统一领导、党政齐抓共管、教务部门牵头抓总、相关部门联动、院系落实推进、自身特色鲜明的课程思政建设工作格局。

加强支持保障。各地教育部门要加强政策协调配套，统筹地方财政高等教育资金和中央支持地方高校改革发展资金，支持高校推进课程思政建设。中央部门所属高校要统筹利用中央高校教育教学改革专项等中央高校预算拨款和其他各类资源，结合学校实际，支持课程思政建设工作。地方高校要根据自身建设计划，统筹各类资源，加大对课程思政建设的投入力度。

加强示范引领。面向不同层次高校、不同学科专业、不同类型课程，持续深入抓典型、树标杆、推经验，形成规模、形成范式、形成体系。教育部选树一批课程思政建设先行校、一批课程思政教学名师和团队，推出一批课程思政示范课程、建设一批课程思政教学研究示范中心，设立一批课程思政建设研究项目，推动建设国家、省级、高校多层次示范体系，大力推广课程思政建设先进经验和做法，形成广泛开展课程思政建设的良好氛围，全面提高人才培养质量。

附录 B 中共南阳理工学院委员会 南阳理工学院关于进一步推进"课程思政"建设的实施意见

为深入贯彻落实中共教育部党组《高校思想政治工作质量提升工程实施纲要》(教党〔2017〕62号)文件、全国全省高校思想政治工作会议、全国全省教育大会精神和学校《南阳理工学院课程思政教育教学改革试点工作方案》(南理工发〔2018〕9号),落实立德树人根本任务,全面推进学校"课程思政"改革,充分发挥课堂主渠道在高校思想政治工作中的作用,将知识传授与价值引领有机贯穿教育教学全过程,提升"课程思政"育人实效,特制定本实施意见。

一、指导思想

高举中国特色社会主义伟大旗帜,以习近平新时代中国特色社会主义思想为指导,深入学习贯彻全国全省高校思想政治工作会议和全国全省教育大会精神,坚持社会主义办学方向,紧紧围绕"培养什么人、怎样培养人、为谁培养人"这个根本问题,落实立德树人根本任务,充分发挥思想政治理论课主渠道作用,深入挖掘各门课程、各教学环节育人功能,形成各类各门课程协同育人格局,把思想政治工作贯穿教育教学全过程，实现知识传授、能力培养与价值引领的有机统一，着力培养德智体美劳全面发展的社会主义事业建设者和接班人。

二、建设目标

总体目标：坚持正确办学方向，充分发挥各门课程的思想政治教育功能，深入挖掘拓展各门课程思想政治元素，切实把思想政治教育贯穿教育教学全过程，不断提升思想政治教育的亲和力和针对性。做好整体设计，根据不同专业人才培养特点和专业能力素质要求，修订完善教学大纲，科学合理设计思想政治教育内容和教学方法。加强对教师的培训，转变教育思想，更新教育观念，强化每一位教师的立德树人意识，在每一门课程中做到既教书、又育人，做到每门课都能"守好一段渠、种好责任田"，形成思政课程与课程思政同向同行的育人格局，全面提高课堂教学质量，提升育人成效。

具体目标：推出一批充满思政元素、具有思政功能的精品课程，打造一批学生真心喜爱、育人效果显著的"课程思政"示范课堂，选树一批具有亲和力和影响力的"课程思政"优秀教师和教学团队，提炼一系列可推广的"课程思政"教育教学改革典型经验和特色做法；形成一套科学有效的"课程思政"教育教学质量考核评价体系，形成学校全员、全过程、全方位育人的新局面。

三、建设要求

（一）明确培养目标，坚持教书育人

以立德树人作为教育教学的根本任务，每位教师在教学中都要充分认识到，各门课程都具有育人的功能，每位教师都具有育人的职责，教师上课既不能只传授专业知识，不全面育人，又不能游离专业知识，过多讲思政，必须把对大学生进行思想政治教育与知识传授和能力培养有机渗透融合，让其相互促进。

（二）做好教学设计，融入价值引领

修订完善课程教学大纲，实行课程思政"双大纲"制，明确课程思政的教学目标、教学内容和教学方法与手段。重点做好课程教学设计，改造好课程教学内容，全面提高学生的思想政治素质、道德品质、人文素养、科学精神等。要重点把马克思主义立场观点方法、理想信念和社会主义核心价值观等贯穿教育教学全过程，体现到学生课程学习考核的各环节。

（三）积极主动作为，提升教学效果

做好课程思政，前提在认识，基础在课程，关键在思政，重心在学院，主体在教师，效果在学生。各二级学院是"课程思政"改革的重要组织者和推动者，各学院要根据学校办学定位和学科专业特点，围绕课程目标、课程管理、教师培训、课堂教学、教学考核等方面全面深化教学改革，在深入探索课程思政的教学一般规律的基础上，形成各学院的特色和优势。教工党支部和教研室要将"课程思政"建设作为加强党支部政治建设和教研室建设的重要内容和载体，教师是推进"课程思政"改革的直接实践者，要主动学习，加强研究，改革方法，创新手段，有效提升教书育人能力和效果。

（四）强化示范引领，打造精品课程

在全面铺开课程思政的基础上，重点做好已立项59门试点课程的建设工作，开展中期检查，注重过程督导，实行动态管理，下半年从中遴选10门课程思政示范课，10门课程思政重点建设课，从教学组织、教学设计、课程内容、教学方法、实践教学、学生学习、教学考核等环节全面发挥示范作用，修订完善一批高质量的教学大纲，编写一批高质量的授课教案，制作一批高质量的教学课件，推出一批课程思政示范教学课堂，表彰一批课程思政优秀教师。

四、建设内容与措施

（一）明确"课程思政"目标，深入挖掘课程思政元素

各门课程都蕴含着丰富的思想政治教育元素，都能发挥思想政治教育作用。"课程思政"的目标是：让学生学会运用马克思主义立场、观点、方法看待分析和解决问题，掌握科学的世界观和方法论，为学生一生成长奠定科学的思想基础；培养中国特色社会主义共同理想的坚定信仰者和实践者，积极拥护中国共产党的领导，树立共产主义远大理想，确立马克思主义坚定信念，坚定"四个自信"，做社会主义事业的合格建设者和可靠接班人；培养不甘示弱，勇敢开拓创新，团结协作，遵纪守法，实践动手能力和创新创业精神强，善于沟通协调、人格健全等具有良好道德品质和能力素质的大学生；培养社会主义核心价值观的坚定信仰者、积极传播者、模范践行者，继承弘扬中华优秀传统文化和革命文化、社会主义先进文化，坚定中国特色社会主义文化自信；培养拥有国际视野世界眼光，自觉维护国家荣誉、国家利益和民族团结，将个人发展与国家前途、民族命运紧密联系起来勇担民族复兴大任的时代新人。在课程设计中，根据不同学科专业的性质特点，把握好所要挖掘素质元素的重点，力争做到将价值导向与知识传授、能力培养有机融合，相互渗透。

（二）注重"课程思政"教学设计，切实提高课程育人实效

一是根据课程思政"双大纲"制的要求，各学院组织教师修订完善所有课程的教学大纲，明确每门课程（包括理论课、实验课、实训课、实习课等）除科学确定知识目标、能力目标之外，增加"课程思政"目标。根据"课程思政"目标设计相应教学环节，在教学组织、教学方法、实践教学等环节将"课程思政"元素融入学生的学习任务，体现在学习考核评价中。二是开展"课程思政"教学设计，教师根据学校制定的"课程思政"目标和《"课程思政"教学设计编制指南》，认真填写《"课程思

政"教学设计表》，深入挖掘提炼各门课程所蕴含的思想政治教育元素和承载的思想政治教育功能，并体现在所授课程教学之中。三是做好教学方法设计。探索"课程思政"多元化教学方法，将价值引领与知识传授相融合，采用案例式、专题式、讨论式、启发式、问题式等多种教学方法，潜移默化地将"课程思政"教学目标渗透到教学设计中，融入学生学习任务中。四是做好典型经验总结。总结"课程思政"成效好、反响佳的教案、教学案例、教学课件、课堂等，形成参考性强、推广价值高的示范典型，为提升课程育人效果提供借鉴。

（三）加强教师培训教育，提高教师教书育人能力

一是学校统一组织 1～2 次专题辅导，邀请相关专家、学者对全体专业教师进行"课程思政"深入解读，让广大教师加深对"课程思政"的意义、内涵、目标及原则等的理解；各学院也要结合自身实际邀请国内开展"课程思政"较早，有比较成熟经验的相关学科专业教师来校介绍经验，具体指导课程思政建设；也可分期、分批组织教师到有关高校实地调研学习。二是开展一次专题大讨论，以教职工理论学习为载体，以二级学院为单位组织广大专任教师开展"课程思政"专题学习讨论活动，谈认识、说做法、查不足、明目标、定措施，切实增强教师开展"课程思政"的积极性、主动性和实效性；三是开展基于 OBE 理念"课程思政"四个一活动，鼓励支持各学院和广大专任教师围绕"课程思政"的意义、内涵、要求、做法等，结合学校和自身实际开展教学沙龙、课堂教学设计教学改革征文、新教案、教学观摩活动，学校对教学沙龙组织先进单位进行表彰，对优秀征文和教案进行汇集总结，鼓励各学院学习交流。通过上述措施，教育广大教师转变重知识传授、能力培养，轻价值引领的观念，引导教师进一步树立"课程思政"的理念，增强育人意识，既要当好"经师"，更要做好"人师"。

（四）开展专项教学研究和督导，积极推进"课程思政"深入开展

一是开展"课程思政"专项教学研究。学校将"课程思政"工作纳

入学校教学改革项目，每年设立一批"课程思政"专项教学研究项目，以立项资助研究的方式开展"课程思政"教学改革研究与实践。通过专项立项研究，支持教师开展"课程思政"教学改革，革新课程教学内容和手段，挖掘、开发课程育人资源，把思想政治教育贯穿教育教学全过程，在课程教学中做到知识与能力并重，教书与育人并行。同时，学校鼓励各学院设立专项经费，为课程思政工作有序推进提供保障。二是在学校精品在线开放课程、一流课程建设立项、评比和验收中设置"课程思政"指标。三是开展课程思政专项督导听课和指导，加强课程督导与听课，重点对立项建设的59门试点课程组织督导组、思政课教师、专业课教师与相关专家开展集体备课、共同听课，对课程内容、形式、效果等加强探讨研究，实现全过程督查指导，查找不足，总结经验，及时推进。

（五）健全激励约束机制，完善教学质量监控和评价体系

将"课程思政"理念充分融入学校人才培养方案，纳入课程矩阵，建立"课程思政"教学质量监控和教学效果评价体系。在课程建设、课程教学组织实施、课程质量评价体系中，注重将"课程思政"的价值引领目标作为一项重要内容；在教学过程管理和质量评价中将价值引领效果作为一个重要监测指标；在课程教学大纲、教学设计等重要教学文件的审定中要重点考察知识传授、能力提升和价值引领同步提升的实现度；认真落实集体备课、听课、教学督导、学生评教等制度，在课程评价（含督导评课、同行听课、学生评教等）的制定中设置"课程思政"观测点。把教师参与"课程思政"教学情况和效果作为教师年度考核、职称评聘、评优奖励、选拔培训的重要内容，把各学院推进"课程思政"教育教学改革情况纳入学校目标管理，定期考核通报。

后记

新时代教育环境下，高校课程思政建设是落实立德树人的现实要求，更是我国思想政治教育领域比较前沿、有代表性的问题。在育人工作中，党和国家领导人近年来一直强调课程思政的建设，其原因在于，课程思政建设是我国社会主义办学方向的必然选择，更是我国落实立德树人根本任务、立足世界之林的重要保障。所以，相关教育者和研究人员在思想政治理论教育工作中需要深入践行课程思政战略任务，并凝聚力量，与中华优秀传统文化联结、与高校各大课程整合，关注大学生思想意识形态属性，全面挖掘课程思政育人属性。本书将高校课程思政的建设作为探究主题，承接了高校思想政治教育创新改革的探索需求，立意新颖，主题鲜明，理论、案例、实践的综合研究为高校推进课程思政建设工作提供了多角度启示，也更进一步完善了我国课程思政理念体系。

通过深入研究可以发现，新时代高校课程思政的建设需要协同推进，做好顶层设计，全面科学规划，更要加强组织领导，强化示范引领，各方力量给予有效的支持保障。尽管本书在高校课程思政方面进行了多角度研究，提出了创新意见，但笔者在研究方法和问题分析上仍存在不足，概括与归纳、创新探究等能力有待提升，今后需加以努力。"课程思政"在教育领域是全新的概念，也是高校深入发展思想政治教育工作所要面临的挑战，要想取得成果，推动高校课程思政建设水平的发展，这一主题的内容要不断分析研究，持续探索科学且完善的课程思政建设路径，让高校得以深入贯彻立德树人的根本培育任务。

本书由南阳理工学院葛晨光、邹玮、帖伟芝编著，其中，葛晨光提出了全书的编写思路与提纲，并和帖伟芝撰写了第六章，其余部分由邹玮编写。写作过程中作者参考和借鉴了一些上级政策文件和专家的研究成果，因篇幅所限，不能尽列，在此一并致谢。因作者写作水平有限，本书难免存在疏漏，恳请读者和专家批评指正。